Sonja Engelbert
Gerhard Hain

Auslands-Knigge

Inhalt

Einleitung 6

Afrika

Tipps und Grundlagen 9
Ägypten 11
Algerien 15
KOMMUNIKATIONSHILFE Französisch 18
Kenia 20
Marokko 23
Namibia 26
Nigeria 29
SPECIAL When in Rome, do as the Romans? 32
Südafrika 36
Tunesien 41

Asien und Ozeanien

Tipps und Grundlagen 45
Australien 46
China 51
KOMMUNIKATIONSHILFE Chinesisch 56
Indien 57
Indonesien 62
Japan 66
KOMMUNIKATIONSHILFE Japanisch 71
Malaysia 72
Neuseeland 76
Südkorea 79
Taiwan 85
SPECIAL Beruflich im Ausland 88
Thailand 90
Vietnam 93

Europa

Tipps und Grundlagen ... 97
Dänemark ... 99
Finnland ... 102
Frankreich ... 105
SPECIAL Als Frau im Ausland ... 106
Griechenland ... 113
Großbritannien ... 116
Irland ... 121
KOMMUNIKATIONSHILFE Englisch ... 124
Italien ... 126
Niederlande ... 130
Norwegen ... 133
Polen ... 136
Portugal ... 139
KOMMUNIKATIONSHILFE Portugiesisch ... 142
Rumänien ... 144
Russland ... 147
KOMMUNIKATIONSHILFE Russisch ... 151
Schweden ... 153
SPECIAL Je näher das Land, desto einfacher der Aufenthalt? ... 156
Spanien ... 161
Tschechien ... 165
Türkei ... 168
Ungarn ... 172
SPECIAL Anbandeln unterwegs ... 176

Nahost

Tipps und Grundlagen ... 179
Iran ... 181
Israel ... 183

SPECIAL Kleiner Führer durch die Religionen 186

Jemen 191
Saudi-Arabien 194
Vereinigte Arabische Emirate (V.A.E.) 198

KOMMUNIKATIONSHILFE Arabisch 199

Nord- und Südamerika

Tipps und Grundlagen 203
Argentinien 205
Brasilien 209
Chile 213

SPECIAL »Die Anderen« über uns – wir über »die Anderen« 214

Kanada 219
Kolumbien 223
Kuba 226

SPECIAL Vorsicht Krisengebiet und Kriminalität! 228

Mexiko 231
Peru 234

KOMMUNIKATIONSHILFE Spanisch 236

Vereinigte Staaten von Amerika 239

Service

Aussprachehilfe 244
Adressen, die weiterhelfen 246
Bücher, die weiterhelfen 247
Vielen Dank 248
Über die Autoren 249
Register 250
Impressum 256

*Der Sinn des Reisens
besteht darin, die Vorstellungen
von der Wirklichkeit auszugleichen,
und anstatt zu denken,
wie die Dinge sein könnten,
sie so zu sehen, wie sie sind.*

Samuel Johnson,
englischer Sprachforscher und
Schriftsteller (1709–1784)

Einleitung

Die hier vorliegenden Beschreibungen und Anregungen zu länderspezifischen Gegebenheiten werden Ihnen eine erste wichtige Orientierung im Ausland bieten und Hinweise geben, wie Sie mit Einheimischen ins Gespräch kommen und welche Themen Sie besser meiden sollten. Von hier aus können dann Ihre eigenen spannenden Entdeckungen auf dem Gebiet des länderübergreifenden Austauschs beginnen.

Auf einen längeren *beruflichen* Auslandsaufenthalt müssen Sie sich besonders ausführlich und situationsspezifisch vorbereiten. Hierzu werden spezielle Trainings, die die notwendige interkulturelle Kompetenz vermitteln, angeboten. Eine gute Kenntnis der Fremdsprache kann weitere Hürden abbauen. Aber alles in allem dürfen Sie den Spaß an neuen Erfahrungen nicht vergessen. Neugierde und Aufgeschlossenheit können hier gute Wegweiser sein.

Kulturelle Unterschiede und das Individuum

Sprechen wir von Gepflogenheiten im Ausland und von Verhaltensweisen von Menschen aus anderen Ländern, ist es wichtig, diese nicht stereotyp auf jede beliebige Situation zu übertragen.

Wir bitten Sie, Menschen nicht auf einzelne Merkmale zu reduzieren. Die dargestellten Tipps und die beschriebenen Verhaltensweisen sind nur ein Fingerzeig – jede Person, die Sie im Ausland kennen lernen werden, kann sich ganz anders verhalten. Denn kein Mensch auf der Welt gleicht einem anderen, weder im Aussehen noch im Verhalten. Jede Person ist durch erzieherische und Umwelteinflüsse, politische und ökonomische Gegebenheiten, also durch einen ganz persönlichen Lebensweg anders geprägt. Wie Sie im Special »Die Anderen« über uns – wir über »die Anderen« (▸ Seite 214) sehen können, entsprechen die meisten von uns auch nicht dem Ruf, der Deutschen, Österreichern und Schweizern im Ausland vorauseilt. Auch wir können nicht auf Merkmale wie Pünktlichkeit, Fleiß oder sogar auf Arroganz reduziert werden. Anders ausgedrückt: Geben Sie jedem Menschen die Chance, sich anders verhalten zu dürfen als in diesem Buch beschrieben.

Die Länder

Unsere Länderauswahl orientiert sich an ökonomischen und touristischen Aspekten. Wir sind nach bestem Wissen und Gewissen vorgegangen, mussten aber leider aus Platzgründen einige Länder vernachlässigen. In den einführenden Steckbriefen zu jedem Land werden unter anderem Religionen und Bevölkerungsgruppen dargestellt. Hier können Sie bereits einen ersten Eindruck von der Komplexität und inneren Vielfalt eines Landes erhalten.

Specials mit länderübergreifenden Hinweisen

Die eingestreuten Spezialseiten beschäftigen sich mit ausgewählten Themen, die länderübergreifend von Interesse sind. Darin werden unter anderem Fragen zu einem Aufenthalt in Krisengebieten, zu Religionen, Geschäftsreisen, Vorurteilen oder zur besonderen Situation für allein reisende Frauen behandelt.

Die Sprache – unser wichtigstes Kommunikationsmittel

Es gibt weltweit an die 6000 Sprachen und Dialekte. Die Sprache ist unser wichtigstes Kommunikationsmittel und damit ein bedeutender Teil unserer kulturellen Identität. Aus diesem Grund finden Sie in den Ländersteckbriefen jeweils Hinweise zu den am häufigsten gesprochenen Sprachen. In den »Kommunikationshilfen« werden einzelne Wörter und Floskeln ausgewählter Weltsprachen dargestellt. Diese sollen Interesse an einer anderen Sprache wecken und Ihnen gleichzeitig bei der Verständigung helfen. Gönnen Sie sich dabei den Spaß, sich an die unterschiedlichen Sprachen und deren Ausdrucksweisen auch einmal ungelenk heranzutasten.

Afrika

Afrika ist die Wiege aller Völker der Erde. Dort finden sich die ersten Zeugnisse der Menschheitsgeschichte. Wenn Sie an diesen Kontinent denken, werden Ihnen vor allem die verschiedenen Konflikte sowie soziale und gesundheitliche Probleme einfallen. Bereisen Sie den Kontinent und Sie werden eine beeindruckende kulturelle Vielfalt kennen lernen – und vom Optimismus vieler Menschen zu berichten wissen.

Tipps und Grundlagen

Afrika erhielt den Namenszusatz der »dunkle« oder »schwarze Kontinent« aufgrund der sehr späten Erforschung durch die Europäer. Die verschiedenen Kulturen mit ihren Religionen, Riten und Sprachen blieben lange Zeit vielen Nichtafrikanern unbekannt und damit fremd. Nur den nordafrikanischen Regionen schenkten die Europäer schon frühzeitig Beachtung. Spätere Kolonialisierungen in den anderen Gebieten Afrikas durch europäische Nationen haben bis heute ihre zum Teil blutigen Spuren hinterlassen.

In insgesamt 53 Staaten werden mehr als 1500 Sprachen gesprochen, und allein in Nigeria sind in etwa 400 Volksgruppen bekannt. In Afrika übergreifende kulturspezifische Eigenheiten darzustellen ist also aufgrund der Vielfältigkeit und der aktuellen politischen Gegebenheiten schwierig. Regionale Konflikte, ein geringes ökonomisches Interesse westlicher Nationen und immer wieder ausbrechende Seuchen trugen und tragen zu einer geringeren Beachtung dieses Kontinents bei. Ungeachtet dessen gibt es in vielen afrikanischen Nationen interessante politische, gesellschaftliche und kulturelle Entwicklungen, die für die Zukunft hoffen lassen und das Augenmerk langsam wieder auf den »schwarzen Kontinent« lenken.

Hinweise für Afrika

Die afrikanischen kulturellen Eigenheiten wurden bislang in weit geringerem Maße untersucht als kulturelle Besonderheiten in wirtschaftlichen Ballungsgebieten. Lassen Sie sich deswegen darauf ein, mit offenen Augen eigene Erkenntnisse zu erlangen.

- Informieren Sie sich konkret und zeitnah über die momentane Situation, Regeln und Umgangsweisen in Ihrem Zielland in Afrika (▸ Adressen, die weiterhelfen, Seite 246). In vielen Staaten Afrikas tragen instabile politische Verhältnisse zu schnellen Änderungen der Bedingungen vor Ort bei.

- Araber, eingewanderte Europäer und Asiaten sowie Hunderte hier ursprünglich angesiedelte Kulturen haben besondere kulturelle Entwicklungen bewirkt. Achten Sie deswegen unbedingt darauf, diese Unterschiede wahrzunehmen und zu berücksichtigen.
- Das Christentum und der Islam sind zwei stark expandierende Religionen in Afrika. Seit der ersten Missionierung bis zur gegenwärtigen Sozial- und Gesellschaftspolitik spielen diese beiden Religionen eine nicht immer glückliche Rolle. Unterschiedliche Einschätzungen prägen die gegenwärtige Situation.
- Frauen tragen gerade in ruralen Gesellschaften besonders stark zum Einkommen in den Familien bei. Die Rolle der Frau wird in Afrika häufig von sehr widersprüchlichen Aspekten – auf der einen Seite Ernährerin und auf der anderen Seite dem Mann untergeordnet – begleitet. Gehen Sie deswegen mit Frauen besonders respektvoll um.
- Gastfreundschaft spielt in den meisten Ländern in Afrika eine herausragende Rolle. Nehmen Sie Einladungen sehr ernst und weisen Sie Geschenke, auch wenn sie für Sie keinen erkennbaren Gebrauchswert haben, nicht zurück. In manchen Familien können zum Beispiel Hühner ein besonderes Zeichen der Aufmerksamkeit sein.
- HIV/AIDS ist in einigen afrikanischen Ländern ein besonderes Problem. Allein in Südafrika sind ca. 20 % der erwachsenen Bevölkerung infiziert. Lange Zeit wurden Medikamente aus Gewinninteresse westlicher Konzerne nicht preisgünstig zur Verfügung gestellt, und Religionsgemeinschaften haben mit ihren Moralvorschriften die Situation häufig verschärft. Gehen Sie mit dem Thema deswegen grundsätzlich behutsam um.
- Filmberichte über Völker in Afrika wurden lange Zeit wie Tierdokumentationen aufgebaut: Die Szenen wurden aus dem Off kommentiert und kein Betroffener kam zu Wort. Seien Sie deswegen beim Fotografieren und Filmen rücksichtsvoll und fragen Sie immer um Erlaubnis.

Ägypten

Sollte Ihnen eine unübersehbare Menschenmenge den Zugang zur Hotelrezeption versperren und wird das Ganze mit lautem Trommeln untermalt, dann nimmt ein kleines Familienfest gerade seinen Anfang und verspricht Ihnen interessante Einblicke in die Kunst des Feierns.

Steckbrief

Ländername: Arabische Republik Ägypten, Gumhuriyat Misr Al Arabiya.
Hauptstadt: Kairo, Al Qahira.
Regierungsform: Republik.
Sprachen und Dialekte: Schrift- und Amtssprache ist das moderne Hocharabisch. Als Umgangssprache ist ein ägyptisch-arabischer Dialekt und als Geschäftssprachen sind Englisch und Französisch verbreitet.
Religionen: Etwa 93 % sind fast ausschließlich sunnitische Muslime, ca. 6 % koptisch-orthodoxe Christen sowie Minderheiten von Katholiken, Protestanten, Griechisch-Orthodoxen und Juden.
Bevölkerung: ca. 76 Mio.; mehrheitlich Araber sowie kleine Minderheiten von Nubiern, Beduinen, Sudanesen, Syrern, Beja und Europäern. Bevölkerungsdichte: 69,4 Menschen pro km^2.

Wertvorstellungen, Religionen und Bräuche

Sie werden schnell feststellen, dass man in diesem Land zu feiern versteht. Wenn es auf Pilgerfahrt nach Mekka geht, geleiten Ägypter ihre Verwandten schon einmal mit einem lauten Hupkonzert zum Flughafen. Oft finden kleine Familienfeiern im engsten Kreis, also mit einigen hundert Gästen, im Hotel statt. Weniger betuchte Ägypter feiern auf der Straße. Vor allem in Kairo werden zahlreiche Mulids, Feierlichkeiten zur Verehrung muslimischer und christlicher Heiliger, begangen. Stoßen Sie auf eine größere, mit Kochgeschirr und

Decken ausgestattete Menschenmenge, dürfte es sich um die Vorbereitung eines dieser Feste handeln. Hier vermischen sich sogar Männer und Frauen zum gemeinsamen Tanz und Gesang, was immer wieder zu Streit unter den islamischen Gelehrten führt.

Fastenmonat

Weilen Sie während des Fastenmonats (▸ Asien und Ozeanien, Seite 46) in Ägypten, sollten Sie Ihre Aktivitäten in die Abendstunden verlegen. Tagsüber scheint das Land wie gelähmt und erst mit dem langen Ruf des Muezzin zur Abenddämmerung beginnt das volksfestähnliche Vergnügen mit dem Iftar, der einzigen, aber dafür sehr ausführlichen Mahlzeit in der Fastenzeit.

Kommunikation und Körpersprache

Ägypten zählt zu den liberalen islamischen Staaten. Der Umgang miteinander ist freundlich und wenn Sie islamische Verhaltensregeln beherzigen, werden Sie mit offenen Armen empfangen. Männer begrüßen sich per Handschlag oder, bei größerer Vertrautheit, mit Umarmungen und Wangenküsschen. Frauen und Männer nicken sich meist zu und lächeln freundlich. Wählen Sie, wenn Sie unsicher sind, zunächst die zurückhaltende Variante, da Augenkontakte und kleinste Berührungen mitunter einen ganz anderen Stellenwert erhalten können als von Ihnen gewünscht.

Smalltalk und Tabus

Nehmen Sie sich für ein gemeinsames Gespräch Zeit, in diesem Land ist keine Hektik angesagt. Die meisten Ägypter sind aufgeschlossen und interessiert. Kontroversen entfalten sich schnell beim Thema Israel und der Politik gegenüber Palästina. Hier sollten Sie Fingerspitzengefühl an den Tag legen und zunächst Zurückhaltung üben. Gleiches gilt auch bei strittigen religiösen Themen.

Einladung und Geschenke

In Ägypten wird Gastfreundschaft sehr geschätzt. Private Einladungen nach Hause sind durchaus üblich. Lehnen Sie die erste Einladung höflich ab. Nach zweifacher Wiederholung der Einladung sagen Sie zu. Alles andere käme einer Beleidigung nahe. Sprechen Sie entsprechende Gegeneinladungen aus. Zu privaten Einladungen sind kleine Gastgeschenke, Kleinigkeiten für die Kinder, Blumen, Parfums oder reichlich Gebäck und Torten immer willkommen. Alkohol als Gastgeschenk ist jedoch weniger geeignet. Übertreiben Sie es bei Einladungen mit den Mitbringseln nicht. Zu teure Geschenke können weniger betuchte Gastgeber in Verlegenheit bringen.

Essen und Trinken

Arabische, türkische und mediterrane Einflüsse prägen die meist gut gewürzte oder sehr süße ägyptische Küche. In Hotels beziehungsweise in Restaurants in den Großstädten finden Sie auch eine internationale Küche. Fleisch und Gemüse werden häufig in Olivenöl gegart. Für Vegetarier ist außerdem Falafel, eine frittierte Gemüsefrikadelle, zu empfehlen. Kushari, ein weiteres Nationalgericht, wird mit kleinen braunen Nudeln, Reis und Kichererbsen oder Linsen gemischt und mit gerösteten Zwiebeln und einer Tomatensauce gewürzt. Ansonsten können Sie Fleischspieße in allen Variationen, natürlich ohne Schweinefleisch, genießen. Knoblauch, frische Kräuter und Zwiebeln werden oft zum Würzen verwendet. Aish Baladi (Fladenbrot) oder Aish Shams (Sonnenbrot) sind ein Muss zu allen Gerichten, ebenso wie der Shai, schwarzer Tee, der auch mit frischen Pfefferminzblättern getrunken wird. Stark gesüßten Kaffee werden Sie überall angeboten bekommen, aber häufig keine alkoholischen Getränke.

Fleisch der Armen

Unbedingt kosten sollten Sie Foul, das »Fleisch der Armen«. Es besteht aus einer mit Olivenöl, Zitronen und Gewürzen verfeinerten Masse brauner Bohnen.

Kleider machen Leute

Tragen Sie elegante Kleidung zu geschäftlichen und formellen Anlässen, legere Kleidung im Urlaubsalltag und lockere Kleidung am Pool im Hotel. Mit diesen Grundsätzen kommen Sie gut durch Ägypten. Frauen sollten jedoch immer auf allzu freizügige Kleidung verzichten und Oben-ohne ist, wenn auch an einigen Hotelpools praktiziert, in Ägypten grundsätzlich tabu. Sofern Sie keine Trauer tragen, sollten Sie auf schwarze Kleidung verzichten. Ansonsten können Sie in Bars, Nachtklubs, Restaurants oder Hotels bedenkenlos westliche Kleidung tragen.

Wohin am Abend

In Kairo wächst die Nachtszene und was gerade »in« ist, unterliegt starken Schwankungen. Gute Restaurants und Bars mit Livemusik wechseln sich mit schummrigen Bars ab, in denen das Bauchtanzprogramm von den Wucherpreisen ablenken soll. Fragen Sie im Zweifel vor der Bestellung nach den Preisen. Manche Clubs öffnen erst um 2 Uhr nachts. Wenn Ihnen dies zu spät erscheint, können Sie auch an den häufig angebotenen Unterhaltungsprogrammen in den Hotels teilnehmen. Hier wie dort werden in der Regel alkoholische Getränke ausgeschenkt.

Was man tun und lassen sollte

Nehmen Sie genügend Kleingeld für Trinkgelder mit. Für etliche Berufsgruppen, wie Taxifahrer, Kellner und andere stellt dieses eine notwendige Einkommensquelle dar. Beachten Sie auch die Almosenpflicht für Muslime: Hilfsbedürftigen, jedoch nicht bettelnden Kindern, wird immer etwas gegeben. Stecken Sie das Bakschisch aber immer heimlich zu, sonst beschämt es den Empfänger. Bettler sowie verschleierte Frauen sind als Motive fürs Fotoalbum grundsätzlich tabu. Militärische Anlagen, Brücken, Flughäfen, Bahnhöfe sowie der Suez-Kanal dürfen ebenfalls nicht fotografiert werden. Ansonsten sollten Sie jeweils um Erlaubnis fragen.

Algerien

Bereiten Sie sich mit Albert Camus oder der Gegenwartsautorin Assia Djebar auf Algerien vor. Deren Ausführungen über die Natur, die Menschen und deren Konflikte werden Ihnen einen ersten Einblick verschaffen.

Steckbrief

Ländername: Demokratische Volksrepublik Algerien, El-djumhuriya el-djazairiya ed dimukratiya esch-schaâbiya.
Hauptstadt: Algier.
Regierungsform: Präsidialrepublik.
Sprachen und Dialekte: Amtssprachen sind Arabisch und seit 2001 Tamazight, Verkehrssprachen sind auch Französisch, Mazirisch und Berbersprachen.
Religionen: Fast 100 % Muslime (meist Sunniten); katholische und protestantische Minderheiten.
Bevölkerung: Ca. 32 Mio., ca. 80 % Araber und ca. 20 % Berber. Bevölkerungsdichte: 13,5 Menschen pro km^2.

Wertvorstellungen, Religionen und Bräuche

Assia Djebars eigentlicher Name lautet Fatima-Zohra Imalayene. Das Pseudonym war aufgrund ihrer Romane, in denen sie traditionelle Normen infrage stellt, notwendig. Dieses Beispiel demonstriert den alltäglichen Widerspruch in diesem Land, denn das algerische Recht garantiert Gleichheit zwischen Mann und Frau. Eine teilweise vorhandene Hinwendung zum islamischen Fundamentalismus wurde durch die gewaltsame Gegenwehr gegen die ehemalige Kolonialmacht Frankreich weiter geschürt. Die Konflikte und Widersprüche aus der noch recht nahen Vergangenheit können Sie heute in der Hauptstadt Algier spüren. Anders ist das bei den Berbern, die ihre Kultur in kleinen autonomen Dorfgemeinschaften bewahren konnten. Dort gibt es noch den Marabutismus (Heiligenverehrung) und Amulette zum Schutz vor verschiedensten Ereignissen.

Kommunikation und Körpersprache

Verständigen Sie sich am besten auf Französisch, denn mit dem Alltagsarabisch würden Sie Ihre Mühe haben. Auch wenn zur Abgrenzung gegenüber den ehemaligen Kolonialherren französische Hinweise auf den Schildern entfernt wurden, werden Sie feststellen, dass die Kommunikation von französischen Höflichkeits- und Umgangsformen geprägt ist.

Smalltalk und Tabus

Die Entwicklung Algeriens ist durch die Einflüsse der militärischen Führung geprägt. Es gibt Konflikte mit fundamentalistischen Oppositionellen, die Sie zunächst besser als Gesprächsthema umschiffen sollten. Die Rolle der ehemaligen Kolonialmacht kann ebenfalls schnell zu kontroversen Auseinandersetzungen führen. Versuchen Sie, durch aufmerksames Zuhören die Einstellungen des Gegenübers zu ergründen. Schnell werden Sie die Unterschiede zwischen tief religiösen Eiferern und aufgeschlossenen Intellektuellen erkennen.

Einladung und Geschenke

Die Gastfreundschaft spielt grundsätzlich eine große Rolle. Werden Sie privat eingeladen, gelten ein paar Regeln: Ziehen Sie unbedingt die Schuhe vor Betreten der Wohnung aus und richten Sie die Fußsohlen nicht auf das Gesicht der anderen (▸ Indonesien, Seite 63). Als kleine Mitbringsel eignen sich Süßigkeiten oder Spielsachen für die Kinder.

Essen und Trinken

Traditionelle regionale Speisen sowie klassische Gerichte aus anderen Ländern erhalten einen unverkennbaren algerischen Geschmack, indem sie scharf gewürzt werden. Kosten Sie unbedingt Ihr Essen, bevor Sie unverzagt mit Harissa (scharfe Sauce) nachwürzen. Auf Wunsch werden an zahlreichen Imbissständen Merguez (Lammfleischwürstchen) oder Brochettes (getoastetes Baguette) mit dieser Sauce gereicht. Für Einheimische sind Nahrungsmittel sehr teuer und im Süden des Landes ist die Auswahl begrenzt. In den Städten und an der Küste finden Sie hingegen eine größere Auswahl guter Restaurants. Kosten Sie hier den Shakshuba (Gemüseeintopf mit Zwiebeln, Paprika, Tomaten und Eiern), Cous-Cous (Fleisch und Gemüse auf Weizengrieß) oder einen Lammbraten. Italienische und französische Gerichte runden das Angebot ab. Sehr zu empfehlen sind auch algerische Weine.

Kleider machen Leute

In Algerien sollten Sie selbst bei sommerlichen Temperaturen Zurückhaltung üben. Zu enge oder sogar freizügige Kleidung wird vor allem bei Frauen nicht toleriert. In Hotelanlagen wird diese Regel jedoch etwas lockerer gehandhabt. Im geschäftlichen Umfeld legen Algerier meist auch aufgrund alter französischer Einflüsse auf konservative Kleidung Wert.

Wohin am Abend

Folkloristische Musik- und Tanzveranstaltungen sowie Diskotheken und Nachtklubs bieten vor allem in größeren Städten ein breites Angebot. In Oran und Algier können Sie darüber hinaus in den Genuss von englisch- sowie französischsprachigen Filmen kommen. Über deutsche Stiftungen und Kulturinstitute gibt es neuerdings wieder Kulturveranstaltungen. Ansonsten können Sie den Abend in einem der zahlreichen Restaurants oder in Hotelbars ausklingen lassen.

Was man tun und lassen sollte

In Algerien gibt es gute Weine. Trotzdem sollten Sie das strikte öffentliche Alkoholverbot beachten und den Konsum auf die jeweiligen Restaurants beschränken. Während des Fastenmonats Ramadan (▸ Ägypten, Seite 12) ist öffentliches Rauchen oder Essen ebenfalls ein Tabu. In Hotels, Restaurants oder im Taxi wird ein kleines Trinkgeld erwartet. Sofern Sie Menschen fotografieren wollen, sollten Sie immer vorher um Erlaubnis bitten. Militärische Einrichtungen und Soldaten dürfen Sie nicht fotografieren.

Französisch

Höflichkeit

Danke.	Merci.	[mɛrsi]
Bitte.	S'il vous plaît.	[sil vu plɛ]
Keine Ursache.	Je vous en prie/ Il n'y a pas de quoi.	[ʒ(ə) vuz ɑ̃ pri]/ [il ni a pɑ də kwa]
Entschuldigung.	Pardon/ Excusez-moi.	[pardɔ̃]/ [ɛkskyze mwa]
Kein Problem.	Pas de problème.	[pɑ də prɔblɛm]
Ja	Oui	[wi]
Nein	Non	[nɔ̃]
Nein danke.	Non merci.	[nɔ̃ mɛrsi]
Ich habe kein Interesse daran.	Merci, je ne suis pas interessé(e).	[mɛrsi ʒ(ə) n(ə) sɥi pɑ ɛ̃terɛse]
Das gefällt mir sehr.	Ça me plaît beaucoup.	[sa m(ə) plɛ boku]
Das gefällt mir nicht.	Ça ne me plaît pas.	[sa n(ə) m(ə) plɛ pɑ]

Begrüßung und Verabschiedung

Guten Tag!	Bonjour!	[bɔ̃ʒur]
Auf Wiedersehen!	Au revoir!	[o r(ə)vwar]
Wie geht es Ihnen?	Comment allez-vous?	[kɔmɑ̃tale vu]
Es freut mich, Sie kennen zu lernen.	Je suis ravi(e) de faire votre connaissance.	[ʒ(ə) sɥi ravi də fɛr vɔtrə kɔnɛsɑ̃s]
Wie geht es Ihrer Frau/Ihrem Mann/ Ihrer Familie?	Comment va votre femme/votre mari/ votre famille?	[kɔmɑ̃ va vɔtrə fam/mari/famij]
Danke, mir geht es gut.	Je vais bien, merci.	[ʒ(ə) vɛ bjɛ̃ mɛrsi]
Es war schön, Sie kennen gelernt zu haben.	J'ai été ravi(e) de faire votre connaissance.	[ʒe ete ravi də fɛr vɔtrə kɔnɛsɑ̃s]
Bis bald!	À bientôt!	[a bjɛ̃to]

Vorstellung und Erreichbarkeit

Ich heiße ...	Je m'appelle ...	[ʒ(ə) mapɛl]
Ich wohne hier im Hotel ...	J'habite ici à l'hôtel ...	[ʒabit isi a lotɛl]
Meine Telefonnummer ist ...	Mon numéro de téléphone est le ...	[mɔ̃ nymero də telefɔn ɛ lə]

Wie ist Ihr Name?	Comment vous appelez-vous?	[kɔmɑ̃ vuz aple vu]
Wo kann ich Sie erreichen?	Où puis-je vous joindre?	[u pɥi ʒ(ə) vu ʒwɛ̃drə]
Wie ist Ihre Telefonnummer?	Quel est votre numéro de téléphone?	[kɛl ɛ vɔtrə nymero də telefɔn]
Einen Moment bitte.	Un instant s'il vous plaît.	[ɛ̃n ɛ̃stɑ̃ sil vu plɛ]
Ich komme gleich wieder.	Je reviens tout de suite.	[ʒ(ə) revjɛ̃ tu də sɥit]

Verständigung

Ich spreche kein Französisch.	Je ne parle pas Français.	[ʒ(ə) n(ə) parl pɑ frɑ̃sɛ]
Sprechen Sie Deutsch/Englisch/Französisch?	Parlez-vous Allemand/Anglais/Français?	[parle vu almɑ̃/ɑ̃glɛ/frɑ̃sɛ]
Kennen Sie jemanden, der Deutsch/Englisch/Französisch spricht?	Connaissez-vous quelqu'un qui parle Allemand/Anglais/Français?	[kɔnɛse vu kɛlkɛ̃ ki parl almɑ̃/ɑ̃glɛ/frɑ̃sɛ]
Ich kann Sie nicht verstehen.	Je ne vous comprends pas.	[ʒ(ə) n(ə) vu kɔ̃prɑ̃ pɑ]
Haben Sie ein Wörterbuch?	Avez-vous un dictionnaire?	[ave vu ɛ̃ diksjɔnɛr]
Ich glaube, da gibt es ein Missverständnis.	Je crois qu'il y a là un malentendu.	[ʒ(ə) krwa kilja la ɛ̃ malɑ̃tɑ̃dy]
Was meinen Sie damit?	Que voulez-vous dire par cela?	[kə vule vu dir par s(ə)la]
Ich glaube, ich habe Sie jetzt verstanden.	Je crois que je vous ai compris(e) maintenant.	[ʒ(ə) krwa kə ʒ(ə) vuz ɛ kɔ̃pri(z) mɛ̃tnɑ̃]
Ja, das wollte ich sagen.	Oui, c'est ce que je voulais dire.	[wi sɛ sə kə ʒ(ə) vule dir]

Hilfe

Ich brauche Ihre Hilfe.	J'ai besoin de votre aide.	[ʒe bəzwɛ̃ də vɔtrəɛd]
Es geht mir nicht gut.	Je ne vais pas bien.	[ʒ(ə) n(ə) vɛ pɑ bjɛ̃]
Wo ist bitte ein Arzt/Telefon?	Où puis-je trouver un médecin/téléphone s'il vous plaît?	[u pɥi ʒ(ə) truve ɛ̃mɛdsɛ̃/ɛ̃telefɔn sil vu plɛ]

(▸ Aussprachehilfe, Seite 244)

Kenia

Kenia – mit den ältesten fossilen Zeugnissen – kann durchaus als Wiege der Menschheit bezeichnet werden. Dort, so wird angenommen, begann der Siegeszug des Homo sapiens.

Steckbrief

Ländername: Republik Kenia, Jamhuri ya Kenya (amtlich Kisuaheli).
Hauptstadt: Nairobi.
Regierungsform: Präsidialrepublik.
Sprachen und Dialekte: Amtssprachen sind Kisuaheli und Englisch. Darüber hinaus gibt es über 30 weitere Sprachen und Dialekte wie Kikuyu, Luo und Maa.
Religionen: ca. 70 % Christen, ca. 20 % Moslems sowie ca. 10 % Naturreligionen, Hindus, Buddhisten und Ismailiten. Es gibt Schätzungen, die den Anteil der Naturreligionen mit bis zu 60 % beziffern.
Bevölkerung: Etwa 31,5 Mio., etwa 40 unterschiedliche ethnische Gruppen, darunter die Kikuyu, Luhya, Kamba, Kisii, Massai und Somalis. Bevölkerungsdichte: 54,5 Menschen pro km^2.

Wertvorstellungen, Religionen und Bräuche

In der Küstenregion und in östlichen Provinzen sind überwiegend Anhänger des sunnitischen Islam anzutreffen. Ansonsten haben über 70 Volksstämme unterschiedlichste Formen von Naturreligionen bewahrt oder in andere Religionen integriert. Gerade christliche Gruppen, von der katholischen Kirche bis hin zu unzähligen Sekten, prägen das Land, was sich in entsprechenden Wertvorstellungen, wie zum Beispiel dem Verbot von Verhütungsmitteln trotz hoher AIDS-Raten, niederschlägt. Spürbar ist auch eine klare Hinwendung zu strengen Auslegungen des Islam. Bei den westeuropäischen Bräuchen lässt sich deutlich der britische Einfluss erkennen.

Kommunikation und Körpersprache

Schnell sind die ersten Kontakthürden bei den meist freundlichen Kenianern genommen und Erfahrungen aus den jeweiligen Kulturen werden ausgetauscht. Sofern Sie in weniger von Touristen frequentierte Dörfer gelangen, sorgt allein Ihre Anwesenheit als Mensch mit weißer Hautfarbe für regen Gesprächsbedarf. Vermeiden Sie dabei jedoch körperliche Nähe und die Berührung älterer Menschen. Ihnen gegenüber sind Respekt und gebührende Distanz geboten.

Smalltalk und Tabus

Betrachten Sie die Kenianer nicht als fotogene Stammeskrieger. Ihr Interesse an Kenia und den Kenianern bekunden und befriedigen Sie besser im Gespräch über deren Errungenschaften und moderne Entwicklungen. Manche Probleme des Landes sind unseren durchaus ähnlich. Kinder, vor allem in Großstädten, kennen zum Beispiel häufig die Tiere im eigenen Land nicht mehr.

Beschneidung

Ein Tabuthema stellt die in einigen Regionen weit verbreitete weibliche Genitalverstümmelung im Kindesalter dar. Sofern dieses Thema unerwartet angesprochen wird, stößt die kulturelle Toleranz wohl an ihre Grenzen. Dieses Thema wird auch in Kenia zunehmend kritisch diskutiert.

Einladung und Geschenke

In Kenia werden Sie als Gast mit einem reichhaltigen Essen bewirtet. Vor allem in ländlichen Regionen wird diese Gastfreundschaft mitunter sogar von Geschenken wie Mais, Eiern oder auch lebenden Hühnern begleitet. Bringen Sie zu einer Einladung am besten kleine Gastgeschenke für die Kinder mit. Achten Sie dabei auf die richtige Relation und beschämen Sie den Gastgeber nicht durch übertriebene Präsente.

Essen und Trinken

Lassen Sie sich von der Vielfalt der kenianischen Küche beeindrucken. Scharf gewürzte Currys, Sambusas (gefüllte Teigtaschen) und zahlreiche Fleischgerichte spiegeln gerade in der Küstenregion alte orientalische Einflüsse wider. Gerichte vom Huhn, Lamm, Rind, Zebra, Impala oder Strauß sorgen landesweit täglich für Abwechslung, besonders empfohlen wird auch die Spezialität Spanferkel. Austern, Hummer, Krabben und verschiedenste Fische ergänzen an der Küste das Angebot. Die Hauptnahrungsmittel der Kenianer sind jedoch Mais, Maismehl und Bohnen. Im Landesinnern werden Sie von einer ganz anderen Zubereitungsweise überrascht sein. Nur noch selten wird mit traditionell aromatischen Kräutern gekocht. Hauptbestandteile der Würzkunst bilden Salz, Pfeffer und Ketchup. In den Städten können Sie an den Imbissständen preiswerter und häufig sogar bekömmlicher essen als in vielen Mittelklasse-Restaurants. Dort wird teilweise aufgrund von häufigen Stromausfällen schon mehrfach aufgetautes Fleisch zubereitet. Zu trinken gibt es den im Land erzeugten Tee oder Kaffee. Bier (Tusker-Beer) ist in Kenia besonders beliebt.

Kleider machen Leute

In Kenia genügt in der Regel zwanglose Alltagskleidung. Zu geschäftlichen Besprechungen oder zu besonderen Anlässen sollte jedoch auch entsprechende Geschäfts- beziehungsweise elegante Kleidung getragen werden.

Wohin am Abend

Lange Zeit konnten Gäste abendliche Tanz- und Musikveranstaltungen fast nur in Hotels besuchen. Inzwischen hat sich Nairobi jedoch zu einem Künstlertreffpunkt entwickelt. Maler, Bildhauer und Musiker, wie zum Beispiel Vertreter der Hip-Hop-Szene des Landes, versammeln sich in den Clubs. Letztere begleiten musikalisch das Großstadtchaos. Neben afrikanischen Nachtklubs finden Sie auch eine gute Auswahl an Kinos, die amerikanische und europäische Filme zeigen.

Was man tun und lassen sollte

Achten Sie vor allem in der Küstenregion auf islamisch geprägte Verhaltensweisen und Kleidervorschriften. FKK und Oben-ohne sind grundsätzlich verboten. Der Besitz von Drogen, auch kleine Mengen Marihuana, und von Waffen, dazu zählen auch Pfeffersprays, wird in Kenia hart bestraft. Außerdem gilt wie in vielen Ländern ein striktes Verbot, militärische Anlagen oder sicherheitsrelevante Einrichtungen, wie zum Beispiel Flughäfen oder Regierungsgebäude, zu fotografieren.

Marokko

Marokko – ein Hauch von Orient. Hier können Sie auf den Märkten feilschen und bezahlen für das beste Schnäppchen einen immer noch stolzen Preis.

Steckbrief

Ländername: Königreich Marokko, Al-Mamlaka al-maghribiya, Royaume du Maroc.
Hauptstadt: Rabat.
Regierungsform: Parlamentarische Monarchie.
Sprachen und Dialekte: Amtssprache ist Arabisch, Französisch ist als Handelssprache und als zweite Amtssprache weit verbreitet, teilweise Spanisch, ca. 35 % Berberdialekte und in Touristenzentren oft etwas Englisch.
Religionen: Der Islam ist Staatsreligion, ca. 98 % Sunniten, christliche und jüdische Minderheiten.
Bevölkerung: ca. 31 Mio.; Araber und Berber sowie eine europäische Minderheit. Bevölkerungsdichte: 69 Menschen pro km^2.

Wertvorstellungen, Religionen und Bräuche

Marokko ist ein muslimisch und gleichzeitig europäisch geprägtes Land. Religiöse Feiertage und Regeln bestimmen auch hier das Tagesgeschehen. Während des Ramadan (▸ Ägypten,

Seite 12) müssen Sie dementsprechend mit Einschränkungen während des Tages rechnen. Nach Sonnenuntergang wird dafür das tagsüber Versäumte nachgeholt. Restaurants und Bars haben häufig bis tief in die Nacht geöffnet. Eine marokkanische Besonderheit stellen die zahlreichen »Moussems« dar. An diesen regional unterschiedlichen Festtagen pilgern Gläubige zu Grabmälern frommer Männern und Frauen. Einen Höhepunkt bildet das alljährliche, über eine Woche andauernde nationale Folklorefest in Marrakesch. Aus allen Teilen des Landes treffen sich im Juni oder Juli die bekanntesten Gruppen zu Tanz- und Musikdarbietungen.

Kommunikation und Körpersprache

Viele der Umgangsformen sind französischen Ursprungs. Auf die im islamischen Einflussbereich übliche größere körperliche Distanz zwischen Männern und Frauen sollten Sie aber trotzdem achten. Zur Begrüßung gibt man sich die Hand.

Handeln

Touristen stürzen sich gerne in das landesübliche und durchaus notwendige Feilschen auf Märkten oder in Geschäften. Dies stellt jedoch eine Beleidigung dar, wenn keine Kaufabsicht vorhanden ist. Stellen Sie in diesem Fall sofort klar, dass Sie nur an einer Preisauskunft, nicht aber an einem Kauf interessiert sind.

Smalltalk und Tabus

Das Interesse gegenüber Fremden ist stark ausgeprägt. Erzählen Sie von sich und davon, was Sie beruflich machen. Zeigen Sie umgekehrt ebenfalls Interesse! Meiden Sie vor allem bei ersten Gesprächskontakten politische und religiöse Themen. Die Annexion von Spanisch-Sahara im Süden des Landes oder die Unantastbarkeit des Königs sind schwierige Themenfelder. Wenn Sie sich dafür interessieren, sollten Sie zunächst zuhören und nicht mit schnellen Bewertungen aufwarten.

Einladung und Geschenke

In Marokko ist man meist geschäftstüchtig. So manche Einladung zum Tee endet mit einer Verkaufsvorführung in einem Teppichhaus. Sind Sie jedoch privat zum Abendessen oder zum Tee eingeladen, sollten Sie ein kleines Präsent dabeihaben. Aber aufgepasst: Pralinen sind besser geeignet als Blumen, denn diese bringen Unglück. Die Räume betreten Sie ohne Schuhe (▸ Indonesien, Seite 65). Das gemeinsame Essen findet, je nach religiöser Ausrichtung der Familie, mit den Damen des Hauses statt oder ohne sie. Europäische Frauen sind in der Männerrunde in der Regel zugelassen. Auf jeden Fall ist es bei Abwesenheit der Frau unhöflich, sich nach ihr zu erkundigen. Noch ein kleiner Tipp: Das im Krug gereichte Wasser ist zum Händewaschen gedacht. Einen Schluck davon zu nehmen, würde eher Verwunderung auslösen.

Essen und Trinken

Dunkelgrüne Pflanzen in mit heißem Wasser gefüllten Gläsern, so wird in Marokko der duftende und häufig stark gesüßte Pfefferminztee gereicht. Eine große Auswahl an alkoholfreien Getränken sowie hervorragende marokkanische Weine oder das Flag (ein Bier aus der Region) bereichern das Angebot. Obwohl für Moslems verboten, gehören alkoholische Getränke in vielen Restaurants, vor allem in den großen Städten, zum Standardangebot. Nationalgerichte sind Tajine, ein Eintopfgericht aus Fleisch und Gemüse, sowie Couscous, Fleisch und Gemüse auf Weizengrieß. Verschiedene Fleischsorten, außer vom Schwein, bilden abgeschmeckt mit Rosinen, Mandeln, Zimt oder Früchten eine Grundlage fast jeder Speise.

Kleider machen Leute

Marokko gibt sich liberal. Neben tief verschleierten Frauen sind junge Frauen in westlicher Kleidung zu sehen. Von allzu freizügiger Kleidung sollten Männer und vor allem Frauen aber trotzdem Abstand nehmen, da islamisch geprägte Moralvorstellungen noch immer weit verbreitet sind.

Wohin am Abend

Traditionelle Folkloreveranstaltungen und das Treiben in Nachtklubs und Diskotheken bilden in den Städten ein buntes Nebeneinander. In Marokko können Sie bis spät in die Nacht abwechslungsreiche Unterhaltung finden.

Was man tun und lassen sollte

Gerade auf Touristenpfaden begegnen Sie bettelnden Kindern. Gewähren Sie lieber bedürftigen älteren Menschen eine kleine Unterstützung. Kinder könnten durch lukrative Erfolge von der Schule fern gehalten werden. Trinkgelder hingegen sind als Dank für eine entsprechende Leistung üblich.

Namibia

Gegrilltes Zebrafleisch und dann als Nachspeise eine gute Schwarzwälder Kirschtorte. In Namibia finden Sie eine einzigartige kulturelle Mischung aus deutscher Tradition und afrikanischen Lebensgewohnheiten.

Steckbrief

Ländername: Republik Namibia, Republic of Namibia.
Hauptstadt: Windhoek.
Regierungsform: Parlamentarische Demokratie.
Sprachen und Dialekte: Amtssprache ist Englisch. Außerdem gibt es drei Sprachfamilien: Bantu, Khoikhoi und Europäisch mit 14 verschiedenen Sprachen und mehreren Dialekten. Die weiße Bevölkerung spricht zu ca. 60 % Afrikaans und ca. 25 % Deutsch.
Religionen: ca. 87 % Christen, davon in etwa 80 % Protestanten und 20 % Katholiken, ca. 13 % Stammesreligionen.
Bevölkerung: 1,9 Mio.; davon ca. 47 % Ovambo, jeweils unter 10 % Kavango, Damara, Herero, Weiße, Nama, Farbige, Caprivianer, Buschleute, Rehobother Baster und Tswana. Bevölkerungsdichte: 2,2 Menschen pro km^2.

Wertvorstellungen, Religionen und Bräuche

Sie finden zahlreiche Spuren aus der kolonialen Vergangenheit Deutsch-Südwest-Afrikas (1884 bis 1915). Die westliche Kultur wurde von fast allen Namibiern übernommen, ursprüngliche Religionen und Bräuche sind kaum noch erkennbar. Nur in abgelegenen Teilen des Landes leben noch die Buschleute als Sammler und Jäger und stellen ihre Kultur durch Musik, Mimik und Tanz dar.

Stammes- und Sippenhäupter haben einen verfassungsrechtlich gesicherten Status, grundsätzlich soll aber aufgrund der kolonialen Vergangenheit eine Differenzierung zwischen den ethnischen Gruppen vermieden werden. Dennoch hat die deutschsprachige Minderheit nach wie vor eine starke ökonomische Stellung inne und Bevorzugungen von ethnischen Gruppen geben immer wieder Anlass zu Diskussionen.

Sprechen Sie deutsch?

Namibia verfügt als einziges afrikanisches Land über eine eigene deutschsprachige Zeitung. An über 30 Schulen wird Deutsch unterrichtet, so dass Sie sich auch heute noch oft auf Deutsch verständigen können.

Kommunikation und Körpersprache

Die Kommunikation ist sehr an europäische Gepflogenheiten angelehnt. Man geht leger miteinander um und ist sehr schnell beim Vornamen. Im geschäftlichen Bereich bleibt man jedoch zunächst beim förmlicheren Sie.

Smalltalk und Tabus

Das Zusammenleben der verschiedenen ethnischen Gruppen ist ein schwieriges Thema. Es gibt hier eher unterschwellige Konflikte, die zu diskutieren nicht einfach ist. Unterhalten Sie sich deswegen zunächst über andere Dinge. Ein weiteres Tabuthema ist HIV/AIDS, inzwischen die häufigste Todesursache im Land.

Einladung und Geschenke

Seien Sie nicht überrascht, wenn Sie bei Einladungen nach Hause mit den besten deutschen Gerichten versorgt werden. Noch häufiger werden Sie jedoch zu einem typischen Grillabend eingeladen. Bringen Sie ein kleines Präsent, Wein oder Süßigkeiten, mit. Ein kurioses Erlebnis ist Ihnen gewiss, wenn Sie zu Mopane caterpillar eingeladen werden. Vielen Einheimischen ist bewusst, dass diese gerösteten gelben Würmer nicht unseren Essgewohnheiten entsprechen, Ihr Mut wird deswegen von tosendem Applaus begleitet werden.

Essen und Trinken

Deutsche Spezialitäten und traditionelle Speisen bilden ein vielfältiges Nebeneinander. Von der Schwarzwälder Kirschtorte bis zu Wildgerichten von Strauß, Zebra, Kudu oder Elenantilopen finden Sie ein breites Angebot. Biltong, ein getrocknetes und scharf gewürztes Fleisch von unterschiedlichen Tieren, ist ein typisches Nationalgericht. In ärmeren Verhältnissen wird häufig Mealie meal, ein Brei aus Hirse oder Mais, gegessen. Nur zu feierlichen Anlässen wird dann Fleisch, bevorzugt Hühnerfleisch, gereicht. Nach deutschem Reinheitsgebot gebrautes Windhoek- oder Holsten-Bier sind aus dem Land nicht mehr wegzudenken. Der Wein jedoch kommt aus Südafrika. Achten Sie vor dem Betreten des Restaurants auf das auch in Südafrika verwendete Kürzel Y: Bei einem Y bekommen Sie hier Bier zum Essen, bei zwei Y gibt es Bier und Wein und bei drei Y das ganze Angebot an alkoholischen Getränken.

Wohin am Abend

In Namibia wird meist im privaten Rahmen gefeiert. Das Nachtleben entwickelt sich erst seit wenigen Jahren vor allem in den Städten Windhoek und Swakopmund. Dort können Sie neben Restaurants und Kaffeehäusern auch Kinos und Theater besuchen. Bestimmte Anlässe, wie zum Beispiel 2005 das zehnjährige Firmenbestehen des Mobiltelefon-Anbieters MTC, werden zu größeren Festlichkeiten genutzt.

Was man tun und lassen sollte

In Namibia wird üblicherweise ein Trinkgeld in Höhe von 10 % gegeben. Dies wird auch an Tankstellen erwartet. Das Land gilt als relativ sicher, trotzdem wird vor möglichen nächtlichen Überfällen auf unbewirtschafteten Rastplätzen gewarnt. Weit gefährlicher sind jedoch unbeleuchtete Fahrzeuge auf nächtlichen Überlandfahrten. Fotografieren Sie keine militärischen Einrichtungen, Soldaten und Polizisten! Wenn Sie Menschen ablichten wollen, sollten Sie vorher um Erlaubnis fragen.

Nigeria

Nigeria wird wie kaum ein anderes Land durch seine kulturelle Vielfalt geprägt. Von modernem Afrobeat bis zu traditionellen Terrakottaskulpturen werden Sie von den unterschiedlichen Einflüssen beeindruckt sein.

Steckbrief

Ländername: Bundesrepublik Nigeria, Federal Republic of Nigeria.
Hauptstadt: Abuja.
Regierungsform: Präsidiale Republik.
Sprachen und Dialekte: Amtssprache: Englisch; Sudan- und Bantusprachen, Hausa, Yoruba und Ibo sowie ca. 400 weitere Sprachen und Dialekte.
Religionen: ca. 50 % Muslime, ca. 40 % Christen, etwa 8 % Anhänger traditioneller Religionen sowie ca. 2 % Kopten.
Bevölkerung: etwa 133 Mio.; es gibt ca. 400 Volksgruppen, darunter Hausa, Yoruba, Ibo, Fulani, Kanuri und andere. Bevölkerungsdichte: 144,9 Menschen pro km^2.

Wertvorstellungen, Religionen und Bräuche

Der Norden mit der größten Bevölkerungsgruppe Hausa ist muslimisch geprägt. Im Osten finden Sie bei den Ibo christliche Traditionen; im Westen, im Kernland der Yoruba, sind noch traditionelle Religionen verankert. Die animistischen Wurzeln sind dort vielerorts in Skulpturen aus Holz, Terrakotta oder Bronze dargestellt. Das Land wird aber auch von anderen religiös motivierten Regelungen nachhaltig geprägt. So führte ein religiös motiviertes Impfverbot dazu, dass im Jahr 2004 fast zwei Drittel der weltweit anzutreffenden Poliofälle in Nigeria registriert wurden.

Kommunikation und Körpersprache

Die koloniale Vergangenheit unter Großbritannien (bis 1960) ist besonders im Süden noch spürbar. Die Begrüßung erfolgt eher formell mit einem Handschlag. Je weiter Sie in den Norden gelangen, desto stärker werden die feinen Unterschiede im Umgang. Die Begrüßungen werden überschwänglicher und, nach näherer Bekanntschaft, von Umarmungen begleitet. Bei der Yoruba-Volksgruppe wird bei der Begrüßung besonderer Respekt durch einen Knicks ausgedrückt. Aufgrund der hohen Analphabetenrate kann in ländlichen Regionen die schriftliche Kommunikation schwierig sein.

Nigerianische Kultur

Weit über die Grenzen hinaus werden nigerianische Literatur und Musik, hier sei Fela Kuti als Erfinder des Afrobeat erwähnt, geschätzt. Wole Soyinka erhielt 1986 den Literaturnobelpreis und im Jahr 2002 wurde Chinua Achebe mit dem Friedenspreis des Deutschen Buchhandels ausgezeichnet.

Smalltalk und Tabus

Seien Sie auf jeden Fall darauf gefasst, dass Ihre verwandtschaftlichen Verhältnisse bereits beim ersten Treffen ein wichtiges Thema sein können. Ihr Interesse an Nigeria zeigen Sie, indem Sie sich über Musik und Literatur unterhalten. Soziale Probleme, eine hohe Geburten- sowie Sterberate und die allgegenwärtige Korruption sind hingegen kein geeignetes Einstiegsthema. Womit Sie aber immer Interesse wecken können, sind Kenntnisse über Fußball. Gerade über diesen Sport versucht das Land eine bessere Außendarstellung zu erreichen.

Einladung und Geschenke

Im Süden des Landes werden Sie, ähnlich wie in vielen britisch geprägten Gesellschaften, selten Einladungen in Privathäuser erhalten. »My home is my castle« gilt auch in dieser Region. Anders ist das im Norden oder auf dem Land. Gastfreundschaft und Einladungen nach Hause zählen hier besonders. Geschäftliche Besprechungen werden meist in Restaurants oder Klubs durchgeführt. Bringen Sie aber immer kleine Präsente mit. Dies können Firmenpräsente mit entsprechendem Aufdruck oder auch andere aus Ihrem Heimatland stammende Kleinigkeiten sein.

Essen und Trinken

In ganz Westafrika wird der Einfluss der »typisch« nigerianischen Küche mit ihren Kochbananen, Yamswurzeln und Süßkartoffeln gerühmt. Pfeffer ist ein wichtiges Gewürz, so bei der populären Pfeffersuppe oder beim im Süden bevorzugten pfeffrigen »Stew«. Im Norden des Landes werden Gerichte aus Weizen, Hirse oder Mais und mit Rindfleisch bevorzugt. Probieren Sie beliebte Speisen wie Efo (Gemüsesuppe), Egusi (Eintopf mit Fleisch und Paprika), Suva (gegrillte Spieße) oder auch Isi-ewu (Suppe mit Paprika und Gänseköpfen). Zum Trinken bieten sich einheimische Biersorten und der sehr beliebte Palmensaft an. Spirituosen sind meist sehr teuer.

Kleider machen Leute

Förmliche Anlässe verlangen auch eine förmliche Kleidung, also für den Mann einen leichten Anzug und Krawatte und für die Frau ein Kostüm. Hosen bei Frauen werden vereinzelt weniger gerne gesehen. Im Norden sollten Sie aufgrund muslimischer Traditionen zurückhaltendere Kleidung tragen. Ansonsten ist zwanglose Kleidung angebracht.

When in Rome, do as the Romans?

Auf Reisen kommen Sie früher oder später mit anderen Gebräuchen in Kontakt. Wie soll man damit umgehen? Wie können Sie reagieren, wenn Ihnen ungewöhnliche Speisen serviert werden, die Sie aus Höflichkeit nicht ablehnen dürfen? Wie verhalten Sie sich, wenn die Kollegen im Ausland auch an den Wochenenden viel Zeit gemeinsam verbringen, Sie jedoch Ihre Privatsphäre brauchen?

Anpassung als Strategie?

Sich in allem den Gepflogenheiten im Ausland anzupassen ist weder möglich noch sinnvoll. Sie können nicht die Verhaltensweisen, die eine Person über ihr ganzes Leben in einem Land entwickelt hat, sowie die vielschichtigen unausgesprochenen Regeln einer Gesellschaft in kurzer Zeit vollständig erlernen. Imitieren Sie beispielsweise die Gesten, laufen Sie schnell Gefahr, diese nicht korrekt oder in einer unpassenden Situation auszuführen.
Sie können sich selbst als Person nicht umkrempeln und wollen das auch sicherlich nicht. Ihre persönliche Identität und die Konstanz in Ihren Ansichten und Ihrem Verhalten gibt Ihnen und Ihren Mitmenschen Sicherheit. Verändern Sie sich zu schnell drastisch, rütteln Sie an Ihren Grundfesten. Ihr Gegenüber weiß Sie dann nicht mehr einzuschätzen und verliert wichtige Anhaltspunkte, um Vertrauen aufbauen zu können. Sind Sie nicht mehr Sie selbst, spürt das auch der andere.

Ablehnung als Lösungsmöglichkeit?

Also der bleiben, der man ist? Dieses der Anpassung an das neue Umfeld genau entgegengesetzte Verhalten wird Ihnen auch nicht weiterhelfen. Beharren Sie gänzlich auf dem, was für Sie normal und gut ist, und lehnen Sie alles

ab, was das Gastland bietet, werden Sie im Ausland nicht zurechtkommen. Sie werden schnell im Zusammenleben mit Ihren Mitmenschen anecken: Kleiden Sie sich aus Sicht der Einheimischen unangemessen, werden Sie erstaunt gemustert. Halten Sie nicht gewisse Smalltalkregeln, wie zum Beispiel ausführlichere Höflichkeitserkundigungen am Anfang eines Gesprächs, ein, werden Sie schnell ignoriert. Sie bleiben dann zwar Sie selbst, werden aber keine dauerhaften Kontakte aufbauen können.
Nicht wenige Menschen leben im Ausland von der dortigen Bevölkerung isoliert, etwa in ghettoähnlichen Siedlungen umgeben von den eigenen Landsleuten. Sie haben sich resigniert und manchmal sogar zynisch zurückgezogen, weil sie keine gemeinsame Basis zwischen ihren eigenen Überzeugungen und Verhaltensweisen und denen des Gastlandes finden konnten. Andere wiederum befinden sich in einer ständigen Auseinandersetzung, in der sie versuchen, die Landesbevölkerung von ihren eigenen Vorstellungen zu überzeugen. Das geschieht häufiger im Berufsleben, wenn ins Ausland entsandte Führungskräfte versuchen, die neuen Mitarbeiter auf die eigene Linie einzuschwören. Wenn sie es nicht gelernt haben, auf die im Lande üblichen Vorstellungen und Erwartungen der Mitarbeiter einzugehen, werden sie nicht sehr erfolgreich sein.

Kontrast als Mittelweg?

Vermeiden Sie es auch, sich in einem beständigen Für und Wider zwischen verschiedenen Ansichten und Verhaltensweisen, zwischen Anpassung und Ablehnung, aufzureiben. Von so einem Konflikt zwischen Fremdem und Eigenem werden vor allem diejenigen belastet, die ein Land und die darin üblichen Ansichten, Verhaltensweisen und -regeln als starr und rigide ansehen. Dann erscheinen unterschiedliche Meinungen wirklich als inkompatibel, es scheint nur Anpassung oder Ablehnung zu geben. Kulturen und Menschen sind jedoch nicht starr, sie verhalten sich weder einheitlich noch sind sie in sich konsistent. Ständige Veränderungen und die kulturelle Vielfalt innerhalb eines Landes erlauben Kompromisse.

Balance zwischen Anpassung und Ablehnung!

Sie werden sich nie an alles, was Sie im Ausland als anders erleben, anpassen müssen, aber auch nie in allen Punkten auf Ihrem bisherigen Verhalten und Ihren Vorstellungen beharren können und auch nicht wollen.
Die Situationen, mit denen Sie konfrontiert werden, sind so unterschiedlich, dass Sie von Fall zu Fall wählen können, wie Sie sich verhalten möchten. Folgende Überlegungen werden Ihnen helfen, bewusster und der Situation angemessen zu entscheiden, womit Sie sich nicht anfreunden können und was Sie in Ihren Lebensstil übernehmen möchten:

- Versuchen Sie zunächst herauszubekommen, in welchen Situationen ein Ihnen unbekanntes Verhalten wirklich vorkommt. Der Italienbesucher wird scheinbar überall mit einem »Ciao« begrüßt oder verabschiedet. Wenn er diesen Gruß dann tatsächlich selbst auch auf alle Bereiche überträgt, zum Beispiel auch auf Ämtern wird er bald in seine Schranken verwiesen werden. Daran erkennen Sie, dass viele Verhaltensweisen in einem Land nicht als absolut angesehen werden können, nicht in allen Bereichen der Zwang dazu besteht und dass es Spielräume gibt.

- Bevor Sie sich nicht sicher sind, woher ein für Sie ungewohntes Verhalten kommt, welchen Sinn es hat und wann es angebracht ist, ist es besser, Ihre Bewertung zunächst zurückzustellen. Oft lassen sich Verhaltensweisen aus den im Land herrschenden Voraussetzungen und Umständen leicht erklären und manchmal sind sie bei genauer Betrachtung sinnvoll und effektiver als die aus Ihrem Heimatland »importierten«. Ein Beispiel: Die häufigen Regierungswechsel und Gesetzesänderungen in Italien lassen es Firmen gar nicht zu, langfristig zu planen. Daraus erklärt sich sehr schnell der Sinn und Zweck von eher kurzfristig angelegten Projekten, Improvisation und Flexibilität. Eine langfristige Projektplanung ist selten realisierbar.

- Sind Sie dann informiert, können Sie besser entscheiden: Passen Sie sich im fraglichen Punkt an? Oder bleiben Sie lieber Sie selbst? Übernehmen Sie das eine oder andere nur teilweise? Finden Sie ein alternatives Verhalten oder können Sie mit Ihrem Umfeld Kompromisse schließen oder ganz andere Vereinbarungen treffen? Fällen Sie diese Entscheidung vor dem Hintergrund, welche Relevanz die Veränderung für Ihr Umfeld, Ihr Vorhaben und Ihr Selbstbild hätte und welche Folgen sich daraus ergeben würden. Ob man sich verbeugt oder die Hand zur Begrüßung gibt, dürfte niemanden in seinem Selbstbild erschüttern. Im Gegenteil: Wenn Sie signalisieren, dass Sie sich auf die Bräuche des Gastlandes einlassen können, wird das positiv wahrgenommen werden. Geht es allerdings darum, dass Sie als Mitarbeiter gewohnt sind, Verantwortung zu übernehmen und Entscheidungen zu treffen, so dürfte das in Ländern, in denen eine hohe hierarchische Distanz besteht und das eine Respektlosigkeit Ihrem Vorgesetzten gegenüber bedeuten würde, eine schwierigere Entscheidung sein.

- Vermeiden Sie alles, was Missverständnisse hervorrufen oder als unhöflich oder beleidigend bewertet werden könnte. Betonen Sie solche Verhaltensweisen zumindest nicht. Sie müssen allerdings auch nicht in allen Bereichen, die Ihnen wichtig sind, die eigene Meinung und das eigene Verhalten über Bord werfen, vor allem, wenn es das Zusammenleben mit den Einheimischen nicht belastet. Bedenken Sie dabei auch, dass Sie als Ausländer – zumindest in der Anfangszeit – meist eine gewisse Narrenfreiheit zugestanden bekommen. Man ist sich auch im Ausland darüber klar, dass Sie einer anderen Kultur angehören und andere Gewohnheiten und Ansichten haben können.

- Versuchen Sie, wo scheinbar unüberwindbare Kontraste bestehen, zwischen den Positionen zu vermitteln, die verschiedenen Ansichten zu erklären und gemeinsam mit den Menschen, mit denen Sie zu tun haben, Kompromisse zu finden.

Wohin am Abend

Gerade in größeren Städten laden Nachtklubs zu musikalischen Veranstaltungen ein. Das Angebot reicht von folkloristischen Darbietungen bis zu beliebten Hip-Hop-, Reggae-, Soul- oder Jazzveranstaltungen. Abendliche Märkte, hier sei besonders auf den Markt in Ogbomosho hingewiesen, laden zum Bummeln ein.

Was man tun und lassen sollte

Wenig ratsam ist es, gestenreich zu kommunizieren. Bestimmte Gesten, wie zum Beispiel das Strecken der Hand mit gespreizten Fingern, werden als obszön betrachtet. Kindern zuzublinzeln wird von diesen als Aufforderung verstanden, den Raum zu verlassen. Trinkgelder sind üblich. Achten Sie bei Taxifahrten darauf, einen festen Fahrpreis vor Antritt der Fahrt zu vereinbaren.

Südafrika

Die Regenbogennation erfährt derzeit eine afrikanische Renaissance. Neben landschaftlichen Highlights können Sie die kulturelle Vielfalt nach Jahren der Unterdrückung durch die weiße Minderheit wieder neu entdecken.

Steckbrief

Ländername: Republik Südafrika, Republic of South Africa.
Hauptstadt: Pretoria.
Regierungsform: Parlamentarische Republik.
Sprachen und Dialekte: Die 11 Amtssprachen sind Zulu (22,9 %), Xhosa (17,9 %), Afrikaans (14,4 %) sowie unter 10 % Pedi, English, Tswana, Sotho, Tsonga, Swazi, Venda, Ndebele. Es gibt weitere Dialekte.
Religionen: ca. 75,5 % Christen, ca. 15 % traditionelle Religionen und Animisten, als Minderheiten Moslems, Hindus, Juden sowie Atheisten.

Bevölkerung: 46,3 Mio.; davon ca. 31 Mio. Schwarze, ca. 5 Mio. Weiße, ca. 3 Mio. Farbige, ca. 1 Mio. Inder und andere. Die Schwarzen unterteilen sich in die vier großen ethnischen Gruppen Nguni, Sotho, Shangaan-Tsonga und Venda mit zahlreichen Untergruppen. Bevölkerungsdichte: 36,4 Menschen pro km^2.

Wertvorstellungen, Religionen und Bräuche

Die Regenbogennation, benannt nach der Vielfältigkeit südafrikanischer Kulturen, wird mit den Auswirkungen der langjährigen Rassentrennung auch künftig noch zu kämpfen haben. Nicht nur, dass Einzelschicksale bis heute ungeklärt sind, auch die kulturelle Entwicklung ist unter diesem Gesichtspunkt zu betrachten. Viele Künstler und Intellektuelle flüchteten über Jahre hinweg aus ihrem Land. Jetzt können Sie – unter dem Stichwort »African Renaissance« – wieder eine ganz bewusste Hinwendung zur afrikanischen Identität mit ihren alten und regional verankerten Traditionen wahrnehmen. Alte Hochzeitsbräuche, wie zum Beispiel die Heirat als gemeinschaftliches Großereignis bei der Volksgruppe der Zulus, werden wieder gefördert. Dort sehen Sie, wie tanzende Frauen symbolisch mit einem Messer die Verbindung der Braut zu ihrer Vergangenheit durchtrennen.

Gleichzeitig werden Sie vor allem in Großstädten eine Hinwendung zur Moderne feststellen, die an westliche, christlich geprägte Traditionen anknüpft. Während etwa viele Südafrikaner aus der englischsprachigen Bevölkerung Weihnachten besinnlich begehen, können Sie bei den Ureinwohnern nicht selten einer ausgelassenen Feier mit Tanz und Gesang am Strand beiwohnen.

Kommunikation und Körpersprache

Egal welche Hautfarbe oder Bevölkerungsgruppe, in Südafrika werden Sie freundlich und interessiert begrüßt. So viele Kulturen es gibt, so viele Begrüßungsformen werden auch verwendet. Immer wieder werden Sie recht komplizierte

Formen des Handschlages sehen. Meist reicht aber ein unkompliziertes »Hello!« oder ein »Howzit!«, die Kurzform von »Hi, how are you?«. Im Geschäftsleben wird jedoch ein förmlicher Umgangston erwartet. Dort ist ein Handschlag zur Begrüßung und Verabschiedung üblich. Bleiben Sie zunächst beim formalen Sie. Wann ein Du und der Vorname eher angebracht sind, finden Sie schnell heraus.

Smalltalk und Tabus

Man ist in der Regel am Rest der Welt interessiert und fast überall auch gut informiert. Deswegen werden Sie immer wieder unkompliziert und schnell in Gespräche verwickelt werden. Aber auch wenn Sie auf eine große Aufgeschlossenheit stoßen, bedenken Sie immer, dass in diesem Land Menschen mit weißer Hautfarbe dem Großteil der Bevölkerung fundamentale Rechte verwehrten und dass Menschen gefoltert und getötet wurden. Nähern Sie sich deswegen Themen, die diesen Teil südafrikanischer Geschichte behandeln, mit dem entsprechenden Fingerspitzengefühl.

HIV/AIDS

Zurückhaltung ist beim Thema HIV/AIDS wichtig. In Südafrika sind ca. 20 % der erwachsenen Bevölkerung infiziert. Das Land steuert diesbezüglich auf eine gesellschaftliche Katastrophe zu. Trotz dieser Entwicklung wird das Thema in vielen Teilen der Bevölkerung tabuisiert, manche Betroffene werden sogar aus der Gemeinschaft ausgestoßen. Religiös motivierte Kondomverbote tragen darüber hinaus zur Verschärfung der Problematik bei.

Einladung und Geschenke

Einladungen zu einer Tasse Tee oder Kaffee sind durchaus üblich. Sie werden vor allem im ländlichen Bereich gerne ausgesprochen und dienen einfach als Gelegenheit, sich kennen

zu lernen und miteinander ins Gespräch zu kommen. Private Einladungen nach Hause finden vor allem im städtischen Umfeld erst nach näherem Kennenlernen statt.
Zu diesem Anlass können Sie sich dann höchstwahrscheinlich auf eine legendäre Braai (Grillparty) freuen. Südafrikaner bezeichnen sich selbst ganz bescheiden als Grillweltmeister. Bringen Sie zu dieser Gelegenheit Süßigkeiten oder auch eine gute Flasche Wein mit.
Obwohl private Treffen meist locker angegangen werden, sollten Sie zu einem Geschäftsessen immer pünktlich erscheinen. Lassen Sie sich aber auf jeden Fall den vereinbarten Termin nochmals bestätigen.

Essen und Trinken

Verschiedene Kulturen tragen zur abwechslungsreichen Kost in Südafrika bei. Der Einfluss der schwarzafrikanischen Küche ist jedoch gering. Sie finden vor allem burisch-holländische, malaysische und indische sowie französische und englische Komponenten vor.
Verschiedene Fleisch- und Fischgerichte treffen auf phantasiereiche Curryvariationen. Bobotie (gehacktes Currygericht), Sosaties (Schaschlik) oder Biltong (gewürztes Trockenfleisch) sollten Sie unbedingt einmal probiert haben. Zu vielen Speisen werden grünes Gemüse, Kürbis, Reis oder Kartoffeln gereicht. Zum Abschluss des Mahls empfehlen sich Früchte des Landes oder auch sehr süße Kuchen. Versäumen Sie auf keinen Fall, die inzwischen weltweit bekannten südafrikanischen Weine zu kosten.
In Restaurants mit dem Zeichen BYO (»Bring your own.«) können Sie Ihren eigenen Wein oder eigenes Bier mitbringen. Beachten Sie aber unbedingt, dass der Service selten im Preis enthalten ist.
Für viele ungewohnt: Warten Sie an der Eingangstür, bis Ihnen ein Platz zugewiesen wird. Das Schild »Please wait to be seated!« im Eingangsbereich ist ernst gemeint und sollte nicht missachtet werden.

Kleider machen Leute

Mit lockerer, der Jahreszeit angepasster Kleidung dürften Sie in Südafrika ohne Probleme durch den Alltag kommen. Anders bei Geschäftsreisen oder festlichen Anlässen: Wie international üblich, werden hier Anzug oder Kostüm erwartet. In manchen gehobeneren Hotels wird ebenfalls ein Sakko verlangt. Beachten Sie auch, dass FKK verboten ist und Obenohne nicht gerne gesehen wird. Vereinzelt gibt es aber bereits eigens ausgewiesene Strandzonen, in denen Sie sich hüllenlos bewegen können.

Wohin am Abend

In ländlichen Regionen ist weniger geboten. Wenn Sie kulturelle Highlights erleben wollen, sollten Sie nach diesen in den größeren Städten suchen. Dort gibt es Kinos, Opernhäuser und Theater. In etlichen Konzerthallen und auch bei Freiluftveranstaltungen wird eine große musikalische Bandbreite geboten. Wer dabei nicht das Richtige für seinen Geschmack findet, kann an häufig stattfindenden Tanzveranstaltungen in den Hotels teilnehmen. Manche Nachtclubs oder Diskotheken sind bis weit in die Morgenstunden geöffnet.

Was man tun und lassen sollte

Trinkgelder sind fast nirgends im Preis inbegriffen. Ein »tip« ist deswegen selbst beim Tanken oder bei anderen kleinen Serviceleistungen angebracht.

Leider sind etliche Stadtteile in Johannesburg, Pretoria und Durban, die Townships und alle abgelegenen Stadtteile durchaus gefährlich (▸ Vorsicht Krisengebiet und Kriminalität!, Seite 228).

Geben Sie bettelnden Kindern kein Geld. Wenn Sie die örtliche Wirtschaft unterstützen wollen, gehen Sie am besten auf die Märkte oder Basare. Dort können Sie Ihr Geld locker loswerden. Es wird ordentlich gehandelt. Lassen Sie sich darauf ein, schließlich ist ein Geschäft nur dann gut, wenn beide Seiten daran Spaß haben.

Tunesien

In Tunesien sollten Sie sich immer und überall Zeit zu einem Gespräch nehmen. Wenn Sie dies beachten, werden Sie Land und Leute schnell kennen lernen.

Steckbrief

Ländername: Tunesische Republik, El Djumhuriya El Tunisiya.
Hauptstadt: Tunis.
Regierungsform: Präsidialrepublik.
Sprachen und Dialekte: Amtssprache ist Arabisch. Französisch ist Zweitsprache. Englisch und Deutsch werden in Tourismusgebieten, Tunesisch, ein westarabischer Dialekt, sowie Berber-Sprachen werden als Umgangssprachen gesprochen.
Religionen: Der Islam ist die Staatsreligion mit über 95 % Sunniten. Es gibt jüdische und christliche Minderheiten.
Bevölkerung: 9,8 Mio.; überwiegend Araber-Berber sowie französische, griechische und italienische Minderheiten. Bevölkerungsdichte: ca. 60 Menschen pro km^2.

Wertvorstellungen, Religionen und Bräuche

Europäische Einflüsse prägen die Geschichte des Landes. Im überwiegend sunnitischen Tunesien ist die Frau dem Mann formal gleichgestellt, Männern wird aber nach wie vor die herausgehobene Rolle zugestanden. Auf der anderen Seite spiegelt die – im Vergleich zu anderen islamisch geprägten Staaten – etwas lockerere Kleiderordnung die Grundzüge eines liberalen Islam wider. In Tunesien stehen alte traditionelle Werte, wie zum Beispiel die Achtung der Älteren, neben den modernen Lebensentwürfen der jüngeren Generation.

Kommunikation und Körpersprache

Flüchtige Begegnungen enden nicht selten in einer angeregten Unterhaltung. Zur Begrüßung sollten Sie sich höflich nach dem Befinden des Gesprächsteilnehmers erkundigen.

Diese eher rhetorischen Fragen müssen jedoch nicht beantwortet werden. Zur Begrüßung ist es unter Männern üblich, sich die Hand zu geben. Berührungen zwischen Männern und Frauen werden nicht immer gern gesehen. Auf Basaren oder auch bei Dienstleistungen hingegen ist Zurückhaltung fehl am Platz. Hier sollten Sie den Preis aushandeln!

Smalltalk und Tabus

Politische oder religiöse Themen können Sie nach anfänglichem »Abtasten« durchaus ansprechen. Sie stoßen auf weit mehr Unverständnis, wenn Sie in Gesprächen Ungeduld oder gar Ärger zeigen. In der Kommunikation wird auf ausreichend Zeit und Harmonie Wert gelegt. Männer sollten es in der Öffentlichkeit vermeiden, Frauen anzusprechen.

Einladung und Geschenke

Die Gastfreundschaft erreicht in Tunesien für Europäer ungewohnte Ausmaße. Nach dem Ausziehen der Schuhe (▸ Indonesien, Seite 65) können Sie die Esseneinladung genießen – Sie werden nach allen Regeln der Kunst verwöhnt. Aber denken Sie daran, eine Gegeneinladung auszusprechen! Als Gastgeschenke bieten sich kleine Mitbringsel aus Ihrem Land, Süßigkeiten oder auch Blumen an. Ablehnende Bemerkungen wie zum Beispiel »nicht nötig« sind eher Höflichkeitsfloskeln und meist nicht ernst gemeint.

Essen und Trinken

Couscous (Weizengrieß) mit Huhn, Lamm oder Fisch oder auch als Süßspeise mit Mandeln, Rosinen und Datteln verfeinert, ist ein absolutes Muss. Schmackhafte Suppen, köstliche Hauptgerichte, gegrillt oder in Olivenöl gegart, und sehr süße Nachspeisen werden Sie überzeugen. Genauso die Reichhaltigkeit der verwendeten Gewürze wie zum Beispiel Kreuzkümmel, Koriander, Zimt, Safran, Rosenwasser oder auch Harissa (scharfe Sauce). Tunesien ist bekannt für seine guten Weine und Liköre. Kosten Sie Boukha (Feigenlikör) oder

Thibarine (Dattellikör), jedoch nicht in der Öffentlichkeit oder während des Ramadan (▸ Ägypten, Seite 12).

Kleider machen Leute

Trotz der allgemein lockereren Kleidervorschriften sollten Sie sich auch in Tunesien aus Rücksicht auf islamische Sitten nicht allzu freizügig anziehen. Dies gilt vor allem außerhalb touristischer Zentren. Trotz zunehmender Tolerierung am Hotelpool oder an privaten Hotelstränden gilt: Oben-ohne ist verboten. Im Geschäftsleben gelten die weltweit üblichen Kleidungserwartungen.

Hammam

Anders als gewohnt dürfen Sie sich beim Besuch eines Hammam (türkisches Bad) nicht der Unterwäsche entledigen.

Wohin am Abend

In zahlreichen Nachtclubs, Kinos und Straßencafés herrscht vor allem in den Sommermonaten und in den Nächten des Ramadan reges Treiben. In dieser Zeit haben die Geschäfte auch länger geöffnet. Von Herbst bis zu Beginn des Sommers treten zahlreiche nationale und internationale Gruppen in Theater- und Konzertveranstaltungen auf. Bauchtanz und »Malouf« (Folkloremusik) werden Ihnen vor allem an Wochenenden und in den Tourismuszentren geboten.

Was man tun und lassen sollte

Um keine gleichgeschlechtlichen Bewerber zu animieren, sollten Sie als Mann darauf achten, nicht ständig die Hand unters Kinn zu legen. Als Frau könnten Sie unliebsame Männerbekanntschaften machen, wenn Sie bei Dunkelheit allein in einsamen Gegenden oder am Strand unterwegs sind. Lästig kann eine Preisdiskussion mit einem Taxifahrer enden. Wird der Taxameter zu Beginn der Fahrt nicht eingeschaltet, sollten Sie unbedingt auf eine klare Preisabsprache drängen. Bei Dienstleistungen ist ein kleines Trinkgeld angebracht.

Asien und Ozeanien

Beide so fern, und doch scheint das eine vertraut, das andere ungewohnt und fremd. In Australien und Neuseeland treffen Sie aus europäischer Sicht auf kulturell Bekanntes. In Asien hingegen eröffnet sich Ihnen eine ganz neue Welt. An diesen Gegensätzen wird besonders augenscheinlich, dass es nicht die Nähe oder Entfernung allein sind, welche die Unterschiede von Land zu Land bewirken.

Tipps und Grundlagen

Asien ist äußerst vielschichtig: Die unterschiedlichen Landschaften, Klimaverhältnisse, Sprachsysteme sowie die historischen, politischen und wirtschaftlichen Ereignisse spiegeln sich in der Bevölkerung wider. Zahlreiche Bevölkerungsbewegungen sorgten für einen regen Austausch der Traditionen. Sie werden selbst in China und Japan – das eine lange Zeit politisch abgeschottet, das andere durch seine Insellage relativ isoliert – eine enorme Vielfalt bemerken.
Australien und Neuseeland waren dagegen bis zu ihrer Entdeckung von der restlichen Welt abgeschnitten. Die Ureinwohner, die Aborigines in Australien und die Maori in Neuseeland, lebten weitgehend isoliert, bevor die ersten Europäer an Land gingen. Heute zeigt sich Ihnen jedoch auch hier ein großes Spektrum an Kulturen: Sie stoßen überall auf britische Traditionen, begegnen aber auch vielen Leuten, die von deutschen, chinesischen, italienischen und niederländischen Einwanderern abstammen. In den letzten Jahrzehnten nahm die Immigration aus Asien und dem Balkan zu.

Hinweise für Asien und Ozeanien

- Orientieren Sie sich nur an allgemeinen »Asien-Tipps«, so werden Sie bald an deren Grenzen stoßen, denn es existieren sehr große kulturelle Unterschiede! Ein Steppenbewohner aus Gansu hat wenig mit einem Bankangestellten aus Peking gemein. Oder denken Sie nur an die Kastenunterschiede in Indien! Indonesien und Malaysia sind in sich extrem vielfältig und waren stets Orte der Ankunft und Abfahrt für Menschen aus allen Himmelsrichtungen. Achten Sie also genau darauf, wen Sie vor sich haben, und lösen Sie sich so schnell wie möglich von den Asienstereotypen zugunsten jeder einzelnen Persönlichkeit.
- Befinden Sie sich in Asien, so sollten Sie vor allem Verhaltensweisen berücksichtigen, die auf den Konfuzianismus zurückzuführen und uns Europäern am wenigsten geläufig

sind. Zu Missverständnissen kann zum Beispiel die respektvolle indirekte Kommunikation führen. Setzen Sie sich mit dieser alten Lehre und ihren Traditionen auseinander, so werden Sie viele Situationen besser verstehen können!

- Der Islam ist in einigen Ländern die führende Religion und macht sich dann auch überall im Alltag bemerkbar. Berücksichtigen Sie also zum Beispiel den unterschiedlichen Gebrauch von linker und rechter Hand (siehe Länderbeschreibungen in diesem Kapitel) oder die Vorstellung von der Unreinheit der Füße und Schuhe.
- Beachten Sie die islamischen und chinesischen Feiertage. Sie richten sich meist nach dem Mondkalender (der im Jahre 2637 v. Chr. in Vietnam eingeführt wurde) und sind somit beweglich: Der Ramadan findet im 9. Monat des muslimischen Jahres statt und endet beim nächsten Neumond mit dem Fest Eid al-Fitr. Das chinesische Neujahrsfest Tet Nguyen Dan wird zu Beginn des Frühlings-Neumondes gefeiert. Oft sind um den Feiertag herum ein paar Tage frei. Fallen sie auf einen Samstag oder Sonntag, werden sie am Montag oder Dienstag nachgefeiert.

Australien

»Down Under« überzeugt mit Freundlichkeit und Weltoffenheit. Die Bürger der ehemaligen britischen Strafkolonie können aber auch anders – bei bestimmten Themen stoßen Sie schnell an Grenzen.

Steckbrief

Ländername: Australien, Commonwealth of Australia.
Hauptstadt: Canberra.
Regierungsform: Parlamentarische Monarchie.
Sprachen und Dialekte: Amtssprache: Englisch mit vielen lokalen Slangausdrücken; bis zu 300 an Bedeutung abnehmende Sprachen der Aborigines.

Religionen: ca. 73 % Christen, davon ca. 27 % Katholiken, 22 % Mitglieder der Anglikanischen Hochkirche und 8 % der Uniting Church in Australia; daneben weitere Religionen sowie etwa 27 % Religionslose oder ohne Angaben.
Bevölkerung: ca. 20 Mio.; etwa 92 % britischer und irischer Herkunft, ca. 7 % Asiaten und etwas über 1 % Aborigines. Bevölkerungsdichte: 2,5 Menschen pro km^2.

Wertvorstellungen, Religionen und Bräuche

Australien, in dem inzwischen Menschen aus insgesamt mehr als 120 Nationen leben, kann seine britischen Wurzeln nicht leugnen. »My home is my castle« symbolisiert auch heute noch die Zurückgezogenheit der meisten Einwohner auf die eigenen vier Wände. Dies beeinträchtigt aber nicht die Offenheit gegenüber Fremden. Den lockeren Umgang miteinander werden Sie in Australien schnell kennen und schätzen lernen. Die religiösen Wurzeln der Australier sind vor allem im angelsächsischen Christentum zu finden. Die christlichen Traditionen haben dabei eine eigene Ausprägung erfahren. Wenn Sie »Santa Claus« in Badehose erleben wollen, dann ist Australien der richtige Ort für Sie. Er ist im Dezember auf Wasserskiern von Strand zu Strand unterwegs und beschenkt dort Kinder. Nicht selten endet dies auch in einer bierseligen Party unter Jugendlichen. In der Hoffnung auf Weihnachten im Schnee wird auch zusätzlich »Christmas in July« gefeiert. Weniger Einfluss haben heute die Mythen der Aborigines. Diese Minderheit hat sich immer mehr den modernen Lebensgewohnheiten angepasst und erfährt erst durch eine Verklärung alter Mythen eine kleine Renaissance in westlichen Kulturen.

Kommunikation und Körpersprache

Freundlichkeit, Weltoffenheit und Hilfsbereitschaft sind Eigenschaften, die Ihnen in Australien oft begegnen werden. Man ist überwiegend locker und sehr schnell per Du. Selbst im Berufsalltag geht man zügig zum Vornamen über. Verhalten Sie sich am besten wie Ihr Gegenüber. Der zunächst

Traumzeit

Die kulturellen Wurzeln der Ureinwohner Australiens gehen bis auf 60 000–100 000 Jahre zurück. Die Erde und das Land sind für sie lebendig. Dieses Leben wird erhalten durch Rituale, Gesänge, Tänze und Malereien und in der »Traumzeit« gegenwärtig. In dieser mythologischen Zeit schufen die Ahnengeister die Welt, in ihr wird auch die Gegenwart immer wieder neu erschaffen. Durch ihre Rituale können Aborigines mit der Traumzeit Kontakt aufnehmen. Das Wissen darüber ist heilig und wird seit Generationen nur mündlich überliefert.

durchaus übliche Handschlag wird bei näherem Kennenlernen schnell weggelassen. Ein »How are you today?« ist die klassische Begrüßung. Diese sollte Sie aber nicht zu einer langatmigen Auskunft über Ihr Befinden veranlassen. Diese Floskel sollte mit einem »Thank you, fine« beantwortet werden. Erst jetzt werden Sie auf die eigentliche Hürde in der Kommunikation stoßen. Das Englisch in Australien ist gewöhnungsbedürftig, aber mit ein bisschen Ausdauer werden Sie dies meistern. Weit vorsichtiger sollten Sie sich bei den gerne benutzten Finger- und Handzeichen verhalten. Der europäische Tramper-Daumen signalisiert in Australien die Aufforderung, sich zu verdrücken, und rhythmisch bewegt bedeutet er sogar eine rüde sexuelle Anmache. Benutzen Sie zum Trampen lieber den Zeigefinger. Das Victory-Zeichen mit der Handfläche nach innen (also zum Körper) gedreht entspricht dem bei uns bekannteren gestreckten Mittelfinger.

Smalltalk und Tabus

Die Frage bei den Einreiseformalitäten nach etwaigen Vorstrafen sollten Sie nicht unbedingt mit einem »Ist das hier immer noch eine Einreisebedingung?« beantworten. Die Vergangenheit als ehemalige Gefängniskolonie der Briten wird bei den sonst recht humorvollen Australiern nicht so gerne thematisiert. Unzulänglichkeiten des Landes sollten Sie ebenfalls als Einstiegsthema vermeiden. Ist für gewöhnlich »Easygoing« eine Lebensdevise in diesem Land, kann auf Themen, die eine vermeintliche Überlegenheit beinhalten könnten, zum Beispiel die Errungenschaften europäischer Kultur, eine heftige Reaktion erfolgen. Unterhalten Sie sich lieber über den Alltag, Sport und die schönen Seiten des Lebens.

Einladung und Geschenke

Besonders im Outback werden Sie häufiger als gewohnt in Pubs oder Clubs eingeladen. Man steht hier zusammen, um sich kennen zu lernen, und gibt dabei auch gerne einen aus. Achten Sie darauf, sich ebenfalls mit einer Runde Bier zu revanchieren. Eine Einladung in die private Wohnung erfolgt für gewöhnlich nur unter Freunden. Sind Sie ins traute Heim Ihres Gastgebers eingeladen, wird erwartet, dass Sie pünktlich erscheinen. Als Präsent werden ein gutes Fläschchen Wein oder auch Kleinigkeiten aus Ihrer Heimat (wie etwa Schokolade oder andere Spezialitäten aus Europa) gern gesehen. Informieren Sie sich vor einer solchen Einladung über die passende Bekleidung: Unter Freunden wird so ein Abend auch gerne einmal als Anlass für eine feinere Garderobe genutzt.

Essen und Trinken

Aufgrund der verstärkten Einwanderung aus asiatischen Ländern steigt die Vielfalt des Angebotes kontinuierlich. Gerade in Großstädten können Sie auf ein breites kulinarisches Spektrum zurückgreifen. Als typische australische Kost sind vor allem Fleischgerichte von nur in Australien lebenden Tieren zu nennen. Statt der Ochsen- darf es dann schon einmal eine Känguruhschwanzsuppe sein! Herausragend sind australische Weine. Versuchen Sie unbedingt, an einer Verkostung auf einem Weingut teilzunehmen. Vergessen Sie auf keinen Fall, am Wochenende rechtzeitig einen Tisch in einem Restaurant zu bestellen. Ihr Platz wird Ihnen dann zugewiesen. Sofern Sie in einem Restaurant auf den Hinweis »BYO« (»Bring your own.«) stoßen, dürfen Sie Ihren eigenen Wein mitbringen, da das Lokal keine Lizenz für den Alkoholausschank hat.

Kleider machen Leute

Als Geschäftsreisende sollten Sie Anzug oder Kostüm der ansonsten legeren Kleidung vorziehen. Dies wird trotz des allgemein lockeren Umgangs durchaus erwartet. Aufgrund des Klimas ist grundsätzlich zu leichterer Kleidung zu raten. Das Baden oben-ohne wird mittlerweile überall toleriert, Nacktbaden ist an ausgewiesenen Stränden erlaubt.

Wohin am Abend

Bei der Abendgestaltung zeigt sich ein großes Stadt-Land-Gefälle. In vielen ländlichen Gegenden findet das kulturelle Leben im einzigen vorhandenen Pub statt. Die Liebe zum eiskalten Bier werden Sie hier wie auch in den Großstadtkneipen als einigendes kulturelles Element kennen lernen. In den Public Bars finden Sie oft noch eine Verlängerung in einen weiteren Raum, die Lounge Bar, oder sogar einen Garten. Die »Gestalten« am Tresen im ersten Teil der Bar können auf Ortsfremde schon einmal befremdlich wirken. Ein Blick in die weiteren Räume ist deswegen durchaus empfehlenswert. Nachtclubs, Kino und Theater gehören zum Standardangebot in den Großstädten. Sehr interessant sind die zahlreichen Live-Music-Veranstaltungen. Wenn Sie dort nur Country-Musik vermuten, tun Sie der australischen Musikszene unrecht. Denn häufig ist ein heftiger australischer Rock angesagt.

Was man tun und lassen sollte

Trinkgelder sind in Australien höchstens in gehobenen Restaurants oder Hotels üblich. Runden Sie die Beträge auf.

Legen Sie im Umgang mit Aborigines keine Arroganz an den Tag. Sie sind keine urzeitlichen Überbleibsel, die nur für kuriose Fotos geeignet sind.

Vereinzelt sind Kommunen, gerade in Aborigine-Gebieten, »dry«. Dort darf kein Alkohol ausgeschenkt und mitgebracht werden. Überhaupt ist man im Umgang mit Alkohol streng. Es gibt spezielle Bottle Shops, in denen Alkohol verkauft werden darf. In vielen Supermärkten ist dies untersagt.

China

China – das Land zwischen Tradition und Technologie, Kommunismus und Konsum, Atheismus und Aberglaube. Klischees werden dieser Komplexität nicht gerecht.

Steckbrief

Ländername: Volksrepublik China, Zhonghua Renmin Gongheguo.
Hauptstadt: Peking.
Regierungsform: Sozialistische Volksrepublik.
Sprachen und Dialekte: Amtssprache: Mandarin, in autonomen Regionen werden eigene Sprachen, zum Beispiel Tibetisch und Mongolisch, gesprochen, von größeren Gruppen Kantonesisch, Fukienesisch, Xiamenhua und Hakka. Englisch ist teilweise gebräuchlich.
Religionen: Atheistische Staatsideologie; Konfuzianismus, Daoismus, Buddhismus, Islam, Christentum, hinduistische und lamaistische Minderheiten.
Bevölkerung: 1,3 Mrd.; ca. 92 % Han-Chinesen, 55 Minderheitengruppen: Zhuang, Mandschu, Hui, Miao, Uiguren, Yi, Mongolen, Tibeter, Buyi, Koreaner und andere. Bevölkerungsdichte: 134,4 Menschen pro km^2.

Wertvorstellungen, Religionen und Bräuche

Obwohl das Land offiziell atheistisch ist, ist der Alltag von Glaube und Aberglaube geprägt. Die meisten Chinesen legen sich nicht auf eine einzelne Glaubensrichtung fest. Der Konfuzianismus übt jedoch einen großen Einfluss aus.
Der Aberglaube zeigt sich im Alltag durch Hausaltäre, Amulette gegen böse Geister sowie Zahlen- und Farbensymbolik.

Das Land orientiert sich seit der Kulturrevolution zwar nicht politisch, aber wirtschaftlich am Westen. Der Wohlstand der Familie wird nicht nur gesellschaftlich hoch anerkannt, sondern ist aufgrund des schwachen Sozialsystems auch existenziell wichtig.

Konfuzianismus

Die gesellschaftliche Harmonie soll durch hierarchische Strukturen hergestellt werden, in die sich jeder Einzelne fügt. Wenn Sie asiatische Länder bereisen, werden Ihnen die strengen Hierarchien und der ausgeprägte Gruppensinn auffallen. Das Gesicht wahren sowie die Beziehungspflege prägen das Miteinander. Das alles gilt vorwiegend für die Gruppe, der man sich verpflichtet fühlt, zum Beispiel der Familie oder Firma. Gerade für Geschäftsvorhaben sind diese Beziehungen (»guanxi«) entscheidend. Ausdauer und Loyalität sind geschätzte Eigenschaften, da Beziehungen meist auf längere Sicht angelegt sind.

Kommunikation und Körpersprache

Die übliche Begrüßung ist eine leichte Verbeugung. Wo sich viele ausländische Besucher aufhalten, wird auch die Hand gegeben. Die ranghöhere Person wird als Erste begrüßt: Ältere vor Jüngeren, Männer vor Frauen. Nennen Sie zuerst den Nachnamen und vergessen Sie nicht, auch Ihren Titel und beruflichen Rang anzugeben. Englisch-chinesische Visitenkarten (▸ Japan, Seite 68) gehören zum Geschäftstreffen.
Vieles wird indirekter kommuniziert als in Europa: Um die Harmonie nicht zu gefährden, werden Sie statt »Nein« häufig »Vielleicht«, »Später«, »Das werden wir sehen«, »Ich muss darüber noch nachdenken« oder »Ja« hören. Letzteres bedeutet aber nur »Ich habe Sie gehört.« Das gilt auch für das Kopfnicken. Ob ein wirkliches Einverständnis vorlag, zeigt sich erst später. Auch Notlügen werden oft eher akzeptiert als unangenehme Wahrheiten.

Das Gesicht wahren

Unter dem »Gesicht« versteht man die Würde einer Person, die es zu wahren gilt. Im Miteinander sind gegenseitiger Respekt und eine gute Stimmung wichtiger als das Ansprechen unangenehmer Wahrheiten. Gegenseitige Höflichkeit, das Zeigen von Wertschätzung, Zurückhaltung des Einzelnen und zuvorkommendes Verhalten sind wichtige Bestandteile einer gelungenen Kommunikation. An die Ehre rühren oft schon für unsere Begriffe kleine Peinlichkeiten, Kritik, Ärger, Probleme, das offene Austragen von Konflikten oder auch das Aussprechen von Wünschen, da diese vom Gegenüber hätten erkannt werden müssen.

Das Zeitmanagement bei Besprechungen ist anders als bei uns. Chinesische Geschäftsleute telefonieren zum Beispiel häufig während einer Sitzung. Eine Agenda wird meist nicht eingehalten, und oft werden schon verhandelte Punkte erneut diskutiert. Sogar ein Vertrag wird eher als Gesprächsbeginn denn als Ende gesehen und gegebenenfalls verändert. Lange Verhandlungen dienen auch dazu, sich besser kennen zu lernen.

Smalltalk und Tabus

Smalltalk ist ideal, um Kontakte zu knüpfen. Auch im Geschäftsleben ist es eher unüblich, sofort zur Sache zu kommen. Zu Beginn eines Gesprächs sollten Sie zunächst einige persönliche Worte austauschen. »Persönlich« ist hier ernst zu nehmen. Alter, Familienstand, Gehalt und die eigenen Kinder sind geeignete Themen. Durch solche Fragen signalisieren Sie Interesse. Die Beziehungspflege ist wichtiger als jeder Zeitplan. Bemühen Sie sich, eine gute Atmosphäre zu schaffen. Komplimente über China, das Essen oder Ähnliches schaffen Harmonie und Vertrauen, auch wenn Ihr Gegenüber sich bemühen wird, diese bescheiden herunterzuspielen und als übertrieben abzutun. Alle unangenehmen Themen, wie etwa die Taiwan-Frage, sollten Sie dagegen besser vermeiden.

Kleider machen Leute

Bei formellen und geschäftlichen Treffen trägt der Herr Anzug und Krawatte. Die Dame kleidet sich mit Kostüm oder Anzug, wobei zu Röcken Feinstrumpfhosen gehören. Verzichten Sie auf allzu freizügige Schnitte. Die Alltagskleidung kann einfach, muss aber gepflegt sein. Vermeiden Sie, außer bei Hemden und Blusen, die Trauerfarbe Weiß. Körpergerüche generell und Körperhaare bei Frauen sind tabu. Beim Baden sind für Frauen Badeanzüge angebracht. In den meisten Tempeln sollten Sie Ihre Schuhe ausziehen.

Körpersprache

Folgende körpersprachliche Besonderheiten sollten Sie beachten: Sich beim Sprechen intensiv in die Augen zu schauen wird meist nicht als aufmerksam, sondern als zudringlich interpretiert. Verpönt ist es, lässig auf dem Stuhl zu sitzen und die Beine übereinander zu schlagen. Es gilt auch als unhöflich, mit dem Finger jemanden herzuwinken oder auf jemanden zu zeigen.

Einladung und Geschenke

Bei Einladungen ist es üblich, pünktlich oder etwas früher da zu sein. Lässt sich eine Verspätung nicht vermeiden, sollten Sie die Gastgeber telefonisch informieren und sich entschuldigen. Als kleine Geschenke sind Souvenirs aus der eigenen Heimat, Obst und Pralinen immer angemessen. Je nach Rang des Beschenkten wächst auch der Wert des Geschenks. Achten Sie darauf, wie Sie das Geschenk überreichen (▸ Japan, Seite 69), und auf die Zahlen- und Farbsymbolik.

Ein guter Gastgeber bemüht sich um seine Gäste, indem er sie zum Beispiel nach dem Essen auch im Restaurant bis zur Tür begleitet. Bei der Sitzordnung, auch am Konferenztisch, ist es üblich, dass die ranghöchsten Personen den besten Platz erhalten. Neben ihnen sitzen dann die nächstniedriger Stehenden. Sie sollten immer eine Gegeneinladung aussprechen.

Zahlen und Farbsymbolik

Verwenden Sie weder weißes noch gelbes Geschenkpapier (Weiß symbolisiert Trauer und Gelb Falschheit). Rot steht für Glück und ist die beste Farbe. Vermeiden Sie vierteilige Geschenke, denn die Vier steht für Tod.

Essen und Trinken

Bei uns kennt man meist die südchinesische kantonesische Küche mit kurz angebratenem Fleisch und gedünstetem Gemüse. Interessant sind jedoch auch drei weitere Regionen. In der Shadong-Küche gibt es Meeresfrüchte, Teigwaren und Frittiertes; in Sichuan wird meist scharf gewürzt und in Ostchina gibt es reichhaltige, süß-saure Spezialitäten. Getrunken wird grüner Tee, oft mit Jasmin- und Rosenblüten aromatisiert. Reiswein, Pflaumenbranntwein und Bier sind beliebt.
Meist bestellt der Gastgeber für alle. Als höflicher Gast sollten Sie von allen Gängen probieren und zeigen, dass es Ihnen schmeckt. Lehnen Sie Speisen nur mit einer guten Entschuldigung ab, etwa, dass Sie Vegetarier sind. Sich gegenseitig nachzuschenken gilt als aufmerksam, schenken Sie sich niemals selbst nach! Wenn Sie anderen nachschenken oder noch etwas auftun wollen, insistieren Sie zwei- oder dreimal. Möchten Sie nicht mehr nachgeschenkt bekommen, lassen Sie Ihr Glas halb voll. Traditionell trinken Frauen nur wenig oder keinen Alkohol. Stecken Sie auch niemals die Reisstäbchen in den Reis (▸ Taiwan, Seite 87), sondern legen Sie sie neben der Schale ab. Schmatzen, Schlürfen und Aufstoßen sind in China übrigens normale Essgewohnheiten.

Wohin am Abend

Zum Karaoke! Das ist die beste Gelegenheit, mit Freunden und Kollegen einen unvergesslichen Abend zu verbringen und Freundschaften zu festigen. Sie können aber auch in ein Teehaus, eine Bar oder neuerdings auch eine Kneipe im westlichen Stil gehen. Klassisch für das Abendprogramm sind

Chinesisch

Höflichkeit

Danke/Bitte.	Xiexie/bu keqi.
Keine Ursache/Kein Problem.	Bu keqi/meiguanxi.
Entschuldigung.	Duibuqi.
Ja/Nein	Shi/bu shi
Nein danke.	Bu, xiexie.
Ich habe kein Interesse daran.	Wo mei xingqu.
Das gefällt mir sehr.	Wo hen xihuan.
Das gefällt mir nicht.	Wo bu xihuan.

Begrüßung und Verabschiedung

Guten Tag!	Ni hao!
Auf Wiedersehen!	Zaijian!
Wie geht es Ihnen?	Nin hao ma?
Es freut mich, Sie kennen zu lernen.	Hen gaoxing renshi nin.
Wie geht es Ihrer Frau/ Ihrem Mann/Ihrer Familie?	Nin taitai/nin zhangfu/ nin quanjia hao ma?
Danke, mir geht es gut.	Xiexie, wo hen hao.
Bis bald!	Zaijian!
Ich heiße ...	Wo xing ...
Ich wohne hier im Hotel ...	Wo zhu zai zheli de ... binguan.
Meine Telefonnummer ist ...	Wo de dianhua huama shi ...
Wie ist Ihr Name?	Nin gui xing?
Wie ist Ihre Telefonnummer?	Nin de dianhua haoma shi duoshao?

Verständigung

Ich spreche kein Chinesisch.	Wo buhui riyu.
Sprechen Sie Deutsch/ Englisch/Französisch?	Nin hui deyu/yingyu/fayu ma?
Ich kann Sie nicht verstehen.	Wo ting bu dong.
Ich glaube, da gibt es ein Missverständnis.	Wo xiang, zheli you wuhui.

Hilfe

Ich brauche Ihre Hilfe.	Wo xuyao nin de bangzhu.
Es geht mir nicht gut.	Wo shenti bu shufu.
Wo ist bitte ein Arzt/Telefon?	Nali you yisheng/dianhua?

(▶ Aussprachehilfe, Seite 245)

Restaurant- sowie Opern-, Ballett- und Theaterbesuche. Auch die traditionellen chinesischen Feste wie das Drachenbootrennen sind es wert, gesehen zu werden. Informieren Sie sich am besten bei den Fremdenverkehrsämtern.

Was man tun und lassen sollte

Außer in Grandhotels oder bei organisierten Reisen ist Trinkgeld nicht üblich und beleidigt unter Umständen die Person, der man es geben möchte. Vermeiden Sie es, sich öffentlich die Nase zu schnäuzen, hierzu sollten Sie immer eine Toilette aufsuchen. Fotografieren ist auf Flughäfen und in einigen Tempeln verboten, möchten Sie Regierungsgebäude, militärische oder industrielle Gebäude aufnehmen, brauchen Sie dafür eine Genehmigung.

Indien

Indien ist ein Land der Vielfalt. Nicht nur viele Glaubensrichtungen, sondern auch etliche Kasten und Volksstämme sowie über ein Dutzend größere und Hunderte von kleineren Sprachgruppen sind hier zu Hause.

Steckbrief

Ländername: Republik Indien, Bharat (Hindi).
Hauptstadt: Neu Delhi.
Regierungsform: Parlamentarische Demokratie.
Sprachen und Dialekte: Hindi ist Nationalsprache, Englisch Amtssprache. Regionalsprachen sind unter anderen Bengali, Gujarati, Marathi, Punjabi, Sanskrit und Urdu im Norden sowie Tamil und Telegu im Süden.
Religionen: ca. 81 % Hindus, 14 % Moslems, 3 % Christen, 2 % Sikhs, Buddhisten, Parsen und andere.
Bevölkerung: ca. 1,1 Mrd.; davon ca. 72 % Indoarier, 25 % Indigene, 3 % Mongolen und andere. Bevölkerungsdichte: 335 Menschen pro km^2.

Wertvorstellungen, Religionen und Bräuche

In Indien ist der Hinduismus (▶ Kleiner Führer durch die Religionen, Seite 186) stark verbreitet. Zu den religiösen Pflichten gehören auch regelmäßige Wallfahrten. Der Buddhismus wird in Indien wenig praktiziert, obwohl er hier entstand. Der Atheismus hingegen ist eine Haltung, die von Indern nur schwer nachvollzogen werden kann. Die Kasten, in die jeder hineingeboren wird, bestimmen die Gesellschaft. Der Staat bemüht sich jedoch, zumindest im öffentlichen Bereich Benachteiligungen durch die Herkunft zu beseitigen.

Einen sehr großen Einfluss hat auch die Familie. Sie werden häufig Großfamilien unter einem Dach finden. Die Heirat wird, an der Kaste orientiert, von der Familie bestimmt. Der Vater ist der Ranghöchste in der Familie, es folgt der älteste Sohn. Angeheiratete, meist die Frauen, stehen in der Hierarchie an unterster Stelle. Die älteren Menschen werden geehrt und zu Rate gezogen. Da es kein staatliches Altersversorgungssystem gibt, hofft man in den Familien vor allem auf die Geburt von Söhnen, den zukünftigen Ernährern der Familie. Mädchen sind weniger willkommen, denn ihre spätere Vermählung ist häufig mit hohen Kosten verbunden. Das führt immer wieder zu Kindestötungen von Mädchen.

Kommunikation und Körpersprache

Bei formellen Treffen ist der indische Gruß »Namasté«. Dieser Gruß wird mit vor der Brust gefalteten Händen und geneigtem Kopf ausgesprochen. Vermeiden Sie Händeschütteln, es ist unüblich. Autoritätspersonen werden mit Sir oder Madam angesprochen, ältere Menschen dagegen respektvoll mit Mutter oder Vater. Diese werden besonders höflich behandelt, indem zum Beispiel ihre Füße zur Begrüßung berührt werden. Ist der Vater anwesend, darf der Sohn weder rauchen noch Alkohol trinken. Das Rauchen gilt in Gegenwart von Respektspersonen generell als unhöflich.

Der Körperkontakt ist tendenziell eng und häufig. Gehen auf der Straße Männer Hand in Hand, so ist das ein normales Zei-

chen für Freundschaft. Öffentliche Berührungen zwischen Mann und Frau sollten Sie jedoch vermeiden. Sie rufen Peinlichkeit hervor und als Frau kann es Ihnen passieren, dass Ihnen ein lockerer Lebenswandel unterstellt wird und es zu unerwünschten Annäherungsversuchen kommt. Männer sollten Frauen im empfängnisfähigen Alter nicht ansprechen, das wäre unschicklich. Und Frauen sollten den Blickkontakt mit Männern vermeiden.
Wie fast überall auf der Welt sind Amtsgänge mühsam. Laut werden hilft wenig. Beginnen Sie lieber ein freundliches Gespräch, bieten Sie eine Zigarette an oder laden Sie auf einen Drink nach Feierabend ein. Der persönliche Kontakt ist der vielversprechendere Weg.

Gesten in Indien

Die Geste für das Ja können Sie leicht missverstehen. Sie besteht aus einem Kopfschlenkern seitwärts, das unserem verneinenden Kopfschütteln ähnlich ist. Die Geste für das Nein hingegen ist ein kurzes Kopfzucken, begleitet durch ein Zungenschnalzen.

Smalltalk und Tabus

In Indien kommen Sie schnell ins Gespräch und werden auch oft angesprochen. Es werden gute Rhetorik, Wortspiele und Anleihen aus der Poesie geschätzt. Bringen Sie Zeit mit, damit Sie das Interesse Ihrer Gesprächspartner nicht unhöflich abblocken müssen.
Seien Sie nicht überrascht, wenn schnell auch persönliche Fragen nach Familienstand und Kindern gestellt werden. Über 30, unverheiratet und kinderlos oder mit unehelichem Kind? Das können die meisten Inder nicht verstehen. Viele Inder kritisieren ihr eigenes Land. Sprechen Sie ruhig über politische Themen, vermeiden Sie jedoch als Gast Ihrerseits Kritik an Indien. Obwohl das Kamasutra hier entstand, ist das Thema Sex heute übrigens tabu! Und bei aller Mitteilungsbereitschaft: Gespräche und Einladungen auf einen Tee bedeuten noch keine Freundschaft!

Einladung und Geschenke

Seien Sie pünktlich, auch wenn Sie selbst warten müssen. Die »Indian Standard Time«, so wird die indische Unpünktlichkeit selbstironisch genannt, gilt nicht für westliche Ausländer.

Geschenke in Indien

Sind Sie länger in einer Familie zu Gast, bieten Sie kein Geld oder Geschenke, die als »Wiedergutmachung« gelten könnten, an. Bringen Sie lieber ab und zu Nahrungsmittel, wie zum Beispiel Obst und Milchprodukte, mit.

Gegessen wird mit den Händen. Waschen Sie sie vorher und verwenden Sie beim Essen nicht die als unrein geltende linke Hand (▸ Malaysia, Seite 74)! In traditionellen Familien isst die Frau nach dem Mann.

Es gilt als aufmerksam, das Geschirr abzuräumen, sobald der Gast den letzten Bissen in den Mund gesteckt hat. Die Frage »Soll ich jetzt gehen?« bedeutet »Ich möchte jetzt gehen«, denn es wäre unhöflich, den Besuch ohne diese Frage abzubrechen. »Soll ich morgen vorbeikommen?« heißt »Ich würde gerne morgen vorbeikommen.« Gastgeschenke sind unüblich und werden eher als Beleidigung angesehen. Eine sofortige Gegenleistung für die Gastfreundschaft ist verpönt.

Kleider machen Leute

In Indien wird normalerweise auf tadellos saubere und gebügelte Kleidung Wert gelegt. Tief ausgeschnittene, eng anliegende, ärmellose oder nicht mindestens wadenlange Kleidung ist unangebracht. Zwar zeigen Inderinnen in Saris Bauch und Rücken, aber Schultern, Beine und Ausschnitt sind tabu (▸ Malaysia, Seite 75). Zum gepflegten Auftreten gehört ein angenehmer Geruch. Für Ausländer ist es angemessener, sich gewohnt westlich zu kleiden. Die von den Indern geschätzte westlich-moderne Kleidung gegen, aus deren Sicht, altmodische indische zu tauschen, trifft auf Unverständnis. Der Hippielook aus den 70er Jahren wird von Indern mit einem verlotterten und freizügigen Lebenswandel assoziiert.

Essen und Trinken

Die indische Küche besteht aus einer Vielzahl von Lamm-, Geflügel- und vegetarischen Gerichten. Nicht zu scharfe, kräftige Fleischgerichte mit cremigen Saucen finden Sie häufiger im Norden, die Beilage ist Brot. Dagegen wird im Süden leichter, oft vegetarisch und schärfer gekocht. Als Beilage wird vor allem Reis serviert. Fisch und Meeresfrüchte können Sie an der Westküste Indiens genießen. Für die Verdauung wird nach dem Essen »Pan« angeboten, in ein Betelblatt geschlagene Gewürze, die gekaut werden. In Nordindien trinkt man lieber Tee, in Südindien Kaffee. Seien Sie vorsichtig mit dem Trinkwasser, da es höhere Bakterienwerte aufweist als in Europa! Bestellen Sie lieber Kokosmilch und unverdünnte Fruchtsäfte ohne Eiswürfel. Um überall alkoholische Getränke einkaufen zu können, benötigen Sie die Genehmigung »All India Liquor Permit«, die Sie von Fremdenverkehrsämtern, indischen Botschaften und Konsulaten erhalten.

Wohin am Abend

In Indien geht man abends normalerweise zu kulturellen Veranstaltungen, beispielsweise Musik- oder Tanzvorstellungen. Nachtclubs und Diskotheken sind selten. Sie können aber auch eines der vielen Feste besuchen, wie etwa das Fest Holi, ein Hindufest, das in ganz Nordindien im Februar oder März gefeiert wird. Wenn Sie auf Liebes- und Herzschmerzfilme stehen, müssen Sie unbedingt ins Kino gehen. Bollywood (Bombay Hollywood) ist mit diesen Produktionen inzwischen über die Grenzen hinaus bekannt geworden.

Was man tun und lassen sollte

Durch die unterschiedliche Glaubenszugehörigkeit variiert das Verhalten. Bei Heiligtümern sind meist Schilder mit Hinweisen zu korrektem Verhalten aufgehängt. Betreten Sie zum Beispiel gewisse Stätten nur mit bedeckten Füßen, in anderen sollten Sie den Kopf bedecken oder Lederaccessoires ablegen, da Leder von toten Tieren stammt. Oft betteln ältere Leute

oder Bedürftige. Sie sind tatsächlich auf die Almosen angewiesen, halten Sie hierfür kleinere Geldbeträge bereit. Es gibt allerdings auch organisierte Formen des Bettelns mit Kindern, die man nicht fördern sollte.
Die Schuhe (▸ Indonesien, Seite 65) sind in Wohnungen und religiösen Stätten der Hindus, Moslems oder Sikhs tabu. Auf die Straße zu spucken ist immer noch normal, soll aber auf Dauer mit Spucken-verboten-Schildern vermindert werden. Achten Sie beim Fotografieren darauf, dass Sie sich bei einigen Sehenswürdigkeiten und Nationalparks Genehmigungen besorgen oder etwas bezahlen müssen. Machen Sie keine Fotos von Brücken, militärischen Einrichtungen oder Bahnhöfen! Trinkgeld zu geben ist in Indien üblich.

Indonesien

In Indonesien heißt es: »Bhinneka tunggal ika« (Einheit in Unterschiedlichkeit). Über 30 größere und bis zu 300 kleinere ethnische Gruppen leben auf den zahlreichen Inseln.

Steckbrief

Ländername: Republik Indonesien, Republic (of) Indonesia.
Hauptstadt: Jakarta.
Regierungsform: Präsidiale Republik.
Sprachen und Dialekte: Indonesisch (Bahasa Indonesia) und viele Regionalsprachen. Offizielle Sprachen: Englisch und Holländisch.
Religionen: ca. 89 % Moslems, 8 % Christen, 1 % Buddhisten, 2 % Hindus und Anhänger des Konfuzianismus.
Bevölkerung: ca. 230 Mio. Einwohner; 45 % der Bevölkerung sind Javaner, 14 % Sundanesen, 7,5 % Maduresen, 7,5 % Malaysier, 26 % andere. Minderheiten sind Chinesen, Inder, Araber, Melanesier. Bevölkerungsdichte: 104 Menschen pro km^2.

Wertvorstellungen, Religionen und Bräuche

Das Land ist stark durch den Islam geprägt (▸ Kleiner Führer durch die Religionen, Seite 186). Der Fastenmonat Ramadan beeinflusst das alltägliche Leben. Da erst nach Sonnenuntergang gegessen wird, sind viele Lokale am Tag geschlossen. Stellen Sie Ihre Freizeit- oder Geschäftstätigkeit auf diesen Rhythmus ein. Das Fest Eid al-Fitr, das Ende des Ramadan, kann einige Tage dauern und den Geschäftsalltag unterbrechen (▸ Asien und Ozeanien, Seite 45).
Seit der Unabhängigkeit des Landes hat sich bei vielen Indonesiern ein gewisser Nationalstolz entwickelt. In der Malerei, Holzschnitzerei und Bildhauerei, dem Tanz und dem Schattentheater finden Sie Traditionen, die in besonderer Weise gepflegt werden.
Die Tänze in Masken und Kostümen basieren auf alten Legenden und religiösen Geschichten. Dazu spielen die Gamelan-Orchester, bestehend aus Schlaginstrumenten, Flöten und harfenähnlichen Instrumenten.

Kommunikation und Körpersprache

In Indonesien gibt man sich zur Begrüßung die rechte Hand. Vermeiden Sie folgende respektlose Gesten: Zeigen Sie nicht mit dem Finger auf Personen oder Gegenstände und rufen Sie niemanden durch Fingerkrümmen herbei. Stützen Sie beim Sprechen nicht die Hände in die Hüften und verschränken Sie nicht die Arme, das kann überheblich wirken. Der reinste und heiligste Körperteil ist der Kopf. Berühren Sie dort niemanden, auch kein Kind.
Es ist unhöflich und oft sogar beleidigend, Personen oder Götterbilder oder -statuen mit den Füßen zu berühren. Vermeiden Sie auch, beim Sitzen auf jemanden mit den Fußsohlen zu zeigen, Sie würden damit symbolisieren, dass Sie diese Person mit Füßen treten wollen.
Also seien Sie vorsichtig, wenn Sie auf einem Stuhl sitzen und ein Bein über das andere schlagen, oder beim Sitzen im Schneidersitz, damit Sie nicht die Gefühle anderer verletzen!

Smalltalk und Tabus

Wichtig im Zusammenleben sind die Harmonie und das Gesichtwahren (▸ China, Seite 53). Wer Konflikte anspricht und laut wird, stört die Harmonie und verliert an Respekt. Oft stellen sich Informationen von Indonesiern als falsch heraus, weil diese ihr Gesicht verlieren würden, gäben sie zu, nicht Bescheid zu wissen. Fragen Sie deswegen am besten mehrere Personen, bleiben Sie höflich und lächeln Sie.

Einladung und Geschenke

Achten Sie darauf, auf keinen Fall pünktlich zu kommen, 20 bis 30 Minuten Verspätung sind höflich und angemessen. Bei Einladungen beginnen Sie erst mit dem Trinken oder Essen, wenn Sie Ihr Gastgeber dazu auffordert. Berühren Sie das Essen nicht mit der unreinen linken Hand (▸ Malaysia, Seite 74), sie bleibt, sofern mit den Fingern gegessen wird, unter dem Tisch.
Bringen Sie bei Einladungen in Privatwohnungen ein Präsent mit und überreichen Sie es mit der rechten Hand. Das gilt übrigens auch für das Überreichen von Geld. Geschenke werden nicht in der Gegenwart des Schenkenden geöffnet, sondern erst später (▸ Japan, Seite 69).

Essen und Trinken

Nasi (Reis) ist die Grundlage der indonesischen Küche. Unzählige Gewürze wie Chili, Kokosnuss oder Erdnuss bestimmen den Geschmack der Fisch- und Fleischgerichte und der Gemüsebeilagen. Kosten Sie unbedingt die Spezialität Rijstafel, eine indonesisch-niederländische Mischung aus einer Vielzahl von Fleischsorten, Gemüse, Salaten, Fisch und Curry. In Restaurants werden die Gerichte manchmal nacheinander, manchmal gleichzeitig serviert. An den Straßenständen (»Warungs«) können Sie die unterschiedlichsten Spezialitäten probieren. Übliche Getränke sind Tee, Fruchtsäfte und andere alkoholfreie Getränke und Bier. Tee und Kaffee werden normalerweise ohne Milch und gesüßt getrunken.

Kleider machen Leute

In Geschäfts- und Alltagssituationen ist dezente und lockere Kleidung angemessen. Bei Festen und offiziellen Anlässen kleiden Sie sich aber besser formell oder elegant. Der Islam bestimmt die Kleidungsvorschriften für Frauen (▸ Malaysia, Seite 75). Schultern, Arme und Knie müssen in heiligen Stätten grundsätzlich bedeckt sein. Oft ist hier ein langer Rock oder ein Sarong für Frauen und Männer Vorschrift. Auf Bali wird in Tempeln ein Seledang, ein um die Taille geschlungenes Tuch, verlangt. Es trennt symbolisch die oberen Körperteile von den unteren.

Straßenschuhe

Die Füße werden als unrein angesehen und damit auch die Straßenschuhe. Das gilt für die meisten asiatischen Länder und hatte ursprünglich hygienische Gründe. In Asien ist es ist weit verbreitet, auf dem Boden zu sitzen, zu essen und zu schlafen. Daher werden in den meisten Haushalten, zum Teil auch in Restaurants oder religiösen Stätten, die Schuhe ausgezogen und in manchen Ländern mit den Spitzen nach außen vor der Haustür abgestellt. In den Räumen läuft man dann barfuß oder in speziellen Hausschuhen. Meist werden die Schuhe auch nur mit der linken Hand angefasst.

Wohin am Abend

In Jakarta können Sie durch Nachtlokale mit internationaler Livemusik streifen und ins Kino gehen. Besuchen Sie traditionelle Tanzaufführungen in den großen Hotels oder Schattentheatervorstellungen. Das ganze Jahr über werden auch Mondscheinfeste gefeiert. Lassen Sie sich auf keinen Fall auf Glücksspiele ein. Sie laufen dabei nicht nur Gefahr, Ihr Geld bei Falschspielern zu lassen, sondern auch noch eine Strafe für das in Indonesien verbotene Glücksspiel aufgebrummt zu bekommen.

Was man tun und lassen sollte

Es wird als anstößig empfunden, wenn Paare in der Öffentlichkeit Zärtlichkeiten austauschen. Schwangeren und Frauen, die ihre Regel haben, wird manchmal der Zutritt zu Tempeln versagt – das Blut würde den heiligen Ort verunreinigen. Unterlassen Sie es, in der Öffentlichkeit zu rauchen. Auf Märkten wird gefeilscht und gehandelt, tun Sie es nicht, verlieren Sie Ihr Gesicht. Normalerweise wird Trinkgeld gegeben, manchmal ist es jedoch bereits auf der Rechnung angegeben.

Japan

Gegenseitige Wertschätzung ist in Japan unerlässlich. Sie äußert sich durch Höflichkeit, Zurückhaltung und zuvorkommendes Verhalten. Schon eine Bitte an Ihren Gastgeber kann einen Gesichtsverlust bedeuten, da er den Wunsch nicht vorausgesehen hat.

Steckbrief

Ländername: Japan, Nippon.
Hauptstadt: Tokio.
Regierungsform: Parlamentarische Demokratie.
Sprachen und Dialekte: Amtssprache Japanisch; Englisch in großen Hotels und im Geschäftsleben.
Religionen: 80 % bekennen sich zu mehreren Religionen: Shintoismus (107 Mio.), Buddhismus (91 Mio.), Christentum (1,4 Mio.) und sonstige (11,3 Mio.).
Bevölkerung: ca. 127 Mio. Menschen, davon 99 % Japaner. Die am stärksten vertretenen Minderheiten sind Koreaner und Chinesen. Bevölkerungsdichte: 336 Menschen pro km².

Wertvorstellungen, Religionen und Bräuche

Die japanische Gesellschaft ist durch den Konfuzianismus (▸ China, Seite 52) geprägt. Die Gruppe, also die Familie oder die Firma, bietet Schutz, im Gegenzug setzt sich der Einzelne für sie ein und verhält sich loyal. Außerdem hängt von der jeweiligen Gruppenzugehörigkeit auch das eigene Ansehen ab. Man ist fleißig, um an Prestige-Universitäten und in die besten Firmen zu gelangen. Gefälligkeiten, Verpflichtungen und Dank prägen das alltägliche Miteinander. Je vertrauter das Verhältnis wird, desto offener und lockerer wird das anfänglich formelle Verhalten.

Die Rolle der Frau

Obwohl offiziell gleichgestellt, unterscheiden sich die Rollen von Mann und Frau meist noch nach der traditionellen Vorstellung. Ihre Lebensbereiche sind nach Firma und Heim und Familie getrennt. Deswegen werden Sie die Ehefrauen von Geschäftsleuten bei offiziellen Terminen meist nicht antreffen. Firmen stellen nur junge Frauen ein und entlassen diese meist, wenn sie heiraten oder Kinder bekommen.

Die meisten Japaner fühlen sich nicht nur einer Religion verbunden. Religiöse Traditionen sind die Ahnenverehrung, die Reinigung und das Beschränken auf das Wesentliche, das aus dem Zen-Buddhismus kommt. Die vorherrschende Konsumkultur steht im Kontrast zu dieser Vorstellung des Sich-Beschränkens.

Kommunikation und Körpersprache

Man begrüßt und verabschiedet sich durch eine oder mehrere Verbeugungen, je tiefer, desto respektvoller. Diese Geste drückt auch Dank oder Entschuldigung aus. Für Sie als Ausländer reicht es häufig, den Kopf zu neigen, eine Verbeugung anzudeuten und zu lächeln. Der Handschlag ist nur im Umgang mit Ausländern üblich. Der hierarchisch Höherstehende wird zuerst vorgestellt, Ältere vor Jüngeren, Männer vor Frauen. Respektspersonen werden ohne Vorstellung normalerweise nicht direkt angesprochen. Seien Sie auf für uns ungewohnt persönliche Fragen nach Alter, Familie oder dem Einkommen gefasst! Sie drücken das Interesse an Ihrer Person und Lebenssituation aus. Bei Geschäftstreffen darf die Visitenkarte nicht fehlen.

Visitenkarten

Visitenkarten sind in Asien von großer Bedeutung. Sind sie zweisprachig, englisch und in der jeweiligen Landessprache, bedruckt, drücken sie die Ernsthaftigkeit Ihres Vorhabens aus. Außerdem dienen sie dazu, die Position des Gegenübers zu erkennen. Sie werden mit einer leichten Verbeugung mit beiden Händen gegeben und genommen. Es ist ein Zeichen des Respekts, wenn Sie die Karte aufmerksam lesen und sorgsam behandeln, sie also nicht in Hemd- oder Hosentasche, sondern in Ihr Visitenkartenetui stecken. Äußern Sie sich anerkennend über Firma und Position, legen Sie die Karte neben sich auf den Konferenztisch und blicken Sie immer wieder darauf.

Der Gruppensinn macht sich auch in der Kommunikation bemerkbar: Spontane Wortmeldungen und Kritik werden eher vermieden, da dies Einzelne heraushebt und die Harmonie der Gruppe gefährden könnte. Das Lächeln (▸ Taiwan, Seite 86) muss nicht immer Freundlichkeit bedeuten. Wenn mit der rechten Hand vor dem Gesicht gewedelt wird, bedeutet das ein »Nein«.

Smalltalk und Tabus

Tabu ist alles, was unangenehm sein könnte. Widerspruch gefährdet die Harmonie und könnte zum Gesichtsverlust der Beteiligten (▸ China, Seite 53) führen. Beliebte Themen sind die Familie, die Heimat oder lobende Bemerkungen über das Gastland. Bringen Sie zu Geschäftstreffen genügend Zeit mit. So können Sie Ihre Geschäftspartner beim Smalltalk kennen lernen und Beziehungen aufbauen.

Kleider machen Leute

In der Regel wird auf ein gepflegtes Äußeres geachtet, was sich auch in Markenbewusstsein ausdrückt. Selbst Jugendliche werden, sofern möglich, bereits mit teuren Marken beschenkt. Beachten Sie auch die Wahl der Farbe: Weiß bedeutet Trauer und wird bei der Kleidung eher vermieden. Geschäftlich trägt der Mann den klassischen Anzug und die Frau klassische Businesskleidung mit nicht zu kurzem Rock. Zu Letzterem sollten immer Feinstrumpfhosen getragen werden. Abends wird die Kleidung legerer und die Krawatte gelockert.

Geschenke überreichen

Geschenke werden in verschiedenen südostasiatischen Ländern mit beiden Händen, oft auch vorzugsweise im Stehen überreicht. Es gebietet die Höflichkeit, sich unter Dank zu zieren und erst nach mehrmaliger Aufforderung anzunehmen. Es ist unüblich, Präsente in Gegenwart des Schenkenden auszupacken. Der Beschenkte möchte nämlich keine Habgier an den Tag legen, und man vermeidet so auch den peinlichen Moment, falls es nicht gefällt. Das Geschenk sollte sorgfältig ausgewählt und verpackt sein.

Einladung und Geschenke

Einladungen und vor allem Geschenke sind ein wichtiges Mittel, um gegenseitige Wertschätzung auszudrücken. Mitbringsel aus der eigenen Heimat sind beliebt. Bei größeren Delegationsbesuchen wird das Präsent oft von zwei Personen überreicht. Wichtig: Der Gast erhält meist gegen Ende des Treffens ein Präsent.

Vermeiden Sie vierteilige Geschenke oder weißes Geschenkpapier (▸ China, Seite 55). Blumen sind nur bei Rendezvous und Trauerbesuchen üblich.

Nach Hause erfolgt eine Einladung nur unter guten Freunden, ansonsten geht es in ein Restaurant. Im Geschäftsleben heißt es meist: je teurer, desto besser. Hier nimmt man sich beim vom Gastgeber sorgfältig ausgewählten Menü Zeit für ein üppiges Mahl. Schließlich dienen ein ausgiebiges gemeinsames Essen oder der darauf folgende Barbesuch dem gegenseitigen Kennenlernen. Rechnungen im Restaurant werden nicht geteilt, einer bezahlt sie ganz. Lassen Sie auf eine Einladung eine mindestens gleichwertige Gegeneinladung folgen, damit niemand in der Schuld des anderen bleibt.

Essen und Trinken

Reis, Nudeln, Gemüse, Sojaprodukte, Meeresfrüchte und Obst sind die Grundlage der japanischen Küche. Trotz der buddhistischen Tradition, fleischlos zu essen, werden Sie heute in Japan immer mehr Fleisch- und Milchprodukte finden. Wichtiger als die Hauptbestandteile der Gerichte ist die Art ihrer Zubereitung. Sushi ist ein weltbekanntes japanisches Gericht aus rohem Fisch. Kurios ist Fugo, der hochgiftige Kugelfisch, der nur mit Sonderlizenz verarbeitet werden darf. Gegessen wird mit Stäbchen, bei europäischen Speisen ausnahmsweise mit Messer und Gabel. Nach dem Essen sollten Sie die Stäbchen auf den Tisch legen und nicht in den Reis stecken (▸ Taiwan, Seite 87). Reis wird – als hoch angesehenes Grundnahrungsmittel – immer aufgegessen! Die Schälchen für Reis oder Suppe dürfen Sie durchaus schlürfend und schmatzend an den Mund heben, Rülpsen ist dagegen unfein. Schenken Sie Ihrem Tischnachbarn nach, aber nie sich selbst.

Wohin am Abend

In der Karaoke-Bar entspannen sich viele Japaner, ihre Lieblingshits singend, nach einem anstrengenden Arbeitstag. Das zurückhaltende Auftreten der meisten Japaner während des Arbeitsalltags scheint im Kontrast zu dieser lockeren Atmosphäre zu stehen. Singen Sie mit, lachen Sie über sich selbst und verbringen Sie einen amüsanten Abend mit ihren japanischen Freunden oder Kollegen! Ansonsten existiert ein reichhaltiges Vergnügungsangebot an Lokalen, Bars und Kabaretts, aber auch an traditionellem Theater und Puppenspiel.

Japanisch

Höflichkeit

Danke/Bitte.	Arigatō/Onegaishimasu.
Keine Ursache/Kein Problem.	Dōitashimashite/Daijōbudesu.
Entschuldigung.	Sumimasen.
Ja/Nein	Hai/iie
Nein danke.	Kekkou desu.
Ich habe kein Interesse daran.	Soreni wa kyoumi arimasen.
Das gefällt mir sehr.	Iidesune.
Das gefällt mir nicht.	Suki de wa nain desu, ne.

Begrüßung und Verabschiedung

Guten Tag!	Konnichiwa!
Auf Wiedersehen!	Sayōnara!
Wie geht es Ihnen?	Ogenkidesuka?
Es freut mich, Sie kennen zu lernen.	Hajimemashite.
Wie geht es Ihrer Frau/ Ihrem Mann/Ihrer Familie?	Okusama/dannasama/ gokazoku wa ogenkidesuka?
Danke, mir geht es gut.	Okagesamade genki desu.
Bis bald!	Jaa, mata!
Ich heiße ...	... to iimasu.
Ich wohne hier im Hotel ...	Soko no hoteru ... ni tomatte imasu.
Meine Telefonnummer ist ...	Denwabangō wa ... desu.
Wie ist Ihr Name?	Onamae wa?
Wie ist Ihre Telefonnummer?	Denwabangō wa?

Verständigung

Ich spreche kein Japanisch.	Nihongo wa dekimasen.
Sprechen Sie Deutsch/ Englisch/Französisch?	Donataka Doitsu-go/Ei-go/ Furansu-go ga dekimasen ka?
Ich kann Sie nicht verstehen.	Wakarimasen.
Ich glaube, da gibt es ein Missverständnis.	Sumimazen. Koko ni gokai ga shoojita.

Hilfe

Ich brauche Ihre Hilfe.	Tasukete kudasai.
Es geht mir nicht gut.	Kibun ga waruindesu.
Wo ist bitte ein Arzt/Telefon?	Byouin/denwa wa dokodesu ka?

(▶ Aussprachehilfe, Seite 245)

Was man tun und lassen sollte

Bei Verabredungen wird auf Pünktlichkeit Wert gelegt. Rufen Sie an, wenn Sie sich verspäten. Betreten Sie Wohnungen, Gasthäuser oder religiöse Ort nie mit Straßenschuhen (▸ Indonesien, Seite 65). Stellen Sie diese mit den Spitzen nach außen ab und schlüpfen Sie in Hausschuhe, selbst wenn Ihnen Ihre Gastgeber aus Höflichkeit zu verstehen geben, dass Sie Ihre Straßenschuhe anbehalten können. Auch für Toiletten gibt es extra Pantoffeln. Vermeiden Sie Naseputzen oder Niesen, ein unauffälliges Hochziehen der Nase ist eher akzeptabel. In der Öffentlichkeit wird es nicht gerne gesehen, wenn sich Paare an den Händen halten oder küssen oder wenn Frauen breitbeinig sitzen. Trinkgeld sollten Sie in Japan nicht geben, es würde an die Berufsehre der Mitarbeiter von Hotels und Restaurants rühren. Feilschen Sie nicht und kontrollieren Sie das Wechselgeld nicht in Gegenwart des Verkäufers. Im Juli und Dezember ist es Brauch, jenen etwas zu schenken, denen man Dank schuldet.

Malaysia

Malaysia war schon immer die Brücke zwischen dem asiatischen Festland und den Inseln. Dort finden Sie eine kulturelle Vielfalt und eine ethnografische Komplexität, wie sie für ganz Südostasien typisch ist.

Steckbrief

Ländername: Malaysia.
Hauptstadt: Kuala Lumpur.
Regierungsform: Konstitutionelle Wahlmonarchie und parlamentarische Demokratie.
Sprachen und Dialekte: Bahasa Malaysia (Malaysisch). Auch Chinesisch und Tamil sowie Englisch als Geschäftssprache.
Religionen: Staatsreligion ist der Islam. Es gibt ca. 62 % Muslime, 20 % Buddhisten, 9 % Christen; 6 % Hindus und 3 % Anhänger chinesischer Lehren.

Bevölkerung: 25,5 Mio.; davon 51 % Malaysier, 12 % Ureinwohner, 24 % chinesischer und 8 % indischer Herkunft. Bevölkerungsdichte: 77 Menschen pro km^2.

Wertvorstellungen, Religionen und Bräuche

Die Bevölkerung weist einen hohen Grad an ethnischer, sprachlicher und kultureller Unterschiedlichkeit auf. Daher gibt es verschiedene religiöse Feste, die nicht nur von den jeweiligen Gläubigen begangen werden. Während des Ramadan essen gläubige Muslime erst nach Sonnenuntergang, was sich in den Öffnungszeiten der Restaurants und im geschäftlichen Alltag durch verschobene Zeiten und Termine bemerkbar macht. Oft wird der Alkohol- und Zigarettenkonsum eingeschränkt. Essen und rauchen Sie nicht im Beisein von Fastenden (▸ Asien und Ozeanien, Seite 45). Der britische Einfluss aus der Kolonialzeit ist noch häufig zu spüren, besonders im Erziehungswesen oder in öffentlichen Institutionen. Besondere Traditionen finden Sie im Sport: Eine malaysische Art Fußball nennt sich »Sepak Takraw«, eine Art Judo »Silat«. Das Drachensteigen »Waus« ist ein alter Brauch und erfreut sich nach wie vor großer Beliebtheit.

Kommunikation und Körpersprache

Je nach Glaubenszugehörigkeit begrüßt man sich auf unterschiedliche Weise: Die hiesigen Muslime geben sich die rechte Hand und berühren danach die Herzgegend. Hindus begrüßen sich mit »Namasté« (▸ Indien, Seite 58). Chinesen und Indern gibt man die Hand. Wenn Sie unschlüssig sind, was angemessen ist, lächeln Sie und nicken Sie kurz mit dem Kopf. Mit dem Finger oder mit dem Fuß auf andere zu zeigen (▸ Indonesien, Seite 63) beleidigt die meisten Malaysier. In die Hüften gestemmte Arme werden als arrogant empfunden. Lautes Sprechen, starkes Gestikulieren und Berührungen (vor allem des Kopfes) sind unpassend. Jeglicher Körperkontakt zwischen Mann und Frau, auch wenn sie ein Paar sind, wird nicht gern gesehen. Geben und nehmen Sie lieber mit der rechten Hand, so vermeiden Sie, anwesende Muslime zu brüskieren. Noch respektvoller ist es, etwas mit beiden Händen zu überreichen. Diese Geste ist – gegenüber höhergestellten Personen sowie Gleichgestellten – in vielen asiatischen Ländern ein Muss, auch beim Heben des Glases beim Zuprosten.

Rechte und linke Hand

Die linke Hand wird in den meisten asiatischen Ländern als unrein angesehen. Das hat zum Teil religiöse und ursprünglich vor allem hygienische Gründe, da sie für alle unreinen Tätigkeiten, also zum Sich-Säubern auf der Toilette, dem Anfassen der Schuhe und Ähnlichem benutzt wird. Mit der Rechten dagegen wird gegessen und mit ihr werden alle höflichen Gesten ausgeführt, wie etwa die Hand zur Begrüßung zu reichen (auch wenn diese Geste nicht überall in Asien üblich ist), Geschenke, Geld oder Visitenkarten zu überreichen oder das Zuprosten.

Smalltalk und Tabus

Man spricht in der Regel Beschwerden und unangenehme Nachrichten nicht offen an, damit jeder sein Gesicht wahren kann (► China, Seite 53). Das gilt auch für kritische Anmerkungen von Fremden über Malaysia, seine Politik und Gesellschaft. Drücken Sie Unangenehmes lieber indirekt aus, bleiben Sie ruhig und lächeln Sie.

Einladung und Geschenke

In Malaysia sind die Menschen gastfreundlich, großzügig und unkompliziert. Essenseinladungen werden mit viel Mühe gestaltet. Rechnungen werden nie geteilt. Man lädt sich gegenseitig ein, achten Sie dabei auf eine Ausgewogenheit der Einladungen. Ihre Gastgeschenke, zum Beispiel Blumen oder Süßigkeiten, sollten nie eine ungerade Anzahl (ein Zeichen für Probleme) aufweisen. Ebenso sind Messer oder Uhren nicht geeignet. Das Messer »zerschneidet die Freundschaft«, die Uhr »beendet Ihre gemeinsame Zeit«. Man gibt und nimmt Geschenke mit beiden Händen. Vor dem Betreten von Privaträumen sollten Sie die Schuhe (▸ Indonesien, Seite 65) ausziehen. Das gilt auch für die meisten religiösen Stätten.

Essen und Trinken

Beim Essen fallen zunächst vor allem die chinesischen und indischen Einflüsse auf. Meeresfrüchte, Fisch, Huhn und Rind gewürzt mit Saucen aus Kokosnuss, Chilis und Currys sind hier typisch. Als Beilage erhalten Sie meist Reis. Ein klassisches Gericht ist »Satay« (Fleischspießchen mit einer pikanten Erdnusssauce) und Salat. Alkoholische Getränke, so auch gutes einheimisches Bier, werden überall ausgeschenkt. An den ausgezeichneten und günstigen Garküchen und Ständen treffen sich Leute aus allen Gesellschaftsschichten. Normalerweise isst man indische und malaysische Gerichte mit der rechten Hand. Es sind aber auch Löffel und Gabel, Letztere in Funktion eines Messers, üblich. In chinesischen Restaurants werden Ihnen Stäbchen gereicht. In den Dörfern sitzt man meist auf dem Boden.

Frauen und Kleidung

Auch in einigen asiatischen und vor allem südostasiatischen Ländern sollten Frauen keine freizügige, enge und körperbetonende Kleidung wählen. Halten Sie lieber Schultern, Arme, Dekolleté, Bauch und Beine bedeckt und schlüpfen Sie in bequeme und weite Kleidung. Ein Badeanzug ist rücksichtsvoller als ein Bikini, Oben-ohne oder Nacktbaden sind oft tabu oder gar strafbar. Achten Sie darauf, Badekleidung nur am Strand zu tragen.

Kleider machen Leute

Im Alltag darf die Kleidung leger, aber niemals nachlässig sein. Letzteres würde eine Geringschätzung des Gegenübers ausdrücken. Bei formellen geschäftlichen Anlässen oder in feinen Restaurants eignen sich ein dunkles Jackett und Krawatte.

Wohin am Abend

Diskotheken und Nachtklubs finden Sie in Kuala Lumpur. In der Hauptstadt und in Penang werden chinesische und malaysische Filme oft mit englischen Untertiteln gezeigt. Neben zahlreichen Festen können Sie in den meisten Städten als eine Besonderheit »Nachtmärkte« besuchen. Wer das Glücksspiel sucht, kann Lotto spielen oder, elegant gekleidet, in das einzige Kasino in Genting Highlands gehen. Ansonsten sollten Sie Glücksspiele besser vermeiden.

Was man tun und lassen sollte

Trinkgeld ist eher unüblich und wird nur für besondere Leistungen gegeben. Auf den Rechnungen in Restaurants ist der Service meist schon enthalten. Im Taxi runden Sie bestenfalls auf. Für das Rauchen in öffentlichen Gebäuden riskieren Sie eine Geldstrafe. Ein Bußgeld winkt auch dem, der die Gegend verschmutzt. Das Wegwerfen eines Taschentuchs könnte für Sie deswegen teuer werden.

Neuseeland

Im Land der Maori haben Sie die Gelegenheit, Weihnachten einmal anders zu feiern. Rote Weihnachtsbäume, ein schönes Grillfest am Strand und andere Überraschungen erwarten Sie.

Steckbrief

Ländername: Neuseeland, New Zealand, Aotearoa (in der Sprache der Maori: Land der langen weißen Wolke).
Hauptstadt: Wellington.
Regierungsform: Parlamentarisch-demokratische Monarchie.
Sprachen und Dialekte: Englisch und Maori.
Religionen: 63 % Christen, mehrheitlich Protestanten; weitere Glaubensrichtungen wie Maori-Christen, Buddhisten, Hindus, Muslime und Juden. Etwa 31 % konfessionslos.

Bevölkerung: 4,1 Mio.; davon ca. 69,4 % Anglo-Neuseeländer, etwa 10 % Maori, ca. 9,1 % Briten sowie Polynesier, Anglo-Australier, Chinesen und andere. Bevölkerungsdichte:15 Menschen pro km^2.

Wertvorstellungen, Religionen und Bräuche

Verschiedene Religionen sind in Neuseeland beheimatet. Die traditionellen Werte der Maori werden nach wie vor respektiert und geachtet. Mündliche Überlieferungen und Erzähltraditionen sowie die besondere Bedeutung der Vorfahren spielen dabei eine wichtige Rolle. Fast überall stoßen Sie auf Zeugnisse dieser alten Kultur. Aktuell werden viele Mareas (Versammlungsorte der Maori) für Folkloredarbietungen genutzt. Der »Haka«, ein Kriegstanz, wird Sie durch die Furcht erregenden Grimassen der tanzenden Krieger besonders beeindrucken. Neben den farbenfrohen Traditionen der Maori bietet Neuseeland die für Europäer ungewöhnliche Möglichkeit, Weihnachten am Strand beim Grillen zu feiern. Zu diesem Anlass wird der »Pohutukawa«, der »neuseeländische Weihnachtsbaum«, aufgestellt. Dieser auffallend rot blühende Baum ist vor allem an der Küste Neuseelands zu finden.

Kommunikation und Körpersprache

»Hello«, »Hi« oder einfach nur »Gidday« (von »Good Day«, Guten Tag) sind die gebräuchlichsten Begrüßungsformeln. Überhaupt geht man gelassen und offen miteinander um. Es kann Ihnen passieren, dass Sie bereits beim ersten Kontakt mit dem Vornamen angesprochen werden. Die Begrüßung erfolgt für gewöhnlich mit einem Händedruck. Unter Maori ist auch der traditionelle »Hongi-Gruß«, verbunden mit einer Umarmung, zu beobachten. Zu diesem Gruß werden die Nasen aneinander gepresst und ein Laut des Wohlbefindens von sich gegeben. Weit häufiger ist der »Kia Ora-Gruß« (»Hallo, mögest du gesund bleiben.«) zu hören. Zum Abschied reicht man sich im privaten Kreis, anders als im Geschäftsbereich, nicht die Hände.

Smalltalk und Tabus

Wer nicht gerade besserwisserisch das Gespräch an sich reißt, dürfte gut zurechtkommen. Die Smalltalk-Themen sind vielfältig und orientieren sich allein an den persönlichen Interessen. Besondere Tabuthemen sind nicht erkennbar.

Einladung und Geschenke

Offenheit und Gastfreundlichkeit kennzeichnen die Neuseeländer. Sie können schnell in den Genuss einer privaten Einladung gelangen. Diese Einladungen nach Hause werden häufig zum Wochenende ausgesprochen. Hier nimmt man sich dann Zeit für ein ausgiebiges »Barbie« (Barbecue, Grillparty). Vergessen Sie zu diesen Anlässen aber nicht, ein Gastgeschenk mitzubringen. Nach vorheriger Absprache können Sie gerne etwas zum Grillen beitragen. Ansonsten bieten sich Blumen oder auch eine gute Flasche Wein an.

Essen und Trinken

Rind-, Schweine- und vor allem Lammfleisch bilden häufig die Grundlagen für Speisen in Restaurants oder für ein ausgiebiges Barbecue. Suchen Sie nach Restaurants mit der Auszeichnung »Lamb Award«. Diese sind für ihre besonders köstliche Zubereitung von Lammfleisch bekannt. Neben Geflügel ist eine breite Auswahl an Meeresfrüchten sowie Flusstieren, wie zum Beispiel Flusskrebse oder Forellen, erhältlich. Probieren Sie unbedingt auch die »Kumara« (eine Süßkartoffel). Zur Nachspeise sind frische Früchte oder die beliebte »Pavlova« (Baiserboden mit Früchten und Schlagsahne) zu empfehlen. Kosten Sie auf jeden Fall die mitunter international ausgezeichneten Weine und Biere. Aber Achtung: Manche Restaurants besitzen keine Ausschanklizenz (▸ Schild »BYO«, Südafrika Seite 39). Dorthin darf man dann seinen Wein selbst mitbringen. Eine weitere für uns kuriose Gewohnheit besteht in dem manchmal verlangten Mindestverzehrbetrag. An Sonn- und Feiertagen müssen Sie häufig mit einem kleinen Aufschlag auf die üblichen Preise rechnen.

Kleider machen Leute

In diesem Land können Sie getrost Shorts anziehen, ohne belächelt zu werden oder unangenehm aufzufallen. Die Freizeitkleidung ist betont leger. Ausnahmen bilden vereinzelt Bars, in denen eine formellere Bekleidung erwartet wird. Im geschäftlichen Umgang können Anzug und Krawatte beziehungsweise Kostüm ebenfalls nicht schaden. An sehr einsamen Badestränden dürfen Sie sich hüllenlos sonnen. Ansonsten wird dies in der Öffentlichkeit und an gewöhnlichen Badestränden nicht gerne gesehen.

Wohin am Abend

Was aktuell angesagt ist, entnehmen Sie am besten der Rubrik »What's On« der regionalen Tageszeitung. Ein breiteres Veranstaltungsangebot mit Kino, Theater oder Nachtklubs ist jedoch eher in größeren Städten zu finden.

Was man tun und lassen sollte

Außer in gehobenen Restaurants oder Hotels sind Trinkgelder unüblich. Achten Sie die Traditionen der Maori. Damit Bilder von ihren Kunstgegenständen nicht kommerziell verwertet werden können, wird erwartet, dass man um eine Fotografiererlaubnis fragt und sich selbst auf dem Bild mit verewigen lässt.

Südkorea

Südkorea – Land der Morgenstille und des Aufbruchs, der Tradition und des Fortschritts.

Steckbrief

Ländername: Republik Korea, Daehan Minguk (Südkorea).
Hauptstadt: Seoul.
Regierungsform: Einheitsstaat, Republik mit Präsidialverfassung.

Sprachen und Dialekte: Koreanisch, Handelssprachen sind Englisch und Japanisch.
Religionen: Buddhisten (12 Mio.), Protestanten (9 Mio.) und Katholiken (3 Mio.).
Bevölkerung: 48,1 Mio. Einwohner; die Bevölkerung ist weitgehend homogen. Die Zahl der Fremden, wie amerikanische Soldaten, Arbeiter aus China und Südostasien, Geschäftsleute und Diplomaten, wächst. Bevölkerungsdichte: 483 Menschen pro km^2.

Wertvorstellungen, Religionen und Bräuche

Korea hat sich nach dem zweiten Weltkrieg und dem Koreakrieg durch eine starke Modernisierung gewandelt. Die Kultur hält aber auch an überlieferten Lehren, vor allem dem Schamanismus, Buddhismus und Konfuzianismus, fest.
Den ausländischen Besucher erwarten Kontraste: Moderne Geschäftsgebäude werden durch schamanische Zeremonien eingeweiht und Geschäftsleute befragen nicht selten vor wichtigen Entscheidungen Wahrsager. Der Konfuzianismus (▸ China, Seite 52) bestimmt die Gesellschaftsstrukturen. Davon ist auch besonders die Rolle der Frau geprägt.

Die Rolle der Frau

Die Jungen werden in der Ausbildung, die zusammen mit Fleiß und Leistung in Korea eine große Rolle spielt, den Mädchen gegenüber bevorzugt. Das Sorgerecht für die Kinder liegt beim Vater, Frauen geben meist ihren Beruf für die Familie auf. Allerdings liegen die Familienfinanzen meist in der Hand der Frauen, die Ehemänner bekommen von ihnen eine Art Taschengeld zugeteilt.

Das Land ist auch heute nach wie vor durch seinen Nord-Süd-Konflikt geprägt. Die meisten Südkoreaner bedauern die Trennung und befürchten zum Teil auch Übergriffe. Die jungen Männer leisten zwei bis drei Jahre Militärdienst und die

Bevölkerung ist es gewohnt, sich allmonatlich beim Probealarm in die Schutzräume zu begeben und die zivile Verteidigung zu üben.

Kommunikation und Körpersprache

Die Begrüßungs- und Verabschiedungsgeste ist eine leichte Verbeugung, je tiefer, desto respektvoller. Sie besteht oft nur aus einem kurzen Nicken. Man kann auch die Hand geben, wobei es nur ein Händedruck und kein Händeschütteln ist. Wer den niedrigeren Rang hat, grüßt zuerst. Man spricht sich mit dem ganzen Namen an, also mit Vor- und Nachnamen.

Um sich angemessen verhalten zu können, müssen die Gesprächspartner schnell den Status des anderen erkennen. Daher stellen meist Dritte einander noch Unbekannte, unter Angabe der Titel, vor. Die Aufschrift auf der Visitenkarte (▸ Japan, Seite 68) hilft auch weiter. Jemanden ohne diese Vermittlung anzusprechen ist im Geschäftsleben unüblich. Ein großer Bekanntenkreis oder die Mitgliedschaft in Vereinigungen ist daher von Vorteil. Werden Sie einmal nicht vorgestellt, heißt das, dass derjenige für Sie nicht als wichtig erachtet wird.

Respekt sollten Sie stets älteren Leuten und höherstehenden Personen zollen, die sich entsprechend verhalten: Manager etwa stellen sich nie auf eine Stufe mit ihren Angestellten. Ein zu kollegiales und vertrautes Verhältnis würde als peinlich empfunden werden.

Für beruflichen Erfolg sind gute Beziehungen, Loyalität und Treue dem Geschäftspartner und der eigenen Firma gegenüber entscheidend. Persönliche Kommunikation pflegt diese Beziehungen. Geschäftliches wird daher, sofern es nicht Routinevorgänge sind, persönlich und weniger am Telefon besprochen. Höflichkeit, Bescheidenheit, Toleranz und Sensibilität für das Gegenüber sind dabei wichtig. »Kibun« ist der koreanische Begriff für »das emotionale Gleichgewicht«, das mit der Gesichtswahrung eng verbunden ist (▸ China, Seite 53). Menschen, die einem persönlich unbekannt sind, werden dagegen oft gleichgültig behandelt. Die körperlichen Distanzzonen sind in Korea geringer. Sie können oft beobachten, wie sich Männer gegenseitig berühren, was die Freundschaft zum Ausdruck bringt.

Smalltalk und Tabus

Tabu ist alles, was die Harmonie stört und die Würde des anderen antasten könnte. Widerspruch, Kritik oder Konflikte werden nicht offen aus- und angesprochen. Als Kritik oder schlechte Nachricht wird oft schon angesehen, was im westlichen Kulturkreis noch ohne weiteres akzeptiert wird. Halten Sie sich zurück, wenn es um kritische Anmerkungen über die koreanische Politik oder Gesellschaft geht.
Es wird eher indirekt als direkt kommuniziert (▶ China, Seite 52) und Lächeln (▶ Taiwan, Seite 86) kann je nach Situation für Verschiedenes stehen. Positives, beispielsweise die gegenseitige Freundschaft, humorvolle Themen und die Betonung der schönen Seiten Koreas sind immer für den Smalltalk geeignet.

Essen und Trinken

Die koreanische Küche ist würzig und oft scharf. Reis ist Grundnahrungsmittel. Es wird viel Gemüse gekocht und »Kimchi«, ein scharf eingelegtes Gemüse, verwendet. Schweine- und Rindfleischgerichte, die dem westlichen Geschmack entsprechen, sind »Kalbi« und »Pulgogi«.
Sind Sie nach Hause eingeladen, sitzen Sie an niedrigen Tischen auf Kissen. Alles wird gleichzeitig serviert. Der Reis wird mit dem Löffel gegessen, die Stäbchen benützt man für die Beilagen. Stecken Sie nie die Stäbchen in die Reisschale (▶ Taiwan, Seite 87). Es besteht kein Zwang, alles aufzuessen. Beim Essen Reden zu halten oder sich viel zu unterhalten wird eher als unhöflich empfunden, auch wenn sich die Tradition etwas lockert, wird erwartet, dass man sich während des Essens ganz auf die Speisen konzentriert. Schmatzen und Schlürfen bedeutet, dass es Ihnen schmeckt.

Treffen sich Männer zum Essen, wird viel getrunken. Die lockere Stimmung stärkt den Zusammenhalt und erleichtert das Kennenlernen. Wer nicht mittrinkt, gilt als »Spielverderber«. Meist wird dem Anwesenden mit dem höchsten Rang das Glas vom Gastgeber oder der Person mit dem niedrigsten Rang eingeschenkt. Dieses Glas wird, nachdem es ausgetrunken wurde, weitergegeben. Man schenkt sich gegenseitig nach, auf keinen Fall jedoch sich selbst. Es ist auch üblich, Gläser mit jedem Anwesenden auszutauschen, dies abzulehnen wäre unhöflich.

Kleider machen Leute

Das Aussehen ist wichtig, vor allem im Geschäftsleben und bei den ersten Treffen. Anzug und Krawatte oder Kostüm, konservativ und dezent, sind hier ein Muss. Nur privat ist legere, jedoch immer ordentliche Kleidung angebracht, wobei auch bei Einladungen Anzug und Krawatte oder Kostüm Respekt den Gastgebern gegenüber ausdrücken. Als Frau tragen Sie besser Kleider oder Röcke statt Hosen.

Einladung und Geschenke

Einladungen werden meist kurzfristig, informell und nicht immer nur durch den Gastgeber ausgesprochen. Werden Sie eingeladen, wird die Rechnung vom Gastgeber bezahlt und nie geteilt, auch wenn Sie dies aus Höflichkeit anbieten sollten. Trifft man sich ohne Einladung im Restaurant, wird ausdiskutiert, wer bezahlen darf.

Nach dem Essen sollten Sie nicht noch lange sitzen bleiben. Bei geschäftlichen Einladungen sind die Ehefrauen meist nicht dabei. Informieren Sie sich darüber bei einem anderen Gast, denn der Gastgeber könnte Ihnen die Frage, ob Sie Ihre Frau mitbringen sollen, nicht ablehnend beantworten.

Bei einer Einladung nach Hause sollten Sie ein kleines Geschenk mitbringen und am besten beidhändig und auf keinen Fall nur mit links überreichen (▸ Malaysia, Seite 74). Üblich sind Blumen, etwas Süßes oder Alkoholisches. Ver-

meiden Sie vierteilige Geschenke und weiße oder schwarze Verpackungen (▸ China, Seite 55). Präsente werden erst geöffnet, nachdem der Schenkende gegangen ist (▸ Japan, Seite 69). Für Geschenke und Einladungen revanchiert man sich bald, um keinen Gefallen schuldig zu bleiben.
Kommen Sie zu Verabredungen pünktlich, auch wenn Koreaner häufig verspätet sind.
In Wohnungen, aber auch in Restaurants, in denen man auf dem Boden sitzt, und in Tempeln ziehen Sie bitte immer Ihre Schuhe aus. Zeigen Sie dabei nie mit den Fußsohlen auf andere Leute (▸ Indonesien, Seite 65).

Wohin am Abend

Freunde und Kollegen treffen sich nach der Arbeit oft auf ein Gläschen Schnaps (Soju). Auch Cafés, in denen Sie essen und trinken können, sind immer geöffnet. Beliebte Treffpunkte sind Bierlokale und Bars. Geschäftsleute reservieren für Verhandlungen oft Zimmer in so genannten Room Saloons. Das sind gehobene Bars, wo bei Musik entspannt gesprochen werden kann. Es gibt auch Tanzlokale, in denen oft Frauen mit Frauen und Männer mit Männern tanzen.

Was man tun und lassen sollte

Sich die Nase in Stofftaschentücher zu schnäuzen, an denen sich Koreaner normalerweise ihre gewaschenen Hände abtrocknen, gilt als unhygienisch. Am besten gehen Sie zum Naseputzen auf die Toilette. Das Rauchen in der Öffentlichkeit ist, vor allem bei Frauen, verpönt. Am ehesten wird es in Cafés akzeptiert. Mit zunehmendem Alter fühlen sich die Senioren nicht mehr so stark an den Verhaltenskodex gebunden. Auch Frauen können dann ungenierter rauchen oder trinken. In Korea stehen die Frauen beim Eintreten eines Mannes auf. Von einer ausländischen Besucherin wird das allerdings nicht unbedingt erwartet.
Es wird kein Trinkgeld gegeben, außer für besondere Dienste, und dann diskret und nicht gönnerhaft.

Taiwan

In China bereits in den Hintergrund gedrängtes altchinesisches Brauchtum wird in Taiwan liebevoll gepflegt. Gerecht wird man dem Land aber erst, wenn man es nicht nur für seine pittoresken Bräuche, sondern auch als hochentwickeltes und eigenständiges Industrieland schätzt.

Steckbrief

Ländername: Taiwan, Zhonghua Minguo.
Hauptstadt: Taipeh.
Regierungsform: Republik.
Sprachen und Dialekte: Amtssprachen: Chinesisch (Mandarin) und Taiwanesisch, Hakka-Dialekt.
Religionen: Buddhismus (43 %) und Daoismus (34 %); I-Kuan-Taoismus, Konfuzianismus. Minderheiten: Christentum und Islam.
Bevölkerung: ca. 23 Mio. Bevölkerungsdichte: 636 Menschen pro km^2.

Wertvorstellungen, Religionen und Bräuche

Ein Schlüsselwort in Taiwan ist »guanxi« (Beziehung). Es bedeutet Vertrauen und Treue, die auch zur Verpflichtung werden kann. Oft wird nur innerhalb solcher Beziehungen eine Information weitergegeben oder geholfen. Im Geschäftlichen bildet sich diese Vertrauensbeziehung durch ein längeres Sich-Kennenlernen, den Austausch von Geschenken und das gemeinsame Essen und Trinken heraus. Ein weiterer Schlüsselbegriff ist das Gesichtwahren (▸ China, Seite 53). Außerdem ist es Brauch, alte Leute zu ehren, indem man sie beispielsweise als Erste begrüßt.

Kommunikation und Körpersprache

Ein freundlicher Gesichtsausdruck und Lächeln sind in Taiwan Grundvoraussetzung für angenehme Gespräche und Bekanntschaften.

Bei der Begrüßung reicht man sich die Hand. Verbeugungen hingegen sind nur bei offiziellen Veranstaltungen üblich. Behandeln Sie übergebene Visitenkarten (▸ Japan, Seite 68) mit Respekt. Jemanden herzuwinken, zum Beispiel ein Taxi, erfolgt nie mit nach oben zeigendem, sondern mit nach unten zeigendem Finger.
Emotionen, vor allem negativer Art, werden meist nicht oder erst später als bei uns geäußert. Man versucht Ärgerliches ruhig, freundlich und indirekt zu kommunizieren (▸ China, Seite 52). Staunen Sie nicht, wenn sich Ihre Gastgeber extrem um Sie kümmern, das ist die hier übliche Gastfreundschaft. Taiwanesen drücken ihr Interesse auch dadurch aus, dass sie sehr persönliche Fragen stellen.

Lachen und Lächeln

Beides kann auch für Hilflosigkeit, Verlegenheit oder Scham stehen. Bei einem Missgeschick wird man wahrscheinlich lachen, um der Situation die Peinlichkeit zu nehmen. Interpretieren Sie es also richtig, wenn eine Bedienung lacht, nachdem sie Ihnen ein Glas Wasser über die Hosen geschüttet hat! Sie schämt sich.
Auch wenn Ihnen jemand keine Auskunft geben kann oder will, wird er unsicher lächeln, während er Ihnen etwas sagt, was nicht unbedingt weiterhilft. Auch bei Ärger, Meinungsverschiedenheiten, Kritik und Tadel lächelt man, bleibt ruhig und höflich. In Japan kann Lächeln auch Trauer bedeuten.

Einladung und Geschenke

Werden Sie nach Hause eingeladen, so ziehen Sie am Eingang die bereitstehenden Hausschuhe (▸ Indonesien, Seite 65) an. Geschenke und Einladungen abzulehnen wäre unhöflich. Nehmen Sie unter höflichem Dank an, aber zieren Sie sich zuvor ein wenig. Revanchieren Sie sich unbedingt! Es geht hier um Großzügigkeit, mit der man »an Gesicht gewinnt«, sobald der andere annimmt. Uhren, außer Armbanduhren, verschenkt man nicht. »Eine Uhr schenken« hört sich auf Chinesisch an wie »auf einem Begräbnis sein« und verspricht Ungutes. Auch Taschentücher, die mit Tränen assoziiert werden, sind nicht geeignet. Geschenke (▸ Japan, Seite 69) sollten Sie mit beiden Händen überreichen und nehmen und nicht im Beisein des Schenkenden auspacken.

Essen und Trinken

Sind Sie zum Essen eingeladen, lassen Sie nie die Stäbchen im Reis stecken, denn so bringt man Toten ein Opfer dar. Die Schale können Sie beim Essen bis unter Ihr Kinn anheben.
Während des Essens wird häufig geschmatzt, was zeigt, dass es schmeckt. Allerdings ändern sich die Sitten von Region zu Region. Beobachten Sie deswegen am besten Ihre unmittelbare Umgebung. Möchten Sie jemandem zuprosten, so tun Sie es mit einem mit beiden Händen erhobenen Glas. Diese Geste wird erwidert und man trinkt gleichzeitig, während man sich in die Augen sieht.

Kleider machen Leute

Es wird meist westliche Kleidung getragen. Businesskleidung sind Anzug, Krawatte und gute Lederschuhe für den Herrn, Hosenanzug und Kostüm für die Frau. Sandalen werden weniger gern gesehen, Taiwanesen assoziieren sie mit Bauerntracht und Armut.

Was man tun und lassen sollte

Trinkgeld ist in Hotels und Restaurants unüblich, meist stehen bereits 10 % Servicebeitrag auf der Rechnung. In den teureren Hotels kann jedoch Trinkgeld gegeben werden und Taxifahrer erwarten es sogar.
Leihen Sie niemals Ihren Regenschirm aus. Das Wort »Regenschirm« heißt auf Chinesisch auch »Auseinandergehen«. Begleiten Sie den anderen lieber bis nach Hause oder bis zum nächsten Taxi.

Beruflich im Ausland

Der Hauptunterschied zu einem Urlaub besteht darin, dass Sie, wenn Sie beruflich im Ausland sind, Aufgaben und Projekte vor Augen haben, die Sie erfolgreich bearbeiten müssen. Das Gelingen eines Auslandsprojektes hängt meist in entscheidendem Maße von der Zusammenarbeit mit der ansässigen Bevölkerung ab.

Wenn Sie beruflich ins Ausland reisen, werden Sie über Ihre Arbeit mit den Menschen vor Ort ganz anders in Kontakt kommen als ein Tourist. Hilfsprogramme von Ärzten, Pflegekräften und Entwicklungshelfern, Verhandlungen von Managern, Konfliktmanagement von Diplomaten oder der Wissenschaftsaustausch von Forschern stellen eine besondere Herausforderung dar.

Sprache

Bei einem beruflich motivierten Auslandsaufenthalt müssen Sie höhere sprachliche Anforderungen meistern. Die kommunikativen Mittel, die Sie brauchen, um Fachthemen zu besprechen, zu verhandeln oder Mitarbeiter zu führen, sind weitaus komplexer als ein einfacher Smalltalk. Prüfen Sie, ob Sie dafür in Englisch oder in der entsprechenden Fremdsprache fit sind, und besuchen Sie bei Bedarf einen Intensivkurs!

Die Geschäftssprache Englisch, häufig für alle Beteiligten die einzige gemeinsame Fremdsprache, hilft uns in der Verständigung. Oft verleitet sie uns »Nicht-Muttersprachler« aber auch nur dazu zu glauben, dass wir einander verstünden. Denn alle Beteiligten bewegen sich dabei auf mehr oder weniger unsicherem Parkett. Nicht selten versteht man nur die Hälfte oder etwas anderes, als gemeint war. Seien Sie deswegen wachsam, ob die gemeinsame Geschäftssprache die Verständigung bezüglich aller Punkte wirklich gewährleistet oder ob Sie zur Sicherheit einen Dolmetscher engagieren sollten.

Geschäftsgebaren

Genauso verhält es sich mit der internationalen Businessetikette. Die weltweit fast identischen Businessbekleidungen und -hotels lassen uns glauben, dass es auf dieser Ebene gar nicht so viele Unterschiede geben kann. Seien Sie entsprechend aufmerksam! Beispiele für die oft sehr feinen, aber entscheidenden Unterschiede finden Sie in unseren Ländertexten. Informieren Sie sich auch zu eventuell unterschiedlichem Geschäftsgebaren oder Arbeitsgepflogenheiten. Häufig finden sich Unterschiede im Zeitmanagement, im Umgang mit Hierarchien, in der Mitarbeiterführung oder im Arbeitsstil (zum Beispiel im Delegieren und Kritisieren), in der Entscheidungsfindung und in der Art, wie man Beziehungsnetze aufbaut.

Stressmanagement

Ein beruflicher Aufenthalt im Ausland bietet neben spannenden Eindrücken leider auch einige Herausforderungen, die nicht nur mit der Arbeit oder eventuellen kulturellen Unterschieden zu tun haben. So gilt es den bürokratischen und organisatorischen Aufwand einer Wohnungssuche und eines Umzugs ins Ausland zu meistern, Freunde und Familie zurückzulassen oder die gesamte Familie in das neue Umfeld zu integrieren. Je nach Job können auch das ständige Fliegen, die Zeitumstellung oder die Einsamkeit in Hotelzimmern zum Problem werden. Versuchen Sie diesen stressauslösenden Momenten durch eine gute Organisation und Entspannungstechniken zu begegnen. Gönnen Sie sich kleine »Fluchten« aus dem Alltagstrott in der neuen Heimat, um auch in Stresssituationen Ihr seelisches Gleichgewicht zu behalten.

Vermittlerrolle

Oft befinden sich beruflich Reisende auch im Zentrum der Spannung zwischen dem heimatlichen Stammhaus und der Institution oder Firma im Ausland. Stellen Sie sich darauf ein, häufig eine Vermittlerrolle zwischen den Firmenkulturen einzunehmen. Kurse in interkultureller Mediation und Konfliktmanagement können Sie gezielt auf diese Rolle vorbereiten.

Thailand

In Thailand werden Sie häufig die Nationalhymne hören. Am besten tun Sie es dann den Thailändern gleich und stehen auf. Folgen Sie auch dem Beispiel der Thailänder, wenn Sie abergläubisch sind: Besorgen Sie sich den »Nop-Pa Kao«. Dieser »Ring der Prinzessinnen« soll ein gesundes und glückliches Leben bescheren.

Steckbrief

Ländername: Königreich Thailand, Muang Thai oder Prathet Thai.
Hauptstadt: Bangkok.
Regierungsform: Konstitutionelle Monarchie.
Sprachen und Dialekte: Amtssprache ist Thai; teilweise werden Chinesisch und/oder Malaysisch gesprochen.
Es gibt zahlreiche Dialekte. In Touristenregionen ist Englisch inoffizielle zweite Amtssprache.
Religionen: ca. 95 % Buddhisten, 4 % Moslems sowie christliche, hinduistische und animistische Minderheiten.
Bevölkerung: 63,8 Mio.; 99 % davon sind Thai. Es gibt ca. 2 Mio. Malaysier, rund 223 000 Chinesen, zwischen 0,6 und 6,5 Mio. Bergvölker sowie Khmer, Vietnamesen, Inder, Birmanen, Nepali. Bevölkerungsdichte: 124 Menschen pro km^2.

Wertvorstellungen, Religionen und Bräuche

Auch wenn sich Thailänder höherer Schichten zunehmend am westlichen Lebensstil orientieren, werden Sie immer wieder die kulturellen Einflüsse Chinas bemerken: Im Umgang miteinander sind die persönlichen Beziehungen, das Gesichtwahren, die indirekte Kommunikation, Zurückhaltung und Höflichkeit üblich. Die meisten Thailänder leben und arbeiten im ländlichen Bereich. Der Mann hat in der Familie eine starke Stellung. Obwohl die Einehe immer häufiger praktiziert wird, werden Sie viele Männer mit Nebenfrauen kennen lernen. Auf dem Land sind noch viele der alten Traditionen und Bräuche lebendig, zum Beispiel der Hahnenkampf und das Thaiboxen. Im Süden ist eine Art Stierkampf Brauch, wobei allerdings kein Blut vergossen wird.

Zeitangaben

Kommunikationsschwierigkeiten können bei Zeitangaben entstehen: In Thailand wird der Tag in viermal sechs Stunden unterteilt. Es ist also zum Beispiel viermal am Tag vier Uhr: um 4, 10, 16 und 22 Uhr.

Kommunikation und Körpersprache

Traditionell begrüßen sich Thailänder mit »Namasté« (▸ Indien, Seite 58). Ausländern wird oft auch die Hand gegeben. Es ist üblich, den Vornamen zu verwenden, also z. B. »Mrs. Karin«. Im Geschäftsleben gehört die Visitenkarte dazu.
Es wird viel gelächelt (▸ Taiwan, Seite 86), was aber nicht immer ein Zeichen von Freundlichkeit ist. Berührungen sollten Sie vermeiden. Auch Paare berühren und küssen sich nicht in der Öffentlichkeit. Erwachsene und Kinder dürfen Sie nicht am Kopf anfassen, da dieser als Sitz der Seele angesehen wird. Man zeigt weder mit dem Finger auf Leute noch mit den Fußsohlen (▸ Indonesien, Seite 63).

Smalltalk und Tabus

Zeigen Sie Interesse an der Familie Ihres Gegenübers und vermeiden Sie politische Themen und Kritik an der Königsfamilie (denn diese könnte sogar zur Inhaftierung führen). Gehen Sie auch respektvoll mit Banknoten und Briefmarken um, auf denen Mitglieder der Königsfamilie abgebildet sind.

Einladung und Geschenke

Achten Sie bei Verabredungen darauf, pünktlich zu sein. Als Mitbringsel sind kleine Souvenirs aus der Heimat oder Blumen geeignet. Überreichen und nehmen Sie Geschenke mit beiden Händen (▸ Japan, Seite 69). Vor allem auf dem Land wird häufig auf dem Boden gesessen. Ziehen Sie deshalb am Eingang die Schuhe aus (▸ Indonesien, Seite 65). Steigen Sie auch nicht über Leute, die auf dem Boden sitzen, oder über auf dem Boden liegendes Essen.

Essen und Trinken

In Thailand sind die Gerichte aus Meeresfrüchten, Fisch, Fleisch und Gemüse meist sehr schmackhaft, stark gewürzt und scharf. Typisch ist das Kochen mit Kokosmilch und die Verwendung von Sojasprossen und Ingwer. Als traditionelle Beilage erhalten Sie meist Reis. Dazu werden vor allem Wasser oder Bier getrunken. Probieren Sie auch die frische Kokosmilch.

Kleider machen Leute

Thailänder legen Wert auf gepflegte und saubere Kleidung, auch wenn die Kleidung in ärmeren Familien schon alt ist. Lange Hosen, Hemden und Blusen mit mindestens halblangen Ärmeln sind angemessen. Vor allem an religiösen Stätten sollten Sie darauf achten und es vermeiden, unbedeckte Körperteile improvisierend mit Sarongs oder Tüchern zu verschleiern, was belächelt wird. Auf Oben-ohne am Strand sollten Sie verzichten. Bei der Kleidung spielt auch die Farbsymbolik (▸ China, Seite 55) eine Rolle. Schwarz und Weiß bedeuten Trauer.

Was man tun und lassen sollte

Trinkgeld ist in Hotels und in Restaurants üblich, die den Service nicht auf der Rechnung ausweisen. Im Taxi müssen Sie kein Trinkgeld geben. In Tempeln ist es respektlos, Buddhastatuen zu berühren, mit den Füßen auf sie zu zeigen oder sie für »spaßige« Fotos zu missbrauchen. Sie können sich als Frau zwar mit Mönchen unterhalten, dürfen ihnen aber nichts geben und sie auch nicht berühren, da sie als heilig gelten. In einigen Tempeln dürfen Sie nicht fotografieren. Vorsicht vor Schleppern in der Patpong, der Amüsierstraße in Bangkok! Sie arbeiten für Etablissements, aus denen Sie nur mit einer satten Rechnung wieder entwischen.

Vietnam

Marktwirtschaft, Konsumverhalten und eine westlich-individuelle Lebensweise stehen im Kontrast zu sozialistischer Staatsform und altüberliefertem Gemeinschaftsdenken des Konfuzianismus.

Steckbrief

Ländername: Sozialistische Republik Vietnam, Cong Hoa Xa Hoi Chu Nghia Viet Nam.
Hauptstadt: Hanoi.
Regierungsform: Sozialistische Republik.
Sprachen und Dialekte: Amtssprache Vietnamesisch; weitere Sprachen Französisch, Chinesisch, Englisch und Khmer.
Religionen: Vietnam ist ein kommunistischer Staat mit Religionsfreiheit. Etwa 70 % der Einwohner sind Buddhisten. Es gibt taoistische, caodaoistische, christliche, hinduistische und islamische Minderheiten.
Bevölkerung: 81,4 Mio.; ca. 90 % davon sind Vietnamesen. Es gibt mehr als 50 Minderheiten, darunter die Hmong, Thai, Khmer und Chinesen. Bevölkerungsdichte: 249 Menschen pro km^2.

Wertvorstellungen, Religionen und Bräuche

Auch wenn in den letzten Jahrzehnten Wirtschaft und Außenpolitik im Zuge der ökonomischen Krise größtenteils liberalisiert wurden, ist die Bevölkerung gespalten: Einerseits sollen die westlichen Technologien genutzt werden, andererseits die eigenen kulturellen Werte erhalten bleiben.
In Vietnam bestehen seit jeher verschiedene Glaubensrichtungen nebeneinander. Der Konfuzianismus (▸ China, Seite 52) bildete jahrtausendelang die Grundlage für die Staatsform und Daoismus und Buddhismus waren immer stark vertreten. Der Caodaoismus vereint den Buddhismus, Daoismus, Katholizismus und die Ahnenverehrung. Die meisten Vietnamesen glauben an verschiedene Lehren gleichzeitig. Sie alle betonen

die Harmonie einer klar strukturierten Gesellschaft. Nicht die persönliche Selbstverwirklichung, sondern der Nutzen des Einzelnen für die Gruppe erntet Anerkennung. Die Familie ist extrem wichtig. Die Bindung an sie ist stark, auch aus wirtschaftlichen Gründen. Meist leben mehrere Generationen auf engem Raum zusammen. Alle wichtigen Entscheidungen, wie zum Beispiel auch eine Heirat, werden von der Familie und vor allem vom Vater getroffen. Die Rolle der Frau beginnt sich zu verändern: Sie verdient oft ihr eigenes Geld und erhält so mehr Macht, allerdings eher in der Stadt als auf dem Land.

Kommunikation und Körpersprache

In der Kommunikation steht Harmonie über Konfrontationen, auch im Geschäftsleben, obwohl die Geschäftspartner meist ausdauernd verhandeln. Maximalforderungen sind lediglich der Beginn der Verhandlung. Versuchen Sie Kompromisse zu finden, bei denen alle ihr Gesicht wahren können. Bei Meinungsverschiedenheiten sind Diplomatie, Geduld und indirekte Kommunikation (▸ China, Seite 52) angebracht. Ein Vertrauensverhältnis ist genauso wichtig wie konkrete Arbeitsergebnisse, Berechenbarkeit und Zuverlässigkeit. Vermeiden Sie es, Personen am Kopf zu berühren oder auf sie mit dem Finger oder den Fußsohlen (▸ Indonesien, Seite 63) zu zeigen. Unüblich ist es auch, dass sich Pärchen in der Öffentlichkeit an der Hand halten oder Zärtlichkeiten austauschen.

Namen

Achten Sie darauf: Der Vorname ist wichtiger als der Nachname. Im Geschäftsleben spricht man sich normalerweise mit »Herr« und dem Vornamen an, zum Beispiel »Herr Peter«.

Einladung und Geschenke

Eine erste Einladung, oft nur eine Höflichkeitsfloskel, wird normalerweise abgelehnt. Bei der zweiten Einladung können Sie davon ausgehen, dass sie ernst gemeint ist. Beginnen Sie mit dem Essen oder Trinken erst, wenn Ihr Gastgeber Sie dazu auffordert. Zurückhaltung und Bescheidenheit sind Ausdruck von Höflichkeit. Sind Sie privat eingeladen, so ziehen Sie beim Betreten der Wohnung die Schuhe aus (▸ Indonesien, Seite 65). Es ist üblich, ein kleines Geschenk mitzubringen. Kleinigkeiten wie Feuerzeuge oder Kugelschreiber, aber auch Alkohol oder Parfüm sind immer willkommen.

Essen und Trinken

Reis und Nudeln sind Grundnahrungsmittel. Vor allem Gemüse, aber auch Fleisch (besonders Huhn, Fisch und Meeresfrüchte) werden schmackhaft zubereitet. Lassen Sie sich von neuen Geschmacksrichtungen überraschen. Besondere Gewürze wie Zitronengras, Koriander, Minze, Limone, Chili und Kokosmilch verfeinern die Speisen. Zum Frühstück, und das wird für Sie etwas ungewohnt sein, finden Sie eine Auswahl an Suppen vor. Getrunken werden vor allem chinesischer Tee, inländisch gebrautes Bier, Säfte und Kaffee. Reiswein und Obstweine sind beliebt. Vorsicht beim Leitungswasser – kochen Sie es vor dem Trinken!

Kleider machen Leute

Reisen Sie immer in gepflegter Kleidung. Kurze Hosen und sonstige zu leichte Kleidungsstücke sind außerhalb der Strände nicht angebracht. Vor allem in Tempeln wird dies nicht gern gesehen, teilweise auch nicht erlaubt. Außer in chinesischen Pagoden müssen Sie grundsätzlich die Schuhe ausziehen.

Was man tun und lassen sollte

Trinkgeld ist unüblich und wird nur im Taxi gegeben. Einige Restaurants und Hotels berechnen einen Servicezuschlag. Anlagen wie zum Beispiel Flughäfen und Häfen dürfen Sie nicht fotografieren. Betreten Sie auf keinen Fall die Sperrzonen! Immer wieder wird in Vietnam vor Taschendieben gewarnt. Lassen Sie Ihren Schmuck lieber zu Hause oder tragen Sie ihn dezent oder sogar versteckt.

Europa

Europa unterliegt seit Jahrtausenden dem Einfluss zahlreicher ansässiger und zugewanderter Kulturen. Seine geografische Lage und wirtschaftliche Stärke ließen und lassen diesen Kontinent immer wieder zum Ausgangspunkt bedeutender Entwicklungen werden. Die unterschiedlichen Kulturen haben sich hier auf engstem Raum entfaltet und bilden so eine einzigartige, selbst für viele Europäer immer wieder neu zu entdeckende Mischung.

Tipps und Grundlagen

Mit einem überlegenen Lächeln werden Amerikaner bedacht, wenn sie nicht annähernd alle 50 Staaten ihres Landes benennen können. Einmal Hand aufs Herz: Wer kann schon alle 25 EU-Mitgliedstaaten aufzählen? In Europa gibt es ein Land mit weniger als 40 000 Einwohnern: Liechtenstein. In Deutschland werden drei und in Italien 13 Sprachen gesprochen. Wer kennt sie alle? Die unzähligen Sprachen von Einwanderern sind dabei gar nicht mitgerechnet. Die fälschlich dem Osten zugeordnete Stadt Prag liegt westlicher als Wien. Teufelsaustreibungen werden von der katholischen Kirche in vielen Regionen Europas immer noch praktiziert, und in einigen Gegenden Europas ist der Wunderglaube noch stark verbreitet.

Wer auf Europa blickt, wird aufgrund der schier unzähligen Sprachen und Dialekte, der unterschiedlichen historischen Entwicklungen auf kleinstem Raum und der vielfältigen Kulturen verwirrt sein. Alle paar Kilometer ein anderes Land? Trotzdem glauben viele Europäer, ihren Kontinent zu kennen. Während Firmen ihre Mitarbeiter in interkulturelle Trainings zu China, Japan und den USA schicken, wird unterschätzt, dass es auch im Nachbarland zu Missverständnissen kommen kann. Innerhalb einzelner europäischer Länder ist gerade in der aktuellen Vergangenheit eine deutliche Tendenz zur weiteren Regionalisierung erkennbar. Regionale Produkte wie zum Beispiel Bier in Bayern, Parmesan in der Emilia Romagna oder Rotwein im Gebiet um Bordeaux erfahren in diesem Prozess eine besondere, manchmal sogar identitätsstiftende Darstellung.

Hinweise für Europa

- Informieren Sie sich konkret und zeitnah über die Verhältnisse, Regeln und Umgangsweisen in Ihrem Zielland. Reisende in Europa sind immer wieder erstaunt, welch unterschiedliche Vorschriften im nahen Ausland gelten.

- Ein Bayer, ein Norditaliener oder ein Baske hat nicht selten deutlich andere Vorstellungen von seiner Heimat als etwa ein Berliner, ein Süditaliener oder ein Madrilene. Berücksichtigen Sie deswegen die verschiedenen regionalen Identitäten und das entsprechende Zugehörigkeitsgefühl im Umgang mit den Menschen.
- In vielen Regionen Europas wird Gastfreundschaft höher als manchmal erwartet geschätzt. Nehmen Sie deswegen Einladungen ernst und sprechen Sie auch adäquate Gegeneinladungen aus. Kleine Geschenke Ihrerseits erfreuen die Gastgeber immer.
- Die christliche Religion, sei es römisch-katholisch, evangelisch oder griechisch-orthodox, hat in vielen Ländern und Regionen Europas einen großen Einfluss. Berücksichtigen Sie die unterschiedlichen religiösen Gefühle und nehmen Sie, zum Beispiel bezüglich der Kleidungsvorschriften in Gotteshäusern, entsprechend Rücksicht.
- Die europäischen Gesellschaften werden gleichzeitig zunehmend von nichtchristlichen Religionen oder Gruppierungen und von Nichtgläubigen geprägt. Nehmen Sie deswegen auf Andersgläubige oder Atheisten entsprechend Rücksicht und lassen Sie neben den europäischen christlichen Werten auch andere gelten.
- Auch in touristisch erschlossenen Gebieten ist es nicht selbstverständlich, dass Sie sich problemlos auf Englisch oder Deutsch verständigen können.
  Durch das Erlernen einzelner Begriffe oder einiger Redewendungen zeigen Sie Respekt gegenüber den Menschen Ihres Gastlandes und finden so auch persönlicheren Zugang zu Ihren Gastgebern.
- Von Europa ausgehend entwickelten sich zwei Weltkriege, die mit zahllosen Opfern verbunden waren. Gerade bei älteren Menschen sind manche der schrecklichen Erfahrungen noch nicht vergessen. Versuchen Sie deshalb, mit vereinzelt auftauchenden Ressentiments verständnisvoll umzugehen.

Dänemark

In Dänemark darf nur die Dannebrog gehisst werden. Verzichten Sie deswegen auf das Hissen Ihrer Nationalflagge auf Ihrem Camper und begegnen Sie Dänen mit Freundlichkeit. So werden Sie die lockere Art des Umgangs schätzen lernen.

Steckbrief

Ländername: Königreich Dänemark, Kongeriget Danmark.
Hauptstadt: Kopenhagen.
Regierungsform: Konstitutionelle Monarchie mit parlamentarisch-demokratischem Regierungssystem.
Sprachen und Dialekte: Amtssprachen sind Dänisch und Färöisch auf den Färöern. Es gibt eine deutschsprachige Minderheit, viele sprechen Deutsch, Englisch oder Französisch.
Religionen: ca. 86 % Evangelisch-lutherische Volkskirche; Minderheiten von Katholiken, Zeugen Jehovas, Baptisten, Juden und vielen anderen kleinen Glaubensgemeinschaften.
Bevölkerung: 5,41 Mio.; Minderheiten auf den Färöern und Grönland, ca. 4,9 % Ausländer. Bevölkerungsdichte: 124,9 Menschen pro km^2.

Wertvorstellungen, Religionen und Bräuche

Die Evangelisch-lutherische Volkskirche genießt politische, finanzielle und administrative Unterstützung durch den Staat und damit besondere Vorrechte und übernimmt im Bereich des Meldewesens teilweise staatliche Aufgaben. Die enge Verbindung zwischen Staat und Kirche zeigt sich beispielsweise dadurch, dass erst seit dem Jahr 1969 zivilrechtliche Ehen auch von anderen Religionsgemeinschaften geschlossen werden dürfen.
In Dänemark gibt es auf der einen Seite diese besondere Verknüpfung mit der evangelischen Kirche und auf der anderen Seite eine in der Gesellschaft stark verankerte Toleranz und Zurückhaltung gegenüber Andersdenkenden.

Kommunikation und Körpersprache

Der Umgang ist meist recht locker und man spricht sich schnell mit Du an. Titel werden, mit Ausnahme beim förmlichen Briefwechsel, nicht beziehungsweise sehr zurückhaltend genannt, bei der Anrede jedoch nie. Ähnlich wie bei uns begrüßt man sich mit einem kräftigen Händedruck, ansonsten herrscht im geschäftlichen Umfeld ein sachlicher Umgangston. Der Smalltalk wird hier nicht so gepflegt. Nach dem gemeinsamen Mahl wird schon einmal eine Dankesrede vom Gast erwartet.

Smalltalk und Tabus

Wie bereits erwähnt, ist Smalltalk nicht unbedingt die Stärke der Dänen. Im Einzelfall muss dies natürlich nicht gelten. Über persönliche Themen und Sport oder Politik können Sie sich ohne weiteres unterhalten. Die europäische Integration kann jedoch zu einer Kontroverse führen.

Einladung und Geschenke

Ob privat oder geschäftlich, Sie sollten pünktlich sein. Es werden zu jeder Einladung auch kleine Präsente übergeben. Blumen sollten Sie in Dänemark der Gastgeberin bereits am Vortag überbringen lassen. Aufgrund der hohen Preise für Alkohol wird ein gutes Tröpfchen ebenfalls sehr gerne entgegengenommen. Denken Sie immer daran, sich nach einem gelungenen Abend nicht nur einmal zu bedanken.

Essen und Trinken

Zur Mittagszeit von 12 bis 14 Uhr werden Sie allerorten mit Fisch, Käse oder auch Wurst reichlich belegtes Smørrebrød finden. Anders als bei uns wird es nicht aus der Hand, sondern mit Messer und Gabel gegessen. Vom reichhaltigen Frühstück bis zum beliebten Schweinekrustenbraten bietet Dänemark eine große Auswahl an deftigen Speisen. Krabben, Seelachs, Heringe, mal süßsauer und mal geräuchert, Makrelen und andere Meeresfrüchte ergänzen das Angebot. In zahlreichen

Restaurants werden Sie das »Koldt bord« (Kaltes und warmes Büffet) mit Selbstbedienung schätzen lernen. Wer den schnellen Snack liebt, findet an jeder Ecke Imbissstände und Konditoreien. Die warme Hauptmahlzeit wird abends zwischen 18 und 20 Uhr eingenommen. Sahneeis mit Frucht- oder Schokoladensauce ist ein beliebtes Dessert und in Dropskøgereien können Sie bei der Herstellung der berühmten Bonbons zusehen. Die bekanntesten dänischen Biersorten (Øl) sind Carlsberg oder Tuborg. Wer es härter mag, kann das Nationalgetränk Akvavit kosten.

Kleider machen Leute

Es gibt Restaurants, in denen förmliche Kleidung erwartet wird, erkundigen Sie sich deswegen unbedingt über die örtlichen Gepflogenheiten. Obwohl Dänemark für einen legeren Kleidungsstil bekannt ist, gilt im Geschäftsleben der europäische Standard mit Anzug beziehungsweise Kostüm oder Hosenanzug. Ihren Alltag verbringen die Dänen gewöhnlich in bequemer Freizeitkleidung.

Wohin am Abend

Wenn die Cafés morgens öffnen, sind die Nachtclubs gerade dabei, die Tore zu schließen. In Dänemark finden Sie ein breites Angebot an nächtlichen Vergnügungen. Ein absolutes Muss sind die Aufführungen des Königlichen Dänischen Balletts. Das Kongelige Teater und das Ny Teater in Kopenhagen bilden einen weiteren kulturellen Höhepunkt.

Was man tun und lassen sollte

Außer in Restaurants und öffentlichen Toiletten ist Trinkgeld nicht üblich, die Preise enthalten für gewöhnlich einen entsprechenden Anteil. Achten Sie in Dänemark jedoch stets darauf, sich für Dienstleistungen oder nach Einladungen zu bedanken, und Sie dürfen dies gerne ausführlicher als bei uns üblich tun. Unhöflich ist es auf jeden Fall, sich an einem Büffet den Teller so richtig voll zu packen.

Finnland

Wer die Ruhe in der Natur, aber auch beim gemeinsamen Essen sucht, wird Finnland schätzen. Wer darüber hinaus gerne in die Sauna geht, wird das Land lieben lernen.

Steckbrief

Ländername: Republik Finnland, Suomen Tasavalta.
Hauptstadt: Helsinki.
Regierungsform: Parlamentarische Republik.
Sprachen und Dialekte: Zu ca. 92 % wird Finnisch gesprochen, ca. 6 % Finnland-Schwedisch und ca. 2 % sonstige Sprachen (Russisch, Saamisch). Geschäftssprachen sind auch Englisch und Deutsch.
Religionen: ca. 84 % Lutheraner, ca. 1 % Griechisch-Orthodoxe, ca. 15 % andere und Konfessionslose.
Bevölkerung: 5,2 Mio.; ca. 92 % Finnen, ca. 6 % Finnland-Schweden sowie russische und saamische Minderheiten. Bevölkerungsdichte: 17 Menschen pro km^2.

Wertvorstellungen, Religionen und Bräuche

»Wo drei Finnen zusammenkommen, wird es innerhalb von drei Wochen eine Sauna geben.« So ein finnisches Sprichwort. Seien Sie nicht überrascht, wenn Sie in die Sauna eingeladen werden! Die Regeln lassen Sie sich aber besser vorher erklären oder beobachten Sie zunächst die finnische Art zu saunen. Abgesehen von der Tatsache, dass »Santa Claus« in einem Ort namens Korvatunturi in Lappland seine Heimat hat, sind die Menschen in Finnland für Religiosität nicht besonders bekannt. Großer Beliebtheit erfreuen sich zahlreiche kulturelle Feste, die landesweit gefeiert werden. Besonders lohnt es sich, die an Wochenenden gut frequentierten Tanzpavillons in der Natur zu besuchen. Dort wird noch der traditionelle finnische Tango getanzt. Sie werden außerdem »Sisu« oft begegnen – nicht nur eine finnische Lastwagenmarke, sondern auch Ausdruck des Stolzes auf die Zähigkeit und Ausdauer der Finnen.

Kommunikation und Körpersprache

Große Gesprächigkeit wird den Finnen nicht nachgesagt. Die vermeintliche Zurückhaltung ist spürbar. In Finnland sind lange Pausen zwischen den Sätzen üblich und verleiten ausländische Gesprächsteilnehmer zu Beiträgen, die mitunter von finnischer Seite als unangenehme Unterbrechung gewertet werden. Lassen Sie sich also Zeit mit Ihren Redebeiträgen! Der meist deutlichere Körperabstand zum Gegenüber als bei uns unterstreicht für einen Finnlandbesucher zusätzlich das Gefühl der Distanz. Verwechseln Sie dies jedoch nicht mit Distanziertheit, da Finnen für ihre soziale Einstellung und Hilfsbereitschaft sehr wohl bekannt sind. Der legere Umgang untereinander fällt hier besonders auf. Im Alltag wird überwiegend das kollegiale Du verwendet.

Schweigen

Bedenken Sie auf jeden Fall, dass ein schweigender Gesprächspartner nicht unbedingt Missstimmung oder Ablehnung ausdrückt, sondern meist aus Höflichkeit Zurückhaltung übt.

Smalltalk und Tabus

Bestimmte Themen an sich sind nicht das Problem. Weit wichtiger ist es, sich gegenseitig zuzuhören und sich beim Sprechen nicht zu unterbrechen. Beachten Sie diese Regeln, können Sie viel erfahren, zum Beispiel auch über die Geschichte Finnlands. Beliebte Gesprächsthemen kreisen um die beiden meistbekannten finnischen Erfolgsgeschichten: erfolgreiche Rennfahrer und eine – anfangs Gummistiefel produzierende – aufstrebende Fabrik namens Nokia.

Einladung und Geschenke

Sind Sie privat zum Essen eingeladen, ist es Brauch, dass der Ehrengast links von der Dame des Hauses sitzt. Achten Sie darauf, im Eingangsbereich die Schuhe auszuziehen, im Haus werden keine Straßenschuhe getragen. Während der Mahlzeit wird meist geschwiegen oder dem Gast das Privileg des Erzählens überlassen. Kleine Präsente sind zu einer Einladung selbstverständlich gerne gesehen. Weiße Lilien sollten Sie jedoch nicht mitbringen, es sind in Finnland Friedhofsblumen.

Essen und Trinken

Fisch in unterschiedlichsten Variationen sowie Flusskrebse, die traditionell in den Monaten Juli und August zubereitet werden, sind Grundlagen vieler Speisen. Karjalan Piirakka, mit Reis oder Kartoffeln gefüllte Piroggen, sowie geräuchertes oder frisch zubereitetes Rentierfleisch sind besonders zu empfehlen. Erkundigen Sie sich am besten im Verkehrsamt vor Ort nach kulinarischen Kurzreisen und den regionalen Spezialitäten. Diverse alkoholische Getränke sind nicht in allen Restaurants erhältlich. Wein und Bier hingegen bekommen Sie überall, je nach Kategorie des Restaurants jedoch zu sehr unterschiedlichen Preisen. Der Ausschank an Jugendliche ist erst ab dem 19. Lebensjahr erlaubt.

Kleider machen Leute

Zu geschäftlichen Anlässen ist Businesskleidung und ansonsten eher legere Kleidung angebracht. Kleiden Sie sich deswegen ruhig so, wie Sie es von zu Hause gewohnt sind.

Wohin am Abend

Ein gemeinsamer Saunabesuch ist nie verkehrt. Es gibt in Finnland mehr Saunas als Kraftfahrzeuge. Neben dieser sehr beliebten Freizeitbeschäftigung werden aber auch im ganzen Land vielfältige kulturelle Veranstaltungen angeboten. Besonders im Sommer werden in den meisten Gemeinden Musik-, Theater- oder Tanzfestivals organisiert. Traditionelles Essen und Volkstanzdarbietungen versprechen dort einen kurzweiligen Abend.

Was man tun und lassen sollte

Finnland ist zu Recht stolz auf seine vielfältigen Naturlandschaften, auf Rücksichtnahme wird hier besonderer Wert gelegt. Wenn Sie campen oder fischen wollen, benötigen Sie auch eine entsprechende Genehmigung. Trinkgelder sind meist in den Rechnungen inbegriffen und als solche auch kenntlich gemacht. Gesonderte Trinkgelder werden in der Regel nicht erwartet und mitunter sogar als peinlich betrachtet.

Frankreich

Der erste Eindruck von Reisenden in Frankreich? Die Kunstwerke, die Landschaften, je nach Ort die Eleganz oder die Ländlichkeit und vor allem das Genießen des Lebens, das Savoir vivre, und die französische Küche.

Steckbrief

Ländername: Französische Republik, République Française.
Hauptstadt: Paris.
Regierungsform: Parlamentarische Präsidialdemokratie.
Sprachen und Dialekte: Französisch. Minderheitensprachen sind Bretonisch, Deutsch, Niederländisch, Baskisch, Katalanisch, Korsisch und Okzitanisch.
Religionen: Es gibt 82 % Katholiken, 5 % Muslime sowie protestantische, jüdische und orthodoxe Minderheiten.
Bevölkerung: 61,1 Mio. Franzosen, darunter auch Bretonen, Basken, Korsen, Elsässer und Araber; 6,3 % sind portugiesische, algerische und marokkanische Immigranten. Bevölkerungsdichte: 112 Einwohner pro km^2.

Wertvorstellungen, Religionen, Bräuche

Das Land ist durch seinen politischen Zentralismus und die starke hierarchische Struktur von Unternehmen geprägt. Autoritäten wird besonderer Respekt gezollt und Statussymbole sowie Prestigedenken sind oft ausgeprägt.
Religion und Staat sind voneinander getrennt. Es wird Ihnen in vielen Äußerungen ein gewisser Nationalstolz auffallen, auf Paris, die französische Geschichte, die Revolution und Napoleon, die kulturellen Errungenschaften.

Als Frau im Ausland

Arbeiten oder reisen Sie als Frau im Ausland, müssen Sie mit oft ungewohnten Reaktionen rechnen. In vielen stark männlich dominierten Gesellschaften werden selbstbewusste Frauen nicht verstanden und häufig sogar abgelehnt.

Das Reisen und Arbeiten in fremden Ländern ist in einer globalisierten Welt für Männer und Frauen zum Alltag geworden. Daher werden Sie sich kaum noch überlegen: Darf ich als Frau zum Beispiel alleine mit einem Auto reisen? Welch eine Frage! Die Antwort wird Sie vielleicht verwundern: Nein – und damit sind wir bereits beim Thema –, zumindest nicht überall. In Saudi-Arabien gilt für einheimische wie auch für ausländische Frauen ein striktes Verbot, ein Auto zu lenken. Es ist also nicht in allen Teilen der Welt selbstverständlich, dass Frauen – unbekümmert und selbstverständlich – reisen dürfen oder können.

Arbeiten im Ausland

Sollten Sie als Frau im Ausland einen Beruf ausüben wollen, gelten meist zusätzliche Anforderungen, auf die Sie unbedingt achten sollten. In vielen Ländern ist eine Berufstätigkeit sogar immer noch den Männern vorbehalten. Damit Sie diese Bedingungen nicht voreilig belächeln oder aburteilen, sollten Sie einfach wenige Jahre in Ihrem Land zurückdenken. Bis 1965 durfte beispielsweise auch in der BRD eine Frau ohne Zustimmung ihres Mannes keinen Beruf ausüben. Noch heute verdient eine Frau bei gleicher Eignung im gleichen Beruf in Deutschland in etwa 80 % des Gehalts eines Mannes, in Japan sogar nur etwa 50 % – so sieht also die reale Gleichberechtigung in zwei ausgewählten Industrienationen aus.

Annähernd alle Kulturen sind patriarchalen Ursprungs. Das ist im beruflichen und familiären Alltag häufig direkter zu spüren als auf Reisen. Im beruflichen Kontext, und damit für eine Touristin kaum erkennbar, fallen Unterschiede subtiler auf. Wenn Sie im Ausland berufstätig werden, müssen Sie häufig mit größeren Lohnunterschieden gegenüber gleichrangigen Männern rechnen. Auch die Ihnen zugebilligte Rolle wird wohl nicht immer mit der eigenen Vorstellung übereinstimmen. In Japan wird zum Beispiel eine Frau häufig dazu angehalten, ihren männlichen Kollegen in gleicher beruflicher Position den Tee zu servieren. Dies ist auch ein gutes Beispiel, um kulturelle Unterschiede innerhalb von Asien zu verdeutlichen, denn Frauen in China nehmen ihre Rolle als Chefin in einem Betrieb viel selbstbewusster ein und können über das Verhalten von Japanerinnen häufig nur lächeln.

Männer und Frauen in Europa

Auch in europäischen Kulturen gibt es unterschiedlich ausdifferenzierte Geschlechterrollen. Es ist bekannt, dass etwa in skandinavischen Ländern die Gleichstellung in allen Lebensbereichen relativ weit fortgeschritten ist. In Spanien oder Italien dagegen werden Sie vielleicht eher einen ausgeprägten »machismo« vermuten. Diesem können Sie durchaus begegnen, wenn Sie sich als Touristin den Annäherungsversuchen der Ragazzi erwehren müssen.

Andererseits haben junge Italienerinnen mittlerweile im Durchschnitt bessere Bildungsabschlüsse als Männer und versuchen diese auch in beruflichen Erfolg umzusetzen. Ca. 36 % der Professorenstellen in Italien werden von Frauen besetzt. Vergleichen Sie diesen Wert einfach einmal mit dem Anteil an deutschen Universitäten. Es lohnt sich für Frauen, berufliche Perspektiven im europäischen Ausland in Betracht zu ziehen. Auch für Mütter eröffnen sich durch die bessere Kinderbetreuung in anderen europäischen Ländern oft interessante Perspektiven.

Hürden außerhalb Europas

Anders sieht es in weiten Teilen der Welt aus. Im Iran, Irak und auch Saudi-Arabien dürfen Frauen nicht einmal per Handschlag berührt werden. Dieser Umstand sowie die ständig begleitende Angst, dass schon ein Blickkontakt missverstanden werden kann, erschweren geschäftliche Kontakte. Deshalb setzen selbst europäische Firmen bevorzugt Männer in diesen Regionen ein. Orientieren Sie sich in Ihrer beruflichen Planung deswegen nicht nur an den Ländern, in denen Sie tätig werden wollen, sondern auch an den Länderkontakten, die Ihre Firma pflegt. Für Frauen können hier schnell ungeahnte Karrieregrenzen entstehen.

Bei einem längeren Aufenthalt im Ausland kann es von Vorteil sein, ein informelles Netzwerk aufzubauen und sich gewisse »geschützte Nischen« zu suchen: etwa durch Kontakte zu Frauen oder Frauengruppen oder zu Kolleginnen, auch um bei Schwierigkeiten Rückzugsmöglichkeiten, Trost und Unterstützung zu finden.

Reisen im Ausland

Reisen ist ein Privileg der Bürger aus reichen Ländern oder von – meist männlichen – Geschäftsleuten. Allein reisende sudanesische, jemenitische oder afghanische Frauen gibt es eher nicht. Wenn Frauen trotzdem alleine reisen, können sie nicht nur dort zum »Freiwild« für Männer werden.

Beachten Sie deswegen bei Ihrer Reiseplanung immer, wie offen und reiseerfahren die Gesellschaft in Ihrem Zielland ist. Informieren Sie sich vor Ihrer Reise darüber, welches Verhalten üblich ist. Kleidung, Mimik, Gestik und Blickkontakt sind dabei entscheidende Punkte. Wichtig ist auch, wie es um die Meinungsäußerung steht – kann die eigene Meinung offen vertreten werden oder wird nach »diplomatischeren« Regeln verfahren, als Frau vielleicht gar geschwiegen?

Vermeiden Sie missverständliche Gesten sowie direkten Blick- oder Körperkontakt, wo dieser für Frauen nicht üblich ist. Männer wie Frauen, die als Kind bereits gelernt haben, dass Frauen sich unterordnen müssen, werden die Situation sonst schnell falsch deuten. Trotzdem ist man sich in den meisten Ländern natürlich auch darüber im Klaren, dass Sie einer anderen Kultur angehören. Daher haben Sie als Ausländerin oft ein bisschen mehr Freiraum. In vielen islamisch geprägten arabischen Ländern wird eine Verschleierung der Frau erwartet, im Iran oder Saudi-Arabien ist sie sogar vorgeschrieben. Trotzdem werden Sie als Touristin häufiger bevorzugt behandelt und unterliegen diesen Erwartungen nicht so stark.

Aus Rücksichtnahme auf Ihr Gastland und um Aufdringlichkeiten aus dem Weg zu gehen, sollten Sie sich aber nicht zu locker oder freizügig kleiden. Vermeiden Sie kurze Hosen und Röcke, schulter- und armfreie Oberbekleidung sowie körperbetonte Schnitte.

Anpassung oder Protest

Sollte man sich generell völlig anpassen? Sicher nicht. Aber für uns selbstverständliche Menschenrechte, wie die Freizügigkeit des Reisens und die Unversehrtheit des menschlichen Lebens, gelten nicht überall. Dies zu thematisieren oder ein ausgeprägtes Engagement im betroffenen Land kann zunächst kontraproduktiv sein. Manchmal wird eine Einmischung als Angriff auf die eigene Identität und damit als Argument zum Festhalten an überholten Traditionen genutzt.

Aber es geht auch anders: Blutige Genitalverstümmelungen bei jungen Mädchen werden beispielsweise aufgrund breiter weltweiter Proteste vor Ort immer häufiger angeprangert und auch gesetzlich verboten. Hier hat sich ein Engagement zusammen mit Frauen in den entsprechenden Ländern gelohnt.

Probleme für allein reisende Frauen entstehen in allen männlich dominierten Gesellschaften. Im Orient, in Südamerika, in vielen Regionen Asiens und in einigen ländlichen Regionen der USA und Europas kann es Ihnen passieren, dass Sie mit lästigen Blicken verfolgt werden. Konservative Vorstellungen zielen oft darauf, dass die Frau für den häuslichen und familiären Bereich zuständig ist. Allein reisende Frauen sind und bleiben für diese Menschen ein Problem!

Familiäre und berufliche Netzwerke sowie die Mitgliedschaft in Clubs sind Teil des gesellschaftlichen Lebens. Wollen Sie in Frankreich persönliche Beziehungen und Vertrauen aufbauen, sollten Sie sich in solche Strukturen eingliedern.

Hierarchien

Wenn Sie sich auf die gleiche Stufe mit Untergebenen stellen, sich ihnen gegenüber zu salopp oder freundschaftlich geben oder zu viel Verantwortung abgeben, verlieren Sie schnell an Respekt. Verhalten Sie sich gegenüber Höherstehenden selbst entsprechend respektvoll! Entscheidungen fallen häufig nicht so schnell, da sie die verschiedenen hierarchischen Strukturen bis zum Vorgesetzten durchlaufen müssen.

Kommunikation und Körpersprache

In Frankreich gibt man zur Begrüßung normalerweise die Hand. Im privaten Bereich haucht man sich einen Kuss, »la bise« (der Lufthauch), auf beide Wangen. Der Vorname wird erst verwendet, wenn man sehr gut befreundet ist. Bis dahin verwenden Sie Monsieur, Madame oder Mademoiselle und den Nachnamen. Die französische Sprache zeichnet sich generell durch viele Höflichkeitsformulierungen aus. Verwenden Sie »Merci«, »S'il vous plaît« und »Pardon« und achten Sie beim Begrüßen darauf, dass Sie »Bonjour« nicht allein sagen, sondern immer in Verbindung mit einer Anrede: »Bonjour, Madame!«

In formellem und geschäftlichem Kontext sind Titel und Berufsbezeichnungen wichtig. Sie werden auf jeder Visitenkarten entsprechend vermerkt. Stellen Sie sich allerdings nicht selbst mit Titel vor.

Vermeiden Sie im Geschäftsleben saloppe Formulierungen wie »Hallo« oder »Tschüss«. Verabschieden Sie sich von jedem einzeln mit Handschlag. Es wird Ihnen auffallen, dass tendenziell mehr gestikuliert und der Blickkontakt länger gehalten wird. Die Höflichkeit gebietet, Kontroversen und Kritik nicht direkt auszusprechen. Eine direkte Ablehnung einer Bitte wird eher als unhöflich wahrgenommen.

Smalltalk und Tabus

Reden Sie über das Essen! Oder über Musik, Kunst, Literatur und Mode sowie die technischen Leistungen Frankreichs. Geschichte ist ebenfalls ein beliebtes Thema. Sie tun sich aber keinen Gefallen damit, über den Zweiten Weltkrieg zu sprechen. Verletzen Sie nicht den Nationalstolz der »Grande Nation« und vermeiden Sie Fragen nach der Privatsphäre, etwa dem Alter, Beruf und Glauben und den Familienverhältnissen.
Mit dem Finger auf eine Person zu zeigen wirkt beleidigend. Verwenden Sie dazu besser die ganze Hand. Das amerikanische »Okay«-Zeichen, das mit Daumen und Zeigefinger geformt wird, bedeutet in Frankreich das Gegenteil und symbolisiert die Null und damit Wertlosigkeit. Und: »Baise moi« wird nicht nur als Aufforderung zum Küssen verstanden, sondern beinhaltet auch den nächsten Schritt. Verwenden Sie diese Formulierung also nicht unbedacht!

Einladungen und Geschenke

Meist trifft man sich im Café oder Restaurant. Nach Hause lädt man normalerweise nur enge Bekannte ein. Bei Einladungen sind Verspätungen von 10 bis 20 Minuten nicht unhöflich. Das gilt bei geschäftlichen Treffen nur eingeschränkt. Kommen Sie, vor allem als ausländischer Gast, pünktlich!
Rechnen Sie bei Essenseinladungen damit, dass mehrere Gänge serviert werden und das Essen deswegen meist länger dauert. Beim Geschäftsessen werden geschäftliche Themen erst beim Kaffee angesprochen, vorher wird locker geplaudert.
Normalerweise bringt man eine Flasche Wein, Pralinen oder Blumen in ungerader Zahl, aber nie dreizehn Stück, mit. Chrysanthemen werden nur für Beerdigungen verwendet. Rote und gelbe Blumen sollten Sie meiden. Rot steht für die Liebe und Gelb für die Untreue.

Essen und Trinken

Im Norden stehen Meeresfrüchte auf der Speisekarte, Spezialitäten der Picardie sind Entenpasteten und herzhafte Pfannkuchen. In der Champagne und den Ardennen können Sie Wildschwein oder Süßwasserfisch probieren. Im Elsass und in Lothringen wird es mit Zwiebelkuchen, Wurst und Sauerkraut deftig. Burgund und Bresse sind bekannt für ihre Geflügel- und Kaninchengerichte. Im Süden ist die Küche mediterran. Die Lieblingsdesserts der Franzosen sind die Mousse au chocolat, Crème renversée au caramel (Karamellcreme) und Tartes, flache Kuchen mit einem Belag aus Obst.
Kosten Sie sich durch die französischen Weine und probieren Sie auch den erfrischenden Apfelwein Cidre.
Baguette wird nicht geschnitten, sondern gebrochen, und von Käseecken wird nie die Spitze abgeschnitten. Käse wird auch nicht auf das Brot gestrichen! Im Restaurant sollten Sie am Eingang warten, bis Ihnen der Kellner einen Platz zuweist.

Kleider machen Leute

Legen Sie auf Ihre Kleidung und Ihr Aussehen Wert! Im Alltag ist ein legerer bis leicht eleganter sportlicher Stil passend. Im Geschäftlichen überwiegen Stil und Eleganz. Herren tragen dunkle Anzüge und modische Krawatten, Frauen Kostüm oder Hosenanzug mit diversen Accessoires wie Tücher, Schmuck und Handtaschen. Ähnliche Kleidervorstellungen gelten auch für feine Restaurants oder in Kasinos. Parfüm wird von Herren wie Damen gleichermaßen gern verwendet.

Wohin am Abend

Werfen Sie sich in Schale, gehen Sie in eines der zahlreichen Kasinos und versuchen Sie Ihr Glück! Bevorzugen Sie Theater und Oper? Dann empfiehlt sich ein Besuch in der Opéra National de Paris. Ansonsten haben Sie in Paris eher die Qual der Wahl zwischen Kneipen in der Bastille, Kabaretts und den berühmten Revuen auf dem Montmartre. Im Sommer gibt es vor klassischen Kulissen zahlreiche Feste und Musikfestivals.

Was man tun und lassen sollte

Lassen Sie, selbst wenn Bedienungsgeld schon auf der Rechnung veranschlagt war, etwa 15 % Trinkgeld auf dem Tisch liegen und runden Sie nicht beim Bezahlen auf. Auch Taxifahrer und Hotelpersonal freuen sich über eine kleine Anerkennung. Das Naseputzen in der Öffentlichkeit wird als unfein angesehen.

Griechenland

Sie suchen gerne das intensive Gespräch? Es macht Ihnen Spaß, beim Tanz auf zerbrochenem Geschirr die Nacht zum Tag zu machen? Dann werden Sie Griechenland in Ihr Herz schließen.

Steckbrief

Ländername: Hellenische Republik, Elleniki Dimokratia.
Hauptstadt: Athen.
Regierungsform: Parlamentarische Demokratie.
Sprachen und Dialekte: Neugriechisch. In Touristenzentren wird auch Englisch, Französisch und Deutsch gesprochen.
Religionen: ca. 95 % Griechisch-Orthodoxe, ca. 1 % Moslems, ca. 0,5 % katholische und protestantische Christen sowie ca. 6500 Juden.
Bevölkerung: 10,5 Mio.; davon ca. 98,5 % Griechen sowie türkische, bulgarische, makedonische, armenische, albanische und kutsowalachische Minderheiten sowie kleine Gruppen von Roma. Bevölkerungsdichte: 80,8 Menschen pro km^2.

Wertvorstellungen, Religionen und Bräuche

Frauen und Männer feiern kirchliche, zum Beispiel Ostern, aber auch weltliche Feste bis spät in die Nacht. In Freizeit oder Beruf ist dank der EU-Integration die formale Gleichstellung von Mann und Frau nicht mehr aufzuhalten. Spätestens beim

Besuch eines »Kafenions«, eines kleinen Gasthauses, erkennen Sie jedoch die nach wie vor starke patriarchale Orientierung in der Gesellschaft. Dort sind nur Männer anzutreffen. Familie, Glaube und Tradition besitzen einen hohen Stellenwert. Die orthodoxe Kirche nimmt im Staat und vor allem in der dörflichen Gemeinschaft eine herausragende Rolle ein. Die Popen besitzen häufig eigene Felder, und vor der Weihe zum Priester dürfen sie heiraten.

Kommunikation und Körpersprache

In Griechenland ist eine sehr gestenreiche und laute Unterhaltung üblich. Suchen Sie das Gespräch, aber versuchen Sie nicht, Gesten nachzuahmen. Manche, wie zum Beispiel das Entgegenstrecken einer gehobenen Handfläche, sind beleidigend. Bei Ausländern oder im förmlichen Kontakt ist man es gewöhnt, sich per Handschlag zu begrüßen. Ansonsten sind Umarmungen und Schulterklopfen üblich. Auch wenn man schnell beim gegenseitigen Du ankommt, sollten Sie zunächst die förmliche Anrede benutzen.

Mittagsruhe

Auf die Mittagsruhe, die von 13 bis 17 Uhr oder sogar darüber hinaus andauern kann, sollten Sie Rücksicht nehmen. Telefonieren Sie nicht unbedingt in dieser Zeit und starten Sie auch keinen Überraschungsbesuch, denn jetzt wird häufig der notwendige Schlaf nachgeholt.

Smalltalk und Tabus

Stellen Sie sich darauf ein, dass Sie über Gott und die Welt ausgefragt werden. Alles, was interessant erscheint, wird auch angesprochen. Die Griechen erzählen gern und möchten umgekehrt aber auch etwas vom Gegenüber erfahren. Gespräche über die Situation in Zypern oder das Verhältnis zur Türkei können jedoch für Aufregung sorgen. Politische Debatten werden für gewöhnlich mit Enthusiasmus geführt.

Einladung und Geschenke

Griechen sind gastfreundlich. Einladungen nach Hause oder in eine Taverne abzulehnen kann schnell als Beleidigung empfunden werden. Nehmen Sie die Einladung an und bringen Sie zu diesem Anlass ein kleines Geschenk mit wie einen schön verpackten Wein, Süßigkeiten oder Blumen. Kleine Gastgeschenke aus Ihrer Heimat sind ebenfalls eine gute Idee. Vereinbaren Sie einen bestimmten Zeitpunkt, da der Begriff »Abend« unterschiedlichen Deutungsmustern unterliegen kann. Vergessen Sie auch nicht, Telefonnummern auszutauschen, damit Sie mögliche Verzögerungen oder länger zurückliegende Vereinbarungen klären können.

Essen und Trinken

Der Appetit auf reichlich Fleisch führt in Deutschland immer wieder zum Griechen. Auch wenn die griechische Küche mehr zu bieten hat, prägt dies seit Generationen die Vorstellungen. Die Gerichte sind meist einfach. Tzatziki, Souflaki und Moussaka sowie Retsina und Ouzo sind bekannte Beiträge aus der mediterranen Küche. Oliven und Olivenöl sind fast immer ein wichtiger Bestandteil des Essens. Fischliebhaber kommen jedoch nur in Küstenregionen und auf den Inseln auf ihre Kosten. Speisen werden in Griechenland häufig warm und nicht heiß serviert. Die Restaurants laden mittags zwischen 12 und 15 Uhr sowie abends zwischen 21 und 24 Uhr zum Essen ein. Ein absolutes Muss ist der meist stark gesüßte Kaffee, der im Sommer schon einmal als Eiskaffee angeboten wird.

Kleider machen Leute

Da auch Treffen im privaten Rahmen schnell in eine Taverne verlagert werden können, ist grundsätzlich auf korrekte Kleidung zu achten. Dies sollten Sie besonders bei Besuchen in Klöstern und Kirchen beachten, Schulter und Knie müssen dort bedeckt bleiben. Zu geschäftlichen Anlässen ist Businesskleidung angesagt. Sehr freizügige Kleidung bei Frauen wird häufig als ein Zeichen von Abenteuerlust interpretiert. Auch wenn Generationen von Touristen die Badeordnung gelockert haben, bleibt Nacktbaden, mit wenigen ausgewiesenen Ausnahmen, offiziell verboten, und Oben-ohne-Baden wird nicht gerne gesehen. Urlaub hin oder her: In Städten und Dörfern hat Badekleidung nichts verloren.

Wohin am Abend

Überall bieten sich die Tavernen zum ausgiebigen Essen, Trinken und Reden an. Dieses Vergnügen wird immer wieder von Volksmusik und Bouzouki-Musik begleitet. Ansonsten konzentriert sich das Nachtleben in Diskos oder bei Musikveranstaltungen eher auf größere Städte oder Touristenzentren.

Was man tun und lassen sollte

Wollen Sie Menschen ablichten, holen Sie vorher deren Einverständnis ein. Aber Vorsicht: Nicken heißt »nein« und »ne« heißt »ja«. Trinkgelder werden ähnlich wie in Deutschland erwartet. Und einige Wörter oder Redewendungen in der Landessprache sind immer Gold wert.

Großbritannien

Mit St. George, St. Andrew, St. David und St. Patrick feiern die vier Landesteile England, Wales, Schottland und Nordirland ihre eigenen Feiertage. Sie zeigen so ihre Eigenständigkeit als Region gegenüber der Nation.

Steckbrief

Ländername: Vereinigtes Königreich Großbritannien und Nordirland; United Kingdom of Great Britain and Northern Ireland.
Hauptstadt: London.
Regierungsform: Parlamentarische Monarchie.
Sprachen und Dialekte: Englisch, Walisisch, Gälisch und Cornisch.

Religionen: 35 Mio. Anglikaner (Church of England, Church of Wales, Church of Ireland); 1,3 Mio. Church of Scotland (reformiert/presbyterianisch); 0,2 Mio. sonstige Protestanten; 5,6 Mio. Katholiken; 2 Mio. Muslime, 1,4 Mio. Hindus und Sikhs; 300 000 Juden; 9 Mio. gehören keiner Religion an.
Bevölkerung: 59,6 Mio.; davon sind ca. 92 % Briten, Engländer, Schotten, Waliser und Iren, die restlichen ca. 8 % sind Inder, Pakistani, karibischer sowie afrikanischer Herkunft sowie aus Bangladesh. Bevölkerungsdichte: 245 Menschen pro km^2.

Wertvorstellungen, Religionen und Bräuche

Individuelle Freiheit gepaart mit Gemeinsinn sind oft genannte Werte. Konkret heißt das, dass man sich normalerweise nicht in Belange anderer einmischt, solange sie nicht stören. Individuelles Handeln nach »gesundem Menschenverstand« (common sense), pragmatisch und situationsgerecht, wird begrüßt. Der Gemeinsinn äußert sich auch in sozialem Engagement durch Wohltätigkeitsveranstaltungen. Im Geschäftsleben bedeutet er Fairplay, Respekt und Teamarbeit.
Es werden viele Traditionen gepflegt. Die Verbundenheit mit dem Königshaus und die traditionellen Sportereignisse, wie das Royal Ascot und das Tennisturnier in Wimbledon, sind nur zwei Beispiele. Traditionell wird nach wie vor die »working class« von der »middle class« und der »upper class« unterschieden. Die Zuordnung von Personen ist jedoch nicht eindeutig. Familiäre Herkunft, Besitz, Bildung, Wortwahl und Akzent, aber auch persönliche Leistungen und Verhalten ordnen eine Person der jeweiligen Klasse zu, die Grenzen sind inzwischen durchlässig. Diese Zuordnung verliert an Wichtigkeit. Aufgrund einer guten Versorgung mit Ganztagsschulen sind auffallend viele Frauen mit Kindern berufstätig. Das Familienleben findet deshalb häufig erst in den Abendstunden statt.

Kommunikation und Körpersprache

Händeschütteln ist weniger üblich als bei uns. Nur bei der ersten Vorstellung, oder wenn man sich lange nicht gesehen hat, reicht man sich die Hand. Überhaupt wird körperlicher Kontakt eher als unangenehm empfunden. Im Berufsalltag, ob persönlich oder nur telefonisch, verwendet man sehr häufig die Vornamen. Das Verhältnis vom Chef zum Mitarbeiter ist meist respektvoll, höflich und freundlich. Titel und Status werden selten betont.

Wer wenig zuhört und den Gesprächspartner unterbricht, wird schnell als unhöflich eingeschätzt. Ärger oder Kritik werden selten laut oder heftig geäußert. Ratschläge werden meist als Möglichkeiten präsentiert. Understatement (Zurückhaltung) bedeutet auch, kumpelhaftes oder aufschneiderisches Verhalten zu vermeiden. Zur Höflichkeit gehören nicht selten Komplimente oder Einladungen, die nicht wirklich ernst gemeint sind. Erst mit einem Termin versehen gilt eine Einladung wirklich. Die Grußformel »How do you do?« will nicht wirklich das Befinden des anderen erfragen (▸ USA, Seite 241).

Höflichkeit

Gespräche sind voll von »please«, »thank you«, »you are welcome«, »sorry« oder »pardon«. Die Briten ziehen es vor, direkte Formulierungen eher zu vermeiden und Bitten oder Anweisungen in höfliche Fragen zu packen. Eigene Überzeugungen werden weniger als Prinzipien geäußert (»Ich gehe nie in dieses Restaurant.«), sondern häufiger umschrieben ausgedrückt (»Momentan gehen wir weniger dorthin.«). Auch auf eine direkte Äußerung konträrer Meinungen werden Sie selten stoßen.

Smalltalk und Tabus

Gespräche sollten nicht einsilbig, sondern unterhaltsam sein! Situationskomik, Wortspiele und Nonsens sind willkommen. Beim Smalltalk und in ersten Gesprächen sucht man häufig Gemeinsamkeiten, den »common ground«, aus dem dann weitere Gespräche entstehen. Lassen Sie das Gespräch nie abbrechen, Schweigen wird eher als peinlich empfunden. Damit

Ihnen die Themen nicht ausgehen, lesen Sie Zeitung! Sie wird von Engländern viel und kritisch gelesen.
Da man ungern den Standesunterschied betont, sollten Sie persönliche Fragen nach familiärer Herkunft und Schulbildung vermeiden. Politik, Religion und konträre Argumentationen sind im Smalltalk tabu. Berühren Sie einen Punkt, der Ihrem Gesprächspartner unangenehm ist, so wird er das Thema wechseln. Beharren Sie dann nicht auf dem vorherigen Thema!

Einladung und Geschenke

Pünktlichkeit heißt nicht überpünktlich, sondern etwa 10 Minuten verspätet. Melden Sie sich an, wenn Sie bei jemandem vorbeischauen wollen! Einladungen zu Geschäftsessen dienen dazu, Geschäftsbeziehungen zu pflegen. Seien Sie bemüht, alle Anwesenden ins Gespräch zu integrieren. Meist wird die Runde früher aufgelöst, als es bei uns der Fall wäre.
Bei privaten Einladungen können Sie eine Flasche Wein oder Pralinen mitbringen. Bei Paaren sollten beide mit einer Kleinigkeit bedacht werden. Sofern Sie Blumen schenken, sollten Sie die Zahl 13 und Lilien vermeiden. Das eine bringt Unglück und das andere bedeutet Trauer. Vergessen Sie nicht, am nächsten Tag eine Karte zu schicken, mit der Sie sich bedanken.

Essen und Trinken

Sie können in England ganz entgegen dem gängigen Vorurteil sehr gut essen. Es gibt zwar nach wie vor die eher uninteressanten Fastfood-Lokale, aber gerade in den Großstädten ist die Auswahl an britischen, indischen, chinesischen und italienischen Restaurants enorm.
Typische Spezialitäten sind die Nationalspeisen »Fish and Chips« und »Sunday Roast«. Als Beilage werden häufig Kartoffeln serviert. Probieren Sie die wirklich guten Sandwiches in den Lunchbars. Diese Brotzeit wird oft als »tea« bezeichnet. Kosten Sie im Süden die »Cornish pasties«, in Wales die Lammgerichte und in Schottland die Angus-Steaks. Auch Fisch und Meeresfrüchte gibt es frisch und in guter Qualität.

Stout (dunkles Bier) und natürlich Whisky sollten Sie unbedingt versuchen. Der Tee wird mit viel Milch, die vor dem Tee in die Tasse kommt, getrunken. Den Teebeutel sollten Sie nicht mittels Löffel bis auf den letzten Tropfen ausdrücken. Gewöhnlich wird erst ab der Hauptspeise oder zum Kaffee geraucht.

Kleider machen Leute

In der Freizeit können Sie sich leger anziehen. Geschäftlich oder bei offiziellen Anlässen sollten Sie sich formell, dass heißt mit dunklem – jedoch keinem braunen – Anzug und Krawatte sowie Hosenanzug oder Kostüm kleiden. Ein eher dezent konservativer, nicht zu auffallender Stil ist üblich. Achten Sie als Herr auf Lederschuhe und auf eine streifenlose Krawatte. Eine mit Streifen signalisiert die Zugehörigkeit zu einem Club oder einem Regiment. Als Frau sollten Sie freie Schultern und Sandalen vermeiden. Tragen Sie zu Röcken immer Feinstrumpfhosen. Orientieren Sie sich am besten von Fall zu Fall am allgemeinen Stil der Firma. Am Strand sieht man zwar schon häufiger Frauen oben-ohne, aber wirklich akzeptiert ist es nicht. FKK und Sauna sind ebenfalls nicht sehr beliebt.

Pub

Wünschen Sie sich einen gemütlichen, unkomplizierten Abend? Dann gehen Sie in einen Pub. Hier können Sie zwanglos die Seele baumeln lassen und bei einem lockeren Gespräch ein Bier trinken, Dart spielen oder auch Livemusik hören. Zahlen Sie die Getränke gleich an der Theke. Wenn Sie eingeladen wurden, sollten Sie der Gesellschaft, mit der Sie unterwegs sind, unbedingt eine Runde ausgeben.

Wohin am Abend

In London haben Sie die Qual der Wahl. Diese Stadt bietet von Pop und Jazz bis zu klassischer Musik und sommerlichen Musikfestivals in oft hochelegantem Ambiente einfach alles.

Was man tun und lassen sollte

Trinkgeld ist üblich, man lässt es diskret auf dem Tisch liegen. Selbst wenn das geordnete »Schlangestehen« nicht mehr überall gilt, ist es nach wie vor unhöflich zu drängeln. Beachten Sie bei Ihren Planungen, dass gesetzliche Feiertage, wenn sie auf ein Wochenende fallen, unter der Woche nachgeholt werden.

Irland

»Ein Fremder ist ein Freund, dem man bisher noch nicht begegnet ist.« Irisches Sprichwort

Steckbrief

Ländername: Irland, Éire.
Hauptstadt: Dublin.
Regierungsform: Parlamentarisch-demokratische Republik.
Sprachen und Dialekte: Amtssprachen sind Irisch (Gälisch) und Englisch.
Religionen: Rund 94 % sind römisch-katholisch, 3 % gehören den Anglikanern (Church of Ireland) an, ca. 1 % anderen protestantischen Gemeinschaften, nur wenige Juden und Moslems und andere.
Bevölkerung: 4,04 Mio. Iren mit einem geringen Ausländeranteil. Bevölkerungsdichte: 58 Menschen pro km^2.

Wertvorstellungen, Religionen und Bräuche

In Irland entstanden durch die geografische Isolierung eine eigene Sprache und eigene Traditionen wie die Musik und das Geschichtenerzählen, das durch Schriftsteller wie James Joyce und Samuel Beckett Weltruhm erlangte. Tauchen Sie auf Musikfestivals und Lesungen in diese Traditionen ein!
Dem weit verbreiteten Katholizismus begegnen Sie zum Beispiel in den »Irish blessings« oder im Sich-Bekreuzigen beim Vorbeigehen an einer Kirche und in der Tatsache, dass Scheidungen erst seit 1995 erlaubt sind.

Trotz bisheriger hoher Emigrationsraten und anhaltender Spannungen mit Nordirland und Großbritannien sorgte der wirtschaftliche Aufschwung in jüngster Vergangenheit für Optimismus und Selbstvertrauen. Die Umwandlung des Haushaltsdefizits in einen Überschuss und der Abbau eines Großteils der Nationalschuld bei fallender Arbeitslosigkeit werden von Fachleuten als spektakulärster wirtschaftlicher Umschwung im Europa des 20. Jahrhunderts bezeichnet.

Kommunikation und Körpersprache

Die Kommunikation ist einerseits von Höflichkeit und Respekt (▸ Großbritannien, Seite 118), andererseits von Unkompliziertheit und Offenheit geprägt. Allerdings wahren die Iren im Gespräch eher eine gewisse Distanz, auch wenn sie nach der Begrüßung mit Handschlag relativ bald zum Vornamen übergehen. Letzteres gilt zum Teil auch im Beruf.

Englisch oder Irisch?

Das Irische (Gälische), das während der Zeit der britischen Kolonialisierung unterdrückt wurde, hat seinen Ursprung im Keltischen. Heute ist es erste Amtssprache. Trotzdem wird meist Englisch gesprochen. Das relativ schwer zu lernende Gälisch ist Pflichtfach an den Schulen. Es wird jedoch nur von einer Minderheit, hauptsächlich im Westen des Landes, gesprochen.

Smalltalk und Tabus

Vermeiden Sie den Vergleich mit England und die Bezeichnung irgendwelcher Angelegenheiten als »britisch«. In Irland ist es nicht üblich, beim Smalltalk über Privates zu sprechen. Auch über den Nordirlandkonflikt und den Terrorismus sollten Sie sich nicht äußern, das Gleiche gilt für Kritik an Papst und Kirche. Ansonsten eignen sich für ein nettes Gespräch alle möglichen Geschichten und Anekdoten, Sport und Wetter. Letzteres wird meist gerne und detailreich kommentiert!

Einladung und Geschenke

Einladungen nach Hause sind etwas Besonderes und werden mit entsprechender Kleidung, vom Herrn mit Krawatte und von der Frau mit etwas Schickem, gewürdigt. Kommen Sie mit einer Viertelstunde Verspätung. Denken Sie daran, beiden Gastgebern eine kleine Aufmerksamkeit mitzubringen. Da in Irland kein Wein angebaut wird, ist eine Flasche Wein ein geeignetes Mitbringsel für »ihn«, während »sie« sich über ein Präsent aus Deutschland, zum Beispiel Gegenstände des deutschen Kunsthandwerks, freut.

Essen und Trinken

Die meisten irischen Speisen sind einfache Gerichte aus Fleisch, Geflügel, Kartoffeln und Milchprodukten. Am bekanntesten ist der Eintopf Irish Stew, aus Hammelfleisch, Kartoffeln und Zwiebeln, und das Corned Beef. Crubeen ist eine Schweinshaxe und Colacannon bezeichnet Kartoffeln und Kohl. Sie können auch Süßwasser- oder Seefisch und Meeresfrüchte bestellen. Lassen Sie sich nicht die Austern mit Guinness und Vollkornbrot entgehen!

Einheimische Getränke? Stout und Whiskey! Das bekannteste Stout (dunkles Bier) ist das Guinness. Der irische Whiskey ist durch seine mindestens siebenjährige Reifung in Holzfässern besonders mild. Im Irish Coffee wird der Whiskey mit Kaffee, braunem Zucker und Sahne gemischt.

In vielen Gaststätten ist die Bedienung am Tisch nicht üblich. Holen Sie sich Ihr Getränk und Essen am Tresen. Da Restaurants oft keine Lizenz für Bier haben, wird häufig Wein zum Abendessen getrunken.

Kleider machen Leute

Legere Kleidung wird im Alltag problemlos akzeptiert. Im Geschäftlichen greifen Sie besser zu einem konservativen Anzug, als Frau zu Hosenanzug oder Kostüm. Mit dem wirtschaftlichen Aufschwung wurde auch der Dresscode etwas formeller. Oft sind aber auch Sakko oder Blazer ausreichend.

Englisch

Höflichkeit

Danke.	Thank you.	[ˈθæŋkjuː]
Bitte.	Please.	[pliːz]
Keine Ursache.	You are welcome.	[juː ə(r) ˈwelkəm]
Entschuldigung.	Sorry/ Excuse me.	[ˈsɒrɪ]/ [ɪkˈskjuːs miː]
Kein Problem.	No problem.	[nəʊ ˈprɒblem]
Ja	Yes	[jes]
Nein	No	[nəʊ]
Nein danke.	No thank you.	[nəʊ ˈθæŋkjuː]
Ich habe kein Interesse daran.	I'm not interested in that.	[aɪm nɒt ˈɪntrəstəd ɪn ðæt]
Das gefällt mir sehr.	I like that very much.	[aɪ laɪk ðæt ˈverɪ mʌtʃ]
Das gefällt mir nicht.	I don't like that.	[aɪ dəʊnt laɪk ðæt]

Begrüßung und Verabschiedung

Guten Tag!	Hello!	[həˈləʊ]
Auf Wiedersehen!	Goodbye!	[ˌgʊdˈbaɪ]
Wie geht es Ihnen?	How are you?	[haʊ ə(r) juː]
Es freut mich, Sie kennen zu lernen.	Nice to meet you.	[naɪs tuː miːt juː]
Wie geht es Ihrer Frau/ Ihrem Mann/Ihrer Familie?	How is your wife/ husband/family?	[haʊ ɪz jɔː(r) waɪf/ hʌzbənd/fæməlɪ]
Danke, mir geht es gut.	I'm fine, thank you.	[aɪm faɪn ˈθæŋkjuː]
Es war schön, Sie kennen gelernt zu haben.	It was nice meeting you.	[ɪt wɒz naɪs miːtɪŋ juː]
Bis bald!	So long!	[səʊ lɒŋ]

Vorstellung und Erreichbarkeit

Ich heiße ...	My name is/ I am ...	[maɪ neɪm ɪz]/ [aɪ əm]
Ich wohne hier im Hotel ...	I'm staying in the hotel ...	[aɪm ˈsteɪɪŋ ɪn ðə həʊˈtel]
Meine Telefon-nummer ist ...	My phone number is ...	[maɪ fəʊn ˈnʌmbə(r) ɪz]

Wie ist Ihr Name?	What's your name?	[wɒts jɔː(r) neɪm]
Wo kann ich Sie erreichen?	Where can I reach you?	[weə(r) kæn aɪ riːtʃ juː]
Wie ist Ihre Telefonnummer?	What's your phone number?	[wɒts jɔː(r) fəʊnˡ nʌmbə(r)]
Einen Moment bitte.	One moment please.	[wʌn ˈməʊmənt pliːz]
Ich komme gleich wieder.	I will be right back.	[aɪ wɪl biː raɪt bæk]

Verständigung

Ich spreche kein Englisch.	I don't speak English.	[aɪ dəʊnt spiːk ˈɪŋglɪʃ]
Sprechen Sie Deutsch/ Englisch/ Französisch?	Do you speak German/English/ French?	[duː juː spiːk ˈdʒɜːmən/ˈɪŋglɪʃ/ frentʃ]
Kennen Sie jemanden, der Deutsch/ Englisch/Französisch spricht?	Do you know somebody who speaks German/ English/French?	[duː juː nəʊ ˈsʌmbədɪ huː spiːks ˈdʒɜːmən/ ˈɪŋglɪʃ/frentʃ]
Ich kann Sie nicht verstehen.	I don't understand.	[aɪ dəʊnt ˌʌndəˈstænd]
Haben Sie ein Wörterbuch?	Do you have a dictionary?	[duː juː həv ə ˈdɪkʃənrɪ]
Ich glaube, da gibt es ein Missverständnis.	I'm afraid there is a misunderstanding.	[aɪm əˈfreɪ ðeə(r) ɪz ə ˌmɪsˌʌndəˈstændɪŋ]
Was meinen Sie damit?	What do you mean?	[wɒt duː juː miːn]
Ich glaube, ich habe Sie jetzt verstanden.	I think now I understand.	[aɪ θɪŋk naʊ aɪ ˌʌndəˈstænd]
Ja, das wollte ich sagen.	Yes, that's what I wanted to say.	[jes ðæts wɒt aɪ wɒntəd tuː seɪ]

Hilfe

Ich brauche Ihre Hilfe	I need your help.	[aɪ niːd jɔː(r) help]
Es geht mir nicht gut.	I don't feel very well.	[aɪ dəʊnt fiːl ˈverɪ wel]
Wo ist bitte ein Arzt/Telefon?	Where can I find a doctor/telephone please?	[weə(r) kæn aɪ faɪnd ə ˈdɒktə(r)/ˈtelɪfəʊn pliːz]

(▶ Aussprachehilfe, Seite 244/245)

Wohin am Abend

In den Pub (▸ United Kingdom, Seite 120)! Oder Sie gehen zu einem der regionalen Musikwettbewerbe, den »fleadhs«, bei denen sich die Iren mit Stücken traditioneller Musik gegenseitig überbieten. Manche der alten Burgen bieten auch mittelalterliche Bankette als Abendprogramm.

Was man tun und lassen sollte

Trinkgeld in Höhe von 10 bis 15 % ist üblich, in Wirtshäusern und Bars allerdings nur, wenn Sie am Tisch bedient wurden. Rauchen Sie nicht auf öffentlichen Plätzen. Seit dem Frühjahr 2004 besteht ein Rauchverbot, dessen Nichtbefolgung eine hohe Geldstrafe nach sich ziehen kann.

Italien

Wir kennen kein Land Europas besser als Italien, glauben wir. Doch eine laizistische Staatsverfassung, eine hohe Zahl an Singlehaushalten sowie extrem niedrige Geburtenraten werden Sie vielleicht dazu bewegen, das Land künftig mit anderen Augen zu sehen.

Steckbrief

Ländername: Italienische Republik, Repubblica Italiana.
Hauptstadt: Rom.
Regierungsform: Republik, parlamentarische Demokratie mit Zweikammersystem.
Sprachen und Dialekte: Amtssprache ist Italienisch, regionale Amtssprachen sind Deutsch, Ladinisch, Französisch und Slowenisch, weitere Sprachen sind Albanisch, Katalanisch, Griechisch, Kroatisch, Franko-Provenzalisch, Furlanisch, Okzitanisch und Sardisch, zusätzlich gibt es zahlreiche Dialekte.
Religionen: Ca. 83 % sind römisch-katholische Christen, es gibt islamische, buddhistische, protestantische und jüdische Minderheiten und etwa 16 % Konfessionslose.

Bevölkerung: 57,5 Mio., davon ca. 94 % Italiener, 2,9 % Sarden sowie rätoromanische, deutschsprachige, franko-provenzalische, albanische und griechische Minderheiten. Bevölkerungsdichte: 192 Menschen pro km^2.

Wertvorstellungen, Religionen, Bräuche

Italien ist trotz seiner engen räumlichen Verbindung mit dem Vatikan ein laizistisches Land. Die Trennung zwischen Staat und Kirche wurde bereits zur Staatsgründung festgelegt. Eine starke Verankerung des katholischen Glaubens im Alltag der Bevölkerung ist jedoch fast überall erkennbar. In nahezu jedem Ort treffen Sie auf die Verehrung eines Heiligen.
Die »grande famiglia« fällt Ihnen wahrscheinlich sofort in Bezug auf dieses Land ein. Auf der einen Seite sind starke familiäre Beziehungen traditionell sehr wichtig, auf der anderen Seite ist Italien seit langem ein Land mit einer der niedrigsten Geburtenraten der Welt. Das Zusammenleben der kinderreichen Großfamilie unter einem Dach gibt es außer im Süden meist nur noch als Vorstellung.

Mythos Mafia

Einen weiteren Mythos verkörpert die Mafia. Diese Form der »Bandenbeziehungen« ist längst überholt und die heutige organisierte Kriminalität ähnelt in Struktur und Brutalität der in anderen Ländern Europas. Dieser starke Wandel zeigt sich auch durch die Tatsache, dass der berühmt-berüchtigte Corleone-Clan inzwischen bis ins letzte Glied hinter Gittern sitzt.

Kommunikation und Körpersprache

In Italien ist die Kommunikation oft sehr lebendig und gestenreich. Versuchen Sie aber nicht, die Gesten zu kopieren. Es kann dabei schnell zu Fehlinterpretationen kommen. Lebendig wird es häufig durch die Lautstärke und in Diskussionen. Man spricht gerne gleichzeitig und unterbricht sich durchaus, fasst das aber nicht als unhöflich auf. Sehr schnell spricht man sich mit Du und dem Vornamen an, besteht aber gleichzeitig in geschäftlichen Beziehungen auf klare Hierarchien und das förmliche Sie. Der vorangestellte Titel »dottore«, »ingegnere« oder »professore« ist dann obligatorisch. Die förmliche Begrüßung erfolgt per Handschlag. Ein angedeutetes Küsschen links und rechts ist bei Männern wie Frauen im privaten Rahmen üblich und im Geschäftsleben ebenfalls zu beobachten.

Smalltalk und Tabus

In Italien ist es durchaus üblich, auf korrupte Politiker oder auf die schlecht funktionierende Bürokratie zu schimpfen. Stimmen Sie in dieses Lamento besser nicht ein – als Äußerung eines Gastes wirkt das überheblich. Allerdings ist wiederum jedem bewusst, dass es im eigenen Dorf und in der eigenen Stadt doch am schönsten ist. Die regionalen Kulturdenkmäler, bestes Essen, der hervorragende Wein, Fußball sowie Kultur im Allgemeinen sind dankbare Gesprächsthemen.

Essen und Trinken

Pizza und Pasta, was sonst? Hier irrt der Laie und ist schnell erstaunt über die Vielfalt der italienischen Küche. Von Canederli (Knödel) im Norden bis zu Pomodori secchi (getrockneten Tomaten) im Süden des Landes bietet die Küche alle erdenklichen Variationen. Schwere Kost ist in Tirol und in der Emilia Romagna zu finden. Der Parmaschinken und der Parmigiano kommen aus dieser Region. Viele Fleisch- und Fischgerichte werden landesweit angeboten. Involtini (Rouladen) aus Kalbfleisch, gefüllt mit Parmesan, Parmaschinken und Salbei, sind ein Gedicht. Sie werden überall interessante und Ihnen noch unbekannte Gerichte entdecken. Und um ein Klischee zu erfüllen, Pasta darf nicht fehlen. Hier sind Italiener uneinholbar Weltmeister: ob Bigoli, Cappellini oder Casarecce, in keinem Land ist die Formenvielfalt so ausgeprägt. Die Qualität des Essens ist sehr wichtig und es wird auch mehr Geld für Nahrungsmittel ausgegeben als in Deutschland.

Im weltweit anerkannten Weinbau wird zunehmend auf ökologische Qualität Wert gelegt. Zur Pizza und in vielen Bars hat jedoch das Bier seinen Siegeszug angetreten. Achten Sie beim abendlichen Menü darauf, den Durst mit Wasser zu stillen, betrunkene Ausländer sind häufiger anzutreffen als betrunkene Einheimische.

Kleider machen Leute

»Fare bella figura!« Man kleidet sich bevorzugt elegant und achtet in der Öffentlichkeit auf sein Äußeres. Nicht nur im Geschäftsleben, sondern auch zum abendlichen Essen sind Anzug und Kostüm die bessere Wahl. Modische Schuhe und passende Accessoires, wie Handtasche und eine elegante Armbanduhr, runden die Gesamterscheinung ab. Kurze Hosen sind weniger beliebt und in Städten nur bei Touristen zu sehen. Ebenso verbietet es sich, mit Badekleidung shoppen zu gehen. An Stränden ist Oben-ohne inzwischen weitestgehend toleriert. FKK ist nur selten erlaubt.

Wohin am Abend

Traditionell geht man abends gemeinsam ins Restaurant oder in die Pizzeria. In größeren Städten finden Sie Kino, Theater, Oper und Bars. In kleinen Ortschaften findet das abendliche Freizeitvergnügen häufig in einem einzigen Restaurant oder auf der Piazza, auf der sich alle treffen, statt. Internationale Restaurants haben sich noch wenig durchgesetzt. In Rom sind jedoch irische Pubs bei Jugendlichen besonders beliebt. Im Sommer bieten viele Städte Freiluftveranstaltungen wie Musikfestivals, Open-Air-Kino oder auch Autorenlesungen.

Was man tun und lassen sollte

Das Rauchen ist in öffentlichen Gebäuden sowie in Bars und Restaurants gesetzlich verboten, was auch strikt eingehalten wird. Auch wenn in Italien flottes Fahren auf den Autobahnen üblich ist, werden Tempoverstöße sehr streng und auch schnell mit Führerscheinentzug geahndet.

Niederlande

Ob Jazzfestival oder die Feierlichkeiten zum Koninginnedag (Tag der Königin) am 30. April – in den Niederlanden werden Sie Unternehmungen für jeden Geschmack finden. Beeindruckend ist auch die internationale und lockere Atmosphäre vor allem in Amsterdam.

Steckbrief

Ländername: Königreich der Niederlande, Koninkrijk der Nederlanden; hierzu gehören als überseeische Territorien die Niederländischen Antillen (Bonaire, St. Maarten, Curaçao, St. Eustatius und Saba) und Aruba.
Hauptstadt: Amsterdam.
Regierungsform: Konstitutionelle Monarchie in einer parlamentarischen Demokratie.
Sprachen und Dialekte: Amtssprachen sind Niederländisch sowie Friesisch in der Provinz Friesland. Weiterhin werden niedersächsische und norddeutsche Mundarten, aber auch Englisch, Deutsch oder Französisch gesprochen.
Religionen: Ca. 40 % sind ohne Bekenntnis, ca. 31 % römisch-katholisch, ca. 21 % protestantisch, ca. 5,5 % muslimisch sowie jüdische Minderheiten.
Bevölkerung: 16,3 Mio.; davon ca. 0,7 Mio. Ausländer. Bevölkerungsdichte: 480 Menschen pro km^2.

Wertvorstellungen, Religionen und Bräuche

Die Niederlande sind seit langer Zeit als tolerante Gesellschaft bekannt. Die nationalistisch und religiös motivierten Auseinandersetzungen der letzten Zeit deuten jedoch auf einen Wandel hin. Das lange sehr gut funktionierende Nebeneinander von verschiedenen Kulturen und Religionen wird seitdem häufiger in Frage gestellt. Trotz allem spielen vor allem im Dreieck Amsterdam-Utrecht-Rotterdam Religionen eher eine untergeordnete Rolle. Nur im Süden des Landes ist die Prägung durch die katholische Glaubensgruppe spürbar.

Kommunikation und Körpersprache

Man geht gewöhnlich leger miteinander um und kommt sehr schnell zum gegenseitigen Du. Da die meisten Niederländer deutsch verstehen und englisch sprechen, ist eine Verständigung relativ unkompliziert. Auffallen wird Ihnen, dass während des Essens gewöhnlich wenig gesprochen wird. Unter Freunden schüttelt man sich nicht die Hände, sondern umarmt sich verbunden mit einem Küsschen links, rechts und dann wieder links. Kritik wird meist auffallend deutlich geäußert und im beruflichen Umfeld sind in den Gesprächen selten hierarchische Unterschiede erkennbar.

Smalltalk und Tabus

Themen wie der eigene Status oder private Angelegenheiten werden nicht so gerne angesprochen. Mit Sport oder Kunst liegen Sie jedoch meist richtig, weitere Themen ergeben sich dann im Gespräch. Ein wichtiger Hinweis: Niederlande heißt das Land und Holland heißt eine Provinz.

Essen und Trinken

Ein ausgiebiges Frühstück, tagsüber ein kleiner Snack am Kiosk (Lunch) und die Hauptmahlzeit am Abend, so halten es die meisten Niederländer.

Zum Lunch sind belegte Broodjes (Brötchen), Pommes Frites oder Kip (frittiertes Hähnchen) besonders beliebt. Abends nimmt man sich mehr Zeit für eine Groentensoep (klare Suppe mit Gemüse, Fadennudeln und Fleischklößchen), ein Hutspot (Kartoffeln, Karotten und Zwiebeln püriert) oder einen Lekkerbekjes (gebratener Weißfisch). Die niederländischen Spezialitäten werden durch ein reichhaltiges Angebot an Speisen und Gewürzen aus ehemaligen kolonialen Zeiten ergänzt. In großen Städten finden Sie eine reiche Auswahl an hervorragenden indonesischen und chinesischen Restaurants. Es werden bevorzugt herbe Biersorten wie zum Beispiel Pils getrunken, besonders beliebt sind die einheimischen Biermarken Heineken und Amstel.

Kleider machen Leute

Besondere Anlässe oder Geschäftstreffen verlangen eine entsprechende Kleidung. Ansonsten wird zwanglose Kleidung bevorzugt. Dies gilt sogar bei Theater- oder Opernaufführungen, um keinen besonderen gesellschaftlichen Status zu unterstreichen. In den Niederlanden gibt es jedoch auch Restaurants, Klubs und Bars mit Kleidungsvorschriften. Informieren Sie sich im konkreten Fall über die entsprechende Regelung.

Wohin am Abend

Das Kulturangebot in Amsterdam besitzt internationales Niveau. Neben einer über die Landesgrenzen hinaus bekannten Jazzszene steht Ihnen in dieser Stadt ein breites Angebot an Freizeitvergnügen zur Verfügung. Nachtschwärmer kommen selbst in den Provinzstädten auf ihre Kosten. Landesweit gibt es Spielkasinos und in allen größeren Städten Kinos und Theater. Der Zugang zu den Spielkasinos ist ab dem 18. Lebensjahr erlaubt, im Zweifelsfall finden Ausweiskontrollen statt.

Fahrräder

Die Niederlande sind ein Fahrradland. Dies erkennen Sie nicht nur an den breiten Fahrradwegen und der ungewohnten Rücksichtnahme, die Autofahrer gegenüber den Pedalrittern zeigen, sondern leider auch an der weit verbreiteten Vorliebe, fremde Räder kurzerhand zu annektieren. Schließen Sie deshalb Ihr Fahrrad immer sicher ab.

Was man tun und lassen sollte

Auch wenn viele Niederländer sehr gut deutsch verstehen, gebietet es die Höflichkeit, sich vor Beginn eines Gesprächs danach zu erkundigen. Und gerade in kleinen Ländern freut man sich, wenn Wörter und kurze Sätze in der Landessprache gesprochen werden. Achten Sie auch darauf, grundsätzlich etwas Trinkgeld zu geben. Dies übrigens auch in Restaurants, in denen bereits das Bedienungsgeld im Preis inbegriffen ist.

Norwegen

Wandeln Sie auf den Spuren von Leif Eriksson, Roald Amundsen oder Fridtjof Nansen und tun Sie es den Entdeckern gleich: Erforschen Sie Norwegen und seine Bevölkerung.

Steckbrief

Ländername: Königreich Norwegen, Kongeriket Norge.
Hauptstadt: Oslo.
Regierungsform: Konstitutionelle Monarchie.
Sprachen und Dialekte: Amtssprache ist Norwegisch mit zwei einander sehr ähnlichen Schriftsprachen Bokmål und Nynorsk. Samisch ist eine weitere Sprache im Norden. Viele Norweger sprechen englisch, manche auch deutsch.
Religionen: Evangelisch-lutherische Staatskirche mit ca. 87 %; katholische und muslimische Minderheiten; etwa 6,2 % gehören keiner Glaubensgemeinschaft an.
Bevölkerung: 4,5 Mio.; davon ca. 96 % Norweger, ca. 45 000 Samen, ca. 10 000 Finnen; schwedische und dänische Minderheiten sowie kleine Gruppen Iraker und Briten. Bevölkerungsdichte: 13 Menschen pro km^2.

Wertvorstellungen, Religionen und Bräuche

Auch wenn die meisten Norweger Mitglieder der Evangelisch-lutherischen Staatskirche sind, kann nicht von einer verwurzelten Religiosität gesprochen werden. Nur wenige Menschen nehmen an den religiösen Aktivitäten teil. Christliche Feste wie Påske (Ostern), der Todestag Olavs des Heiligen am 29. Juli oder das Julfest (Weihnachten) werden jedoch ausführlich gefeiert. An diesen Tagen erhalten sogar die Tiere, ob Hoftiere oder Vögel, Extraportionen Futter. Kinder stellen Schüsseln mit Grütze ins Fenster, damit der »Julenessen« (Norwegischer Weihnachtsmann) sie auch wirklich beschenkt. Sie werden vom gesellschaftlichen Engagement der Norweger beeindruckt sein: Jeder von ihnen ist in durchschnittlich vier Vereinigungen organisiert. Zwischenmenschliche Aufgeschlossenheit ist der Gesellschaft wichtig. Norwegen war zum Beispiel das erste Land der Welt (1981), das per Gesetz die Diskriminierung Homosexueller untersagte.

Kommunikation und Körpersprache

Auch wenn Norwegern immer wieder Verschlossenheit nachgesagt wird, werden Sie in erster Linie freundliche, hilfsbereite und vor allem aufgeschlossene Menschen treffen. Richtige Freundschaften benötigen zwar etwas Zeit, um sich zu entwickeln, halten dafür aber meist länger.

Und die häufig erwartete Zurückhaltung im Gespräch werden Sie nicht immer spüren, im Gegenteil – Freunde des britischen Humors werden in Norwegen auf ihre Kosten kommen. So mancher trockene Spruch wird Sie überraschen und zum Lachen bringen.

EU

Norwegen ist als einziges skandinavisches Land nicht EU-Mitglied, der Beitritt wurde 1972 und 1994 mehrheitlich abgelehnt. Über die europäische Integration können Sie in Norwegen sehr kontrovers diskutieren. Ist Ihnen jedoch ein harmonischer Gesprächsverlauf wichtig, sollten Sie dieses Thema zunächst meiden.

Smalltalk und Tabus

Sie müssen nicht unbedingt Schwedenwitze erzählen können, um mit Norwegern ins Gespräch zu kommen. Grundsätzlich ist jedoch das Verhältnis der einzelnen skandinavischen Länder untereinander immer ein beliebtes Thema.

Auch Alkohol und die reglementierenden Bestimmungen eignen sich nicht immer als Gesprächsstoff. Aber vielleicht kommen Sie bei einem kleinen Aquavit ja doch ins Plaudern – am liebsten über die Natur, das Fischen und das Freiluftleben im Allgemeinen.

Einladung und Geschenke

Norweger, wen wundert es, sind Naturverehrer. So können Sie schon einmal in eine Hütte eingeladen werden. Wer dann einen gemütlich-faulen Aufenthalt erwartet, wird schnell eines Besseren belehrt. Es ist der Ausgangspunkt für Ausflüge, im Winter auf Schiern und im Sommer zu Fuß. Einen ganzen Tag in der Hütte zu bleiben wird fast als unmoralisch angesehen. Selbstverständlich wird am Ende eines Ausfluges ausgiebig gefeiert. Dazu können Sie gerne einen flüssigen Beitrag leisten. Alkoholische Getränke sind in Norwegen teuer und werden gerne als Präsent entgegengenommen, sofern der Gastgeber nicht gerade Abstinenzler ist. Letztere sind vor allem in Westnorwegen häufiger anzutreffen.

Essen und Trinken

In Oslo finden Sie eine große Restaurantauswahl mit internationalem Anspruch, in ländlichen Gebieten ist die Auswahl an guten Restaurants hingegen eher gering. Der Lunch wird zwischen 12 und 13 Uhr und das Middag zwischen 16 und 17 Uhr eingenommen. Bei Frühstück und Mittagessen bedient man sich in Restaurants und Cafés am »Koldtbord« (kaltes und warmes Büffet). Vor allem mittags sind üppig mit Fleisch, Fisch, Käse und Salat belegte Brote gefragt. In Restaurants sind häufig an alkoholischen Getränken nur Wein und Bier erhältlich. Wenn Sie einen Aquavit bevorzugen, werden Sie am Sonntag Pech haben, da an diesem Tag nur Wein und Bier ausgeschenkt werden dürfen. Spirituosen dürfen ausschließlich in staatlichen Spirituosengeschäften verkauft werden.

Kleider machen Leute

Auch wenn Sie es anders erwarten, zu einem Sommerurlaub dürfen Sie leichte Sommerkleidung einpacken. Das Klima in Norwegen ist mild. In legerer Kleidung werden Sie fast überall akzeptiert. Zu besonderen Anlässen und bei Geschäftskontakten sollten Sie jedoch den formalen Stil wahren, mit Anzug beziehungsweise Kostüm.

Wohin am Abend

Das Nachtleben in mittelgroßen Städten und vor allem in Oslo wird internationalen Ansprüchen gerecht. Viele Viertel in Oslo werden von einer regen Musik- und Kulturszene bestimmt. Über das breite Angebot an Konzerten, Theateraufführungen und aktuellen Ausstellungen informieren Sie sich am besten in der örtlichen Tageszeitung. Auffallend sind in kleineren Städten Bars mit einer Mischung aus homosexueller und heterosexueller Klientel.

Was man tun und lassen sollte

Trinkgeld wird gewöhnlich nicht erwartet. Im Restaurant oder bei Taxifahrten ist es bereits in der Rechnung enthalten. Es ist aber trotzdem üblich, den Endbetrag aufzurunden. In geschlossenen Privaträumen sollten Sie immer die Schuhe ausziehen.

Polen

Durch den EU-Beitritt wieder in der Mitte Europas! Lernen Sie das Land aus einem neuen Blickwinkel kennen und stürzen Sie sich in den alljährlichen Festivalsommer.

Steckbrief

Ländername: Republik Polen, Rzeczpospolita Polska.
Hauptstadt: Warschau
Regierungsform: Parlamentarische Demokratie.
Sprachen und Dialekte: Amtssprache ist Polnisch. Weitere anerkannte Minderheitensprachen sind Deutsch, Ukrainisch, Belorussisch.
Religionen: etwa 96 % Katholiken, Minderheiten: Polnisch-Orthodoxe, Protestanten, Evangelisch-Augsburgerische Kirche, Altkatholiken, Juden, Zeugen Jehovas und Muslime.
Bevölkerung: 38,61 Mio.; davon ca. 98,7 % Polen, etwa 1,3 % Deutsche sowie Ukrainer, Belorussen und andere Minderheiten. Bevölkerungsdichte: 119 Menschen pro km^2.

Wertvorstellungen, Religionen und Bräuche

Auch wenn manche Klischees überholt sind, ist Polen nach wie vor ein stark katholisch geprägtes Land, in dem die Familie im Mittelpunkt der Gesellschaft steht. Es wird meist in den Familien gefeiert und am zweiten Weihnachtsfeiertag können Sie das Ausmaß dieser Feiern im Eingangsbereich klinischer Notaufnahmen bestaunen. Es wird vereinzelt sogar bis zum Kreislaufversagen gegessen. Zu Ostern müssen Sie sich auf den Straßen vorsehen. Der Ostermontag ist der »Smigus Dyngus« (Tag des Wassergießens) und überall in den Straßen werden vor allem Mädchen und junge Frauen mit Wasser bespritzt. Dieser Brauch basiert auf heidnischen Fruchtbarkeitsriten und wird heute noch eimerweise begangen.

Kommunikation und Körpersprache

In Polen reicht man sich im Geschäft und unter Bekannten in der Regel die Hand zur Begrüßung, in der Familie dagegen sind ein Kuss und eine Umarmung üblich. Sehr vereinzelt werden Sie auch noch auf den angedeuteten Handkuss stoßen. Höfliche Umgangsformen prägen den Alltag und im geschäftlichen wie auch universitären Bereich sollten Sie auf die Anrede mit Titel achten. Auch wenn gerade mit Ausländern lockerere Umgangsformen Einzug gehalten haben und das »ty« (Du) im Arbeitsleben überwiegt, ist es besser, wenn Sie die konventionellen Gepflogenheiten beachten und zunächst beim förmlicheren »Pan« und »Pani« (Sie) bleiben. Das Du wird Ihnen bei passender Gelegenheit angeboten.

Smalltalk und Tabus

Polenwitze sind nicht gerade der beste Einstieg in eine wunderbare Freundschaft. Nationalstolz und Katholizismus sind zwei weitere Gesprächsthemen, denen Sie sich mit Vorsicht nähern sollten. Gerade bei älteren Menschen ist so manche Wunde seit dem deutschen Überfall im Zweiten Weltkrieg noch nicht verheilt. Sprechen Sie deswegen lieber über Ihre Familie und private Dinge.

Kleine polnische Blumenkunde

Blumen werden in Polen gerne verschenkt. Aber Vorsicht vor deren unterschiedlicher Bedeutung: Rote Rosen stehen für die Liebe und sollten deswegen nicht als einfaches Gastgeschenk verwendet werden. Chrysanthemen und Lilien sind Blumen der Trauer und eignen sich ebenfalls nicht. Genauso Nelken, denn sie waren lange Zeit die einzig erhältlichen Blumen und stehen deswegen in der Beliebtheit nicht besonders weit oben. Beachten Sie diese Regeln und schenken Sie der Gastgeberin eine ungerade Zahl Schnittblumen. Diese überreichen Sie ausgepackt!

Einladungen und Geschenke

Einladungen zum privaten Essen setzen zwei Dinge voraus. Erstens: Sie dürfen nicht allzu pünktlich erscheinen. Geben Sie dem Gastgeber etwas Zeit, das Essen vorzubereiten. Zweitens: Bringen Sie sehr großen Appetit mit. Mögliche Magenverstimmungen gelten nicht als Ausrede. Es empfiehlt sich, fleißiges Essen vorzutäuschen. Sprechen Sie den Einladungstermin aber genau ab, da eine Mittagessenseinladung auch um 15 Uhr noch möglich und üblich ist. Geschäftliche Essen sollten jedoch pünktlich wahrgenommen werden.

Essen und Trinken

Die Zeit der schweren Kost ist in vielen Restaurants vorbei. Es schadet in Polen aber trotzdem nicht, wenn Sie ein Liebhaber von üppigen Fleisch- und Kartoffelgerichten sind. Nicht überall und vor allem nicht in ländlichen Regionen hat sich die neue Linie durchgesetzt. Hier werden Ihnen bevorzugt leckere, aber schwere Gerichte wie Zurek (saure Mehlsuppe mit Wurst), Bbigos (verschieden Fleischsorten in Sauerkraut) oder Zrazy (Rinderrouladen) mit Kartoffeln oder verschiedenen Getreidesorten serviert. In der typisch polnischen »bar mleczny« (Milchbar) erhalten Sie zu günstigen Preisen Gerichte der traditionellen Küche.

Kleider machen Leute

In Polen werden die Bekleidungskonventionen immer lockerer. Im Alltag können Sie sich gerne leger kleiden, ohne gegen die gängigen Höflichkeitsregeln zu verstoßen. Im Theater, in Restaurants mit gehobenerem Standard oder zu formellen Anlässen wird jedoch konservative Kleidung erwartet. Auch im Büro wird ein entsprechender Stil gepflegt. Häufig wird am Freitag das nahende Wochenende durch etwas legerere Arbeitskleidung angekündigt.

Wohin am Abend

Besorgen Sie sich einen aktuellen Festivalkalender. Das Veranstaltungsjahr ist reich an Konzerten, Theatertreffen, Kunstfestivals und historischen Feiern. Traditionelle religiöse Feierlichkeiten ergänzen das Angebot. Die bildende Kunst und viele Musikveranstaltungen haben in großen Städten eine lange Tradition.

Portugal

Beim Stierkampf in Portugal kommt der Stier nicht ums Leben, sondern trottet nach der Veranstaltung wieder aus der Arena. Wer also in Spanien Skrupel hat, kann sich hier eher auf diese uralte Tradition einlassen.

Steckbrief

Ländername: Portugiesische Republik, República Portuguesa.
Hauptstadt: Lissabon.
Regierungsform: Parlamentarische Republik.
Sprachen und Dialekte: Portugiesisch.
Religionen: Ca. 93,3 % der Bevölkerung sind römisch-katholisch, ca. 48 000 sind Protestanten, 12 000 Muslime, 2000 Juden, und 17 000 Orthodoxe.
Bevölkerung: 10,5 Mio.; Bevölkerungsdichte: 114 Menschen pro km^2.

Wertvorstellungen, Religionen und Bräuche

Sie werden die Bevölkerung tendenziell zurückhaltender und introvertierter als beispielsweise die spanischen Nachbarn wahrnehmen. Meist ist sie sehr höflich und gastfreundlich, aber zugleich auch distanziert. Viele Portugiesen beschreiben sich selbst auch als melancholisch. »Saudade« steht für diese Sehnsucht, die sich zum Beispiel auch im »Fado«, einem lusitanischen Trauergesang, ausdrückt. Auch wenn der Gottesdienst immer weniger wahrgenommen wird, so orientieren sich viele der Feste und Märkte an religiösen Feiertagen.
Sie können in ganz Portugal die Einflüsse fremder Kulturen erkennen. Die Entdeckungsreisen der Portugiesen bereicherten das Land: Die »Azulejos«, die schönen blauen Keramikfliesen, denen Sie auf Schritt und Tritt von der Kirche bis zur Markthalle begegnen, stammen ursprünglich aus dem arabischen Kunsthandwerk. »Azulejo« bedeutet im Arabischen »kleiner blauer Stein«. Brasiliens Gold und Juwelen schmücken noch heute die Barockdekorationen.

Kommunikation und Körpersprache

Die Begrüßung verläuft wie in Spanien (▸ Spanien, Seite 162). Im Geschäftsleben ist die Anrede mit Titel wichtig. »Senhor doutor«, »senhora doutora« (Herr oder Frau Doktor) oder »senhor engenheiro« (Herr Ingenieur) werden Sie generell in der Anrede von Personen mit höherer Bildung oder einer technischen Ausbildung hören. Achten Sie in der Kommunikation besonders auf Höflichkeitsfloskeln wie Danke, Bitte oder »Com licença« (»Mit Verlaub«). Nehmen Sie sich auch Zeit für den Beziehungsaufbau und die Beziehungspflege.

Smalltalk und Tabus

Smalltalk und Beziehungspflege sind in Portugal wichtig. Die Familie, das Essen und das Wetter sind die klassischen Gesprächsthemen. Vermeiden Sie es am besten, über Spanien zu sprechen oder Vergleiche zwischen beiden Ländern zu ziehen. Es besteht ein gespanntes Verhältnis.

Essen und Trinken

Bacalhau, getrockneter Kabeljau, ist das auf Hunderte Arten zubereitete Nationalgericht Portugals. Fangfrischer Fisch ist meist gegrillt und mit Salz und Zitrone gewürzt. Traditionell werden bis heute Suppen und Eintöpfe, wie zum Beispiel die Caldo Verde aus Grünkohl, als Hauptmahlzeit gegessen. Bestellen Sie unbedingt die Sopa de Marisco, eine Suppe aus Schalentieren mit Wein, oder Caldeirada, eine Fischsuppe aus verschiedenen Fischen, Zwiebeln und Tomaten. Im Norden des Landes gibt es deftige Lamm- oder Rindfleischgerichte. Als Nachspeise sollten Sie Arroz Doce, einen Milchreis, Flan, einen Karamellpudding, oder Madeira-Pudding wählen.
Probieren Sie den starken Kaffee und die Carioca de Limão, einen Tee aus Zitronenschalen. Neben sehr guten Rot- und Weißweinen ist vor allem der weltberühmte Portwein als Aperitif- oder Dessertwein erwähnenswert.

Kleider machen Leute

Als Tourist können Sie sich leger kleiden. Vermeiden Sie jedoch Strandkleidung außerhalb der Strände; besonders in Kirchen oder Museen ist eine angemessene Kleidung erwünscht. Der Süden ist, was die Kleidung angeht, weniger konservativ als der Norden.
Im Geschäftsalltag sollten Sie dunkle konservative Businesskleidung wählen, also Anzug für den Herrn und ein kniebedeckendes Kostüm für die Dame. Ein langes Abendkleid und Dinnerjacket sind das richtige Outfit bei offiziellen Veranstaltungen am Abend.

Wohin am Abend

Gehen Sie in Lokale, in denen noch der ursprüngliche Fado-Gesang dargeboten wird. Bei einem Glas Rotwein in halbdunklen Kneipen werden Sie die Sehnsucht, die in dieser Musik mitklingt, spüren. Neben Volkstanzdarbietungen und Spielkasinos, in denen Sie Ihr Glück herausfordern können, laden zahlreiche Lokale mit Livemusik zum Verweilen ein.

Portugiesisch

Höflichkeit

Danke.	Obrigado/(-a).	[obriˈgadu]/[-ɐ]
Bitte.	Por favor.	[pur fɐˈvor]
Keine Ursache.	Não há de que.	[nɐ̃w a də kə]
Entschuldigung.	Desculpa.	[dəʃˈkuɫpɐ]
Kein Problem.	Não há problema.	[nɐ̃w a pruˈbləmɐ]
Ja	Sim	[sĩ]
Nein	Não	[nɐ̃w]
Nein danke.	Não obrigado/(-a).	[nɐ̃w obriˈgadu]/[-ɐ]
Ich habe kein Interesse daran.	Não tenho interesse.	[nɐ̃w ˈtɛɲu ĩtəˈresə]
Das gefällt mir sehr.	Isto me agrada muito.	[ˈiʃtu mə ɐˈgrada ˈmũjtu]
Das gefällt mir nicht.	Isto não me agrada.	[ˈiʃtu nɐ̃w mə ɐˈgrada]

Begrüßung und Verabschiedung

Guten Tag!	Bom dia!	[bõ ˈdiɐ]
Auf Wiedersehen!	Até logo!/Adeus!	[ɐˈtɛ ˈlɔgu]/[ɐˈdewʃ]
Wie geht es Ihnen?	Como está a senhora/ o senhor?	[ˈkomu ˈɛʃtɐ ɐ səˈɲorɐ/ u səˈɲor]
Es freut mich, Sie kennen zu lernen.	Muito prazer em conhecêlo/(-la).	[ˈmũjtu prɐˈzer ɐ̃j kuˈɲəselu/-ɐ]
Wie geht es Ihrer Frau/Ihrem Mann/ Ihrer Familie?	Como está a sua esposa/o seu esposo/ a sua família?	[ˈkomu ˈɛʃtɐ ɐ ˈsuɐ iʃˈpozɐ/u sew iʃˈpozu/ ɐ suɐ fɐˈmiljɐ]
Danke, mir geht es gut.	Obrigado/(-a), estou bem.	[obriˈgadu]/(-ɐ) eʃˈto bɐ̃j]
Es war schön, Sie kennen gelernt zu haben.	Foi um prazer, conhecêlo/(-la).	[foj ũ prɐˈzer kuˈɲəselu/-lɐ]
Bis bald!	Até breve!	[ɐˈtɛ ˈbrɛvə]

Vorstellung und Erreichbarkeit

Ich heiße ...	Chamo-me ...	[ˈʃɐmo mə]
Ich wohne hier im Hotel ...	Moro aqui no hotel ...	[ˈmuru ɐˈki nu ɔˈtɛɫ]
Meine Telefonnummer ist ...	Meu número de telefone é ...	[mew ˈnuməru də tələˈfɔnə ɛ]

Wie ist Ihr Name?	Como é o seu nome?	[ˈkomu ɛ ũ sew ˈnomə]
Wo kann ich Sie erreichen?	Como posso alcançálo/(-la)?	[ˈkomu ˈpɔsu ałkɐ̃ˈsɐlu/-lɐ]
Wie ist Ihre Telefonnummer?	Qual é o seu número de telefone?	[kwał ɛ sew ˈnumərు də tələˈfɔnə]
Einen Moment bitte.	Um momento por favor.	[ũ muˈmẽtu pur fɐˈvor]
Ich bin gleich zurück.	Volto já.	[ˈvołtu ʒa]

Verständigung

Ich spreche kein Portugiesisch.	Eu não falo português.	[ˈew nɐ̃w ˈfalu purtuˈgeʃ]
Sprechen Sie Deutsch/ Englisch/ Französisch?	O senhor/a senhora fala alemão/ inglês/francês?	[u səˈɲor/ɐ səˈɲorɐ ˈfalɐ ɐləˈmɐ̃w/ ĩˈgleʃ/frɐ̃ˈseʃ]
Kennen Sie jemanden, der Deutsch/Englisch/ Französisch spricht?	O senhor/a senhora conhece alguém que fala alemão/ inglês/ francês?	[u səˈɲor/ɐ səˈɲorɐ kuˈɲɛsə ałˈgɐ̃j kə ˈfalɐ ɐləˈmɐ̃w/ ĩˈgleʃ/frɐ̃ˈseʃ]
Ich kann Sie nicht verstehen.	Não posso entendêlo/(-la).	[nɐ̃w ˈpɔsu ɐ̃jˈtẽdəlu/-lɐ]
Haben Sie ein Wörterbuch?	O senhor/a senhora tem um dicionário?	[u səˈɲor/ɐ səˈɲorɐ tem ũ disjuˈnarju]
Ich glaube, da gibt es ein Missverständnis.	Creio, que há um mal-entendido.	[ˈkrɛiu kə a ũ małẽtẽˈdidu]
Was meinen Sie damit?	O que quer dizer?	[u kə kər diˈzer]
Ich glaube, ich habe Sie jetzt verstanden.	Creio que o/a entendi agora.	[ˈkrɛiu kə u/ɐ ɐ̃jˈtẽdi ɐˈgɔrɐ]
Ja, das wollte ich sagen.	Sim, é isto que queria dizer.	[sĩ ɛ ˈiʃtu kə kəˈriɐ diˈzer]

Hilfe

Ich brauche Ihre Hilfe.	Preciso da sua ajuda.	[prəˈsizu dɐ ˈsuɐ ɐˈʒudɐ]
Es geht mir nicht gut.	Não estou me sentindo bem.	[nɐ̃w eʃˈto mə sẽˈtindu bɐ̃j]
Wo ist bitte ein Arzt/Telefon?	Por favor, onde posso encontrar um médico/telefone?	[pur fɐˈvor ˈõdə ˈpɔsu ɐ̃jkõˈtrar ũ ˈmɛdiku/tələˈfɔnə]

(▶ Aussprachehilfe, Seite 244/245)

Unfallgefahr

In Portugal werden rote Ampeln und Geschwindigkeitsbegrenzungen kaum beachtet. Die Folge: Das Land hat in der europäischen Unfallstatistik die meisten Todesfälle zu beklagen. Fahren Sie deswegen unbedingt besonders vorsichtig und verhalten Sie sich auch als Fußgänger umsichtig, anstatt darauf zu vertrauen, dass alle die Verkehrsregeln einhalten.

Was man tun und lassen sollte

Selbst wenn das Trinkgeld bereits im Preis enthalten ist, sollten Sie dennoch für den Kellner ein paar Münzen auf dem Tisch liegen lassen. Fremdenführer und Taxifahrer erwarten ebenfalls eine kleine Zuwendung.
In den Sommermonaten und in den südlichen Regionen herrscht permanenter Wassermangel. Durch einen sparsamen und bedachten Umgang mit Wasser können Sie zur Linderung des Problems beitragen.

Rumänien

Rumänien hat sich nach jahrzehntelanger Unterdrückung geöffnet und ein faszinierendes Land kam zum Vorschein. Bei Ihrem Aufenthalt werden Sie von der Hilfsbereitschaft und Gastfreundlichkeit beeindruckt sein.

Steckbrief

Ländername: Rumänien, România.
Hauptstadt: Bukarest.
Regierungsform: Republik.
Sprachen und Dialekte: Amtssprache ist Rumänisch. Es wird auch Ungarisch und Deutsch sowie Serbisch, Ukrainisch, Bulgarisch, Armenisch und Jiddisch gesprochen, Englisch und Französisch vor allem in Touristengebieten.

Religionen: überwiegend Christen, davon etwa 87 % rumänisch-orthodox, ca. 6 % protestantisch, ca. 6 % römisch-katholisch und etwa 1 % griechisch-katholisch, muslimische und andere Minderheiten.
Bevölkerung: 22,4 Mio.; ca. 90 % Rumänen, die rumänische, slawische und keltische Vorfahren haben, sowie ca. 7 % Ungarn, 3 % Roma, unter 1 % Deutsche, Ukrainer, Russen, Türken, Tataren und weitere Gruppen.
Bevölkerungsdichte: 93 Menschen pro km^2.

Wertvorstellungen, Religionen und Bräuche

Die Schrecken der Jahre 1947 bis 1989, zuletzt unter Präsident Nicolae Ceausescu, sind bis zur Gegenwart spürbar. Unter den rumänischen Kommunisten wurden die Menschen genötigt, in die rumänisch-orthodoxe Kirche zu konvertieren. Einst in Heimen unter elenden Bedingungen eingesperrte Kinder und unterversorgte alte Menschen verursachen heute noch Ängste in der Bevölkerung. Die Revolution, die mit dem Sturz der ehemaligen Machthaber endete, hat einen rasanten europaorientierten Integrationsprozess ausgelöst.

Kommunikation und Körpersprache

Rumänisch ist eine romanische und keine slawische Sprache. Mit Französisch-, Latein- oder Italienischkenntnissen lassen sich deswegen schon einige Begriffe erschließen. Sollten Sie diese Sprachkenntnisse nicht mitbringen: keine Angst, in Rumänien ist man meist hilfsbereit und mit gutem Willen geht fast alles. Je näher man sich kennt, desto herzlicher die Begrüßung, Umarmungen und Wangenküsse dürfen dann nicht fehlen. Im formalen Umgang sind der Handschlag und gegenüber Frauen schon einmal der Handkuss üblich.

Einladungen und Geschenke

Bedanken Sie sich lieber einmal zu viel als zu wenig für die hervorragende Betreuung und die liebenswürdige Gastfreundschaft. Ebenso wird ein kleines Präsent, wie zum Beispiel Blumen für die Gastgeberin, Mitbringsel von zu Hause oder ein guter Tropfen, gerne gesehen. Vorsicht: Geld oder teuere Geschenke könnten die meist weniger betuchten Rumänen beschämen!

Reden halten

Formelle Einladungen beginnen meist mit ausführlichen und zum Teil sehr pathetischen Reden. Holen Sie zur Begrüßung etwas weiter als gewohnt aus und vergessen Sie nicht, die Gastfreundschaft, die besonderen Leistungen der Gastgeber, die Schönheit des Landes oder der Örtlichkeit und Weiteres lobend hervorzuheben.

Smalltalk und Tabus

Sprechen Sie die positiven Entwicklungen und neuen Chancen Rumäniens in einem geeinten Europa an. Kaum ein anderes Thema dürfte derzeit mehr Gemeinsamkeiten beinhalten. Gerade gegenüber älteren Menschen sollten Sie die jüngere rumänische Geschichte nur mit Vorsicht erwähnen. Denn der damaligen Verfolgung von Juden, Sinti und Roma durch die Eiserne Garde und die verbündeten Deutschen folgte der sowjetische Einfluss mit der Vertreibung von Deutschen und der folgenden Schreckenszeit unter den rumänischen Kommunisten.

Essen und Trinken

Rumäniens Küche bietet eine breite, regional unterschiedliche Palette an Speisen. Gegrillte Fleisch- und Fischspeisen, aber auch gegrilltes Gemüse stehen dabei häufig im Mittelpunkt. Landesweit sind Ciorba de perisoare (eine Art Fleischklößchensuppe), Ciorba Taraneasca (mit saurer Sahne verfeinerte Sauerkraut-Gemüsesuppe) sowie verschiedene Fischsuppen beliebt. Unbedingt kosten sollten Sie auch ein Tocana (Gulasch). Es wird entweder aus Schweine, Rind- oder Hammelfleisch zubereitet. Tuica, einen Pflaumenschnaps, werden Sie zu jeder Tages- und Nachtzeit zu trinken bekommen. Vergessen Sie aber nicht, dass Rumänien auch berühmte Weine wie Pinot Noir und Chardonnay von den Murfatlar-Weingütern zu bieten hat. Daneben ist einheimisches Bier zu empfehlen.

Kleider machen Leute

In Rumänien schätzt man lockere Bekleidung nicht. Daher sollten Sie sich nicht nur zu offiziellen Anlässen eher konservativ kleiden. Berücksichtigen Sie auch, dass Badekleidung außerhalb von Stränden und Bädern nichts verloren hat.

Wohin am Abend

Immer mehr Bars und Nachtklubs laden Sie zu nächtlichen Vergnügungen ein. Das Angebot ist vor allem in Bukarest umfangreich. Dort finden Sie auch zahlreiche Theater und das Opernhaus mit einem breiten künstlerischen Angebot.

Was man tun und lassen sollte

Trinkgelder von ca. 10 % sind üblich. Immer wieder wird darauf hingewiesen, dass ein Feuerzeug oder andere Kleinigkeiten gerne als Geschenk genommen werden. Gehen Sie mit solchen Präsenten aber lieber vorsichtig um oder unterlassen Sie sie ganz, da dies schnell überheblich erscheint.

Russland

Russland ist ein Vielvölkerstaat mit unterschiedlichsten Kulturen und Sprachfamilien. Durchqueren Sie es von West nach Ost mit der Transsibirischen Eisenbahn, Sie werden so eine kleine Vorstellung von der Weite und Vielfalt des Landes erhalten.

Steckbrief

Ländername: Russische Föderation (Russland), Rossiiskaja Federazija (Rossija).
Hauptstadt: Moskau.

Regierungsform: Präsidialdemokratie mit föderativem Staatsaufbau.
Sprachen und Dialekte: Amtssprache ist Russisch. In den russischen Republiken gibt es jeweils eigene Sprachen sowie mehr als 80 Minderheitensprachen. Sie alle müssen in Kyrillisch, der einzigen offiziellen Schrift, niedergeschrieben werden. Teilweise wird Englisch, Deutsch oder Französisch gesprochen.
Religionen: Ca. 72 Mio. orthodoxe Christen, etwa 13 Mio. Muslime sowie ca. 1 Mio. Katholiken und rund 1 Mio. Buddhisten, etwa 0,5 Mio. Juden sowie Protestanten und weitere Minderheiten. Die zweitgrößte Gruppe bilden Atheisten und Konfessionslose.
Bevölkerung: Ca. 145 Mio., davon sind etwa 79,8 % Russen. Insgesamt leben 160 ethnische Gruppen im Land. Die größten Minderheiten: 3,8 % Tataren, 2,0 % Ukrainer, 1,1 % Tschuwaschen, 1,1 % Baschkiren, 0,8 % Armenier und 0,4 % Russlanddeutsche. Etwa zwei Drittel der Bevölkerung leben im europäischen Teil. Bevölkerungsdichte: 8,43 Menschen pro km^2.

Wertvorstellungen, Religionen, Bräuche

Russland, ein postkommunistisches Land mitten im Prozess des wohl noch lange anhaltenden Umbruchs, ist die Heimat 160 ethnischer Gruppen. Diese bringen unterschiedliche kulturelle, politische, religiöse und sprachliche Eigenheiten in die Umgestaltung des Landes ein. Sofern Sie in Russland arbeiten werden oder eine Reise dorthin planen, sollten Sie den Hinweis auf regionale Unterschiede durchaus ernst nehmen. Vom jungen aufgeschlossenen Intellektuellen bis hin zum zu allem bereiten religiösen Fanatiker können Sie jede Form gesellschaftlicher Existenz antreffen. Neuerdings werden Sie in persönlichen Gesprächen auch eine verstärkte Hinwendung zu religiösen Vorstellungen beobachten können. Die politische und soziale Verunsicherung nach dem beginnenden Systemwechsel scheint eine Suche nach neuen Werten ausgelöst zu haben.
Einen konstanten Wert stellen die sehr persönlichen Beziehungen im privaten und geschäftlichen Bereich dar. Geben Sie

Ihrem russischen Gastgeber, Freund oder Geschäftspartner die Gelegenheit, Sie auch persönlich kennen zu lernen. Dass dieses Kennenlernen auch ungewohnt verlaufen kann, werden Sie beim Wodkatrinken spüren. In islamisch orientierten Regionen ist dieser Brauch seltener anzutreffen. Hier sollten Sie eher auf die Befindlichkeiten im Umgang mit Alkohol, vor allem während des Ramadan (▸ Ägypten, Seite 12, und ▸ Asien und Ozeanien, Seite 46), Rücksicht nehmen.

Aberglaube

Der Aberglaube ist in Russland sehr verbreitet. Achten Sie deswegen auf bestimmte Rituale, wie zum Beispiel Hände nicht über der Türschwelle zu schütteln oder kein Taschentuch, als Symbol für Trauer, zu verschenken und vermeiden Sie die unglücksbringende Zahl 13. Auch gelbe Rosen sollten Sie nicht als Gastgeschenk mitbringen. Diese symbolisieren für abergläubische Menschen eine Trennung und sind deswegen für den Beginn einer Freundschaft weniger geeignet.

Kommunikation und Körpersprache

Begrüßen Sie sich in Russland per Handschlag mit der rechten Hand. Das Reichen der Linken könnte als beleidigend aufgefasst werden. Von Frauen beziehungsweise Frauen gegenüber wird meist kein Handschlag erwartet. Zwischen Tür und Angel geben sich viele Russen nicht die Hand, da dies Unglück bringt. Unter Freunden sind Umarmungen und Wangenküsschen üblich. Begrüßungsfloskeln wie »Wie geht's?« sollten Sie vermeiden. Zunächst spricht man sich mit Titel und Nachnamen an. Zu einem späteren Zeitpunkt können Sie dann zum Vornamen und so genannten Vatersnamen übergehen. Wichtig bleibt nach wie vor ein höflicher Umgang miteinander. Ihnen wird bei näheren Kontakten nicht entgehen, dass die Menschen in Russland für gewöhnlich einen geringeren Abstand als bei uns üblich halten. Lassen Sie sich davon nicht verunsichern, und auch nicht von dem oft intensiven Blickkontakt während des gemeinsamen Gesprächs.

Smalltalk und Tabus

Mit guten Kenntnissen über die Säulen russischer Literatur können Sie Ihr Interesse an der russischen Kultur zum Ausdruck bringen. Je nach Gesprächspartner können auch der Sport oder die großen Errungenschaften der Sowjetunion, wie zum Beispiel die Raumfahrt, ein guter Einstieg in eine Unterhaltung sein. Aber Vorsicht: Viele Russen trauern dem Verlust der Weltmachtrolle ihres Landes nach. Entsprechend können politische und historische Themen auch schnell zu unangenehm verlaufenden Gesprächen führen. Auch wenn man in Russland für gewöhnlich sagt, was man denkt, und dabei auch sehr direkt werden kann, bieten sich Krieg, Politik und Religion nicht immer zur lockeren Konversation an.

Wodkatrinken

Diese Gesellschaftskrankheit, und als solche wird sie offiziell bezeichnet, ist weit verbreitet. Anders als allgemein angenommen können Sie die Teilnahme an diesen alkoholischen Exzessen ablehnen, ohne den Gastgeber zu beleidigen. Ein Hinweis auf Magenprobleme, Schwangerschaft oder Kopfschmerzen kann zur Not als Begründung unterstützend eingesetzt werden.

Einladungen und Geschenke

Geschäftsessen finden gewöhnlich in Restaurants statt. Werden Sie jedoch privat oder geschäftlich nach Hause eingeladen, werden Sie schnell die russische Gastfreundlichkeit kennen und schätzen lernen. Achten Sie darauf, es den Gastgebern gleichzutun und die Schuhe auszuziehen. Eine solche Einladung stellt eine große Ehre dar, Sie sollten sie deshalb auf jeden Fall annehmen. Eine Ablehnung würde auf Unverständnis stoßen. Umgekehrt versteht es sich von selbst, anschließend eine

Russisch

Höflichkeit

Danke/Bitte.	Spasíba/Paschálsta.
Keine Ursache/Kein Problem.	Nje za shtóa./Njet prabljéma.
Entschuldigung.	Izwiníte.
Ja/Nein	Da/Njet.
Nein danke.	Njet, spasíba.
Ich habe kein Interesse daran.	Menja éta nje interesújet.
Das gefällt mir sehr.	Mnje éta óatschin nráwitsa.
Das gefällt mir nicht.	Mnje éta nje nráwitsa.

Begrüßung und Verabschiedung

Guten Tag!	Dóbryj djen!
Auf Wiedersehen!	Do swidánia!
Wie geht es Ihnen?	Kak wáschi djelá?
Es freut mich, Sie kennen zu lernen.	Óatschin prijátna s wámi poznakómitsa.
Wie geht es Ihrer Frau/Ihrem Mann/Ihrer Familie?	Kak wáscha zhená/wasch muzh/wáscha semjá?
Danke, mir geht es gut.	Spasíba, vsjóa narmálna.
Bis bald!	Paká!/Do skóroj wstrétschi.

Vorstellung und Erreichbarkeit

Ich heiße ...	Menjá zawút ...
Ich wohne hier im Hotel ...	Ja zdjes zhiwú v gastínice ...
Meine Telefonnummer ist ...	Wóat moj telefón ...
Wie ist Ihr Name?	Kak was zawút?
Wie ist Ihre Telefonnummer?	Kak wasch telefón?

Verständigung

Ich spreche kein Russisch.	Ja nje gawarjú pa-russki.
Sprechen Sie Deutsch/Englisch/Französisch?	Wy gavaríte pa-nemjécki/pa-anglíjski/pa-francúski?
Ich kann Sie nicht verstehen.	Ja was nje panimáju.
Ich glaube, da gibt es ein Missverständnis.	Mnje kázhetsa, éta njedorasumenije.

Hilfe

Ich brauche Ihre Hilfe.	Mnje nuzhná wáscha pómoschtsch.
Es fühle mich schlecht.	Ja sebjá plócha tschúvstwuju.
Wo ist bitte ein Arzt/Telefon?	Gdje zdjes wratsch/telefón?

(▶ Aussprachehilfe, Seite 244/245)

ähnliche Einladung auszusprechen. Als Gastgeschenke bieten sich Bücher, Musik-CDs, hochwertiges Schreibgerät oder auch Pralinen beziehungsweise Blumen für die Gastgeberin an.
Bei jedem gemeinsamen Essen sind Trinksprüche verbunden mit einem Gläschen Wodka wichtig. Von Ihnen wird ein Toast mit lobenden Inhalten erwartet. Dieser ist aber erst als Erwiderung auf den ersten Trinkspruch des Gastgebers üblich.

Essen und Trinken

Russland ist nicht gerade für eine vitaminreiche und ausgewogene Küche bekannt. Fleischgerichte sind häufig sehr fett, mit einer Beilage aus Kohl und Kartoffeln. Selbst Blini (Pfannkuchen), serviert mit Kaviar oder Lachs, wird noch mit saurer Sahne verfeinert. Diese darf auch in der traditionellen Borschtsch (Suppe aus roter Beete) nicht fehlen. Unbedingt kosten sollten Sie die mit verschiedenen Fleischsorten oder Lachs gefüllten Pelmeni (Teigtaschen) oder mit Kohl, Fleisch und Pilzen gefüllte Piroschki (Hefekuchen). Die Nachspeisen sind in der Regel sehr süß. Wer das mag, sollte die Blintschi (Grieß- oder Buchweizenpfannkuchen) mit einer traditionellen süßen Sauce oder ein Vanilleeis nicht auslassen. Häufig wird vor dem Essen ein Wodka getrunken. Tschai (schwarzer Tee) und Kwas (ein erfrischendes Getränk aus gegorenem Schwarzbrot und Rosinen) können als weitere Nationalgetränke bezeichnet werden. Darüber hinaus gibt es, meist aus Georgien, gute Weine und gutes Importbier. Russische Biersorten hingegen lassen einen vielleicht den Griff zum Wodka verstehen.

Kleider machen Leute

Abgesehen von praktischer Kleidung für die Arbeit oder auf dem Land wird grundsätzlich konservative Kleidung bevorzugt. Zu förmlichen Anlässen sind ein Anzug für den Herrn und ein Kostüm für die Dame angesagt. Schwerer Goldschmuck wird gern getragen und ist auch in vornehmeren Kreisen üblich. Achten Sie bei einem Aufenthalt im Winter darauf, entsprechend warme Kleidung und dicke Mäntel einzupacken.

Wohin am Abend

In Moskau haben viele Theater eine lange Tradition. Für den Liebhaber des Balletts, der Oper oder Operette oder auch des Schauspiels wird ein breites Spektrum geboten. Sie dürfen auch nicht den Besuch einer Zirkusvorstellung versäumen. Konzerte und Varieté runden dieses Angebot ab. Ansonsten werden Sie in allen großen Städten, vor allem im europäischen Russland, kein Freizeitvergnügen vermissen. Da es an Abendkassen häufig keine Eintrittskarten mehr gibt, sollten Sie diese über den Service in Ihrem Hotel bestellen.

Was man tun und lassen sollte

Trinkgelder sind in Russland in geringer Höhe üblich. Wenn Sie sich auf ein Wodkatrinken einlassen wollen, sollten Sie bedenken, dass es als unhöflich gilt, zunächst mitzutrinken und dann plötzlich aufzuhören. Trinken Sie deswegen nur bei Trinksprüchen mit oder lassen Sie es am besten ganz sein.

Schweden

Auf Du und Du mit den Schweden. In kaum einem Land der Welt ist die Betonung von Hierarchien so verpönt wie hier. Achten Sie bei Ihrem nächsten Besuch in einer schwedisch geführten Firma auf die Gespräche zwischen den Mitarbeitern. Niemand wird dort mit »Sie« angeredet.

Steckbrief

Ländername: Schweden, Sverige, Königreich Schweden, Konungariket Sverige.
Hauptstadt: Stockholm.
Regierungsform: Konstitutionelle Monarchie mit parlamentarischer Regierungsform.
Sprachen und Dialekte: Amtssprache ist Schwedisch, weitere Sprachen sind Finnisch und Samisch sowie vielfach Englisch und seltener Deutsch oder Französisch.

Religionen: ca. 88 % Lutherisch-schwedische Kirche, ansonsten Muslime, Katholiken, Juden, Orthodoxe und Nichtreligiöse.
Bevölkerung: ca. 9 Mio.; überwiegend Schweden sowie finnische und samische Minderheiten, ca. 5 % Ausländeranteil. Bevölkerungsdichte: 20 Menschen pro km^2.

Wertvorstellungen, Religionen und Bräuche

In Schweden werden Sie schnell feststellen, dass die Religion längst an Bedeutung verloren hat. Im Jahr 2000 trennten sich die Lutherisch-schwedische Kirche und der Staat; Schweden wurde zu einer säkularisierten Nation. Das lutherische Erbe, aber auch eine altmodische nordische Bauernmoral prägen jedoch bis heute etliche Wertvorstellungen. Unter dem Begriff »Jante-Gesetz« stellte der norwegische Schriftsteller Aksel Sandemose den für das Land wichtigen Grundsatz auf, dass keiner besser als der andere sei. So ist die Verteilung des gesellschaftlichen Einkommens in kaum einer Marktwirtschaft so gleichmäßig angelegt wie in Schweden.
Das Lucia-Fest im Dezember, die Walpurgisnacht im Frühjahr, das Mittsommerfest sowie das Krebsfest im August markieren den Wechsel der Jahreszeiten in Schweden. Unter Betonung der Naturelemente werden diese Feste im wiederkehrenden Rhythmus sehr festlich und symbolträchtig begangen. Sollten Sie einmal Gelegenheit haben, am Mittsommerfest teilzunehmen, wird Sie dessen zügellose Intensität sicherlich besonders beeindrucken.

Kommunikation und Körpersprache

Das Du ist bis auf wenige Bereiche, wie zum Beispiel im Umgang mit Behörden, allgemein üblich. Titel werden selbst auf Visitenkarten nicht benutzt. In Schweden ist die Kommunikation vom Gleichheitsgedanken geprägt. Verwechseln Sie dies jedoch nicht mit belanglosem Smalltalk. Man kommt vor allem im Geschäftsleben eher schneller zur Sache und schätzt, außer nach längerer Bekanntschaft, witzige oder ironische

Bemerkungen weniger. Telefonate werden auf Sie deswegen schon einmal recht abrupt wirken. Hier kommt man ohne viel Umschweife auf den Punkt und hält sich nicht mit Freundlichkeitsfloskeln auf. Nehmen Sie sich aber trotzdem zu Besprechungen oder privaten Gesprächen genügend Zeit. Erstere werden schon einmal von längeren Kaffeepausen begleitet.

Smalltalk und Tabus

Ausdrückliche Tabuthemen, abgesehen von starker Kritik gegenüber den Einwohnern und dem Land, gibt es kaum. Trotzdem sollten Sie sich bestimmten Vorstellungen über Schweden etwas reflektierter annähern. Nur weil in Schweden die ersten Spielfilme mit Nacktszenen gedreht wurden, bedeutet dies noch lange nicht, dass Schwedinnen grundsätzlich zu allem bereit sind. Hohe Selbstmordraten, immer ein von außen kritisch betrachtetes Thema, könnten zum Beispiel auch auf eine exaktere Führung der Statistik zurückzuführen sein. Diese Frage ist in vielen anderen Ländern heute noch ein Tabuthema und wird deswegen entsprechend (nachlässig) registriert. Und im Gespräch mit Schweden sehr wichtig: Sprechen Sie nie von »typisch skandinavischen« Eigenschaften, da Schweden, Norweger, Dänen und Finnen sich sehr unterscheiden.

Einladung und Geschenke

Zu Essenseinladungen sollten Sie beachten, dass in Schweden das Mittagessen (lunch) bereits ab 11 Uhr und das Abendessen (middag) bereits zwischen 17 und 18 Uhr beginnt. Kleine Präsente, Blumen oder Alkohol, sofern der Gastgeber kein Mitglied der Freikirche ist, werden zu diesen Anlässen gerne entgegengenommen. Vergessen Sie nicht, sich tags darauf für die Einladung schriftlich oder telefonisch zu bedanken. In Schweden ist es wie in anderen skandinavischen Ländern üblich, in privaten Räumen die Schuhe auszuziehen. Zwischen den Gängen prostet man sich schon einmal mit »Skål!«, begleitet von Trinksprüchen, zu. Achten Sie darauf, beim Zuprosten Augenkontakt mit der jeweiligen Person aufzunehmen.

Je näher das Land, desto einfacher der Aufenthalt?

Die Fremdheit eines Landes ist einerseits interessant und zieht uns an, andererseits kann sie uns aber auch verunsichern. Wie fremd uns ein Land erscheint, hängt nicht selten von unserer Erwartung ab, die oft an seine Entfernung geknüpft ist. Das kann uns in die Irre führen!

Als Reisender haben Sie Erwartungen bezüglich Ihres Reiseziels und davon, was Sie dort antreffen werden. Vertrautes? Fremdes? Beides? Versuchen Sie sich darüber bewusst zu werden! Je weiter entfernt, desto eher erwarten wir Fremdartiges und Exotisches. Es ist für uns ein Unterschied, ob wir in ein Flugzeug in die Niederlande oder nach Indien steigen. Das eine Land scheint uns nah und vertraut, im anderen erwarten wir fremde Bräuche, unbekannte Sprachen und ungewohnte Verhaltensweisen.

Entsprechend gestaltet sich die Vorbereitung. Spätestens auf dem Flug nach Indien greifen viele Reisende zu einem Buch über die Kulturen Indiens und die dort üblichen Verhaltensweisen. Fluggäste mit dem Ziel Niederlande werden hingegen eher keine kulturvorbereitende Literatur wälzen. Angekommen in Indien wird der gut informierte Indienreisende seine Gastgeber dann ganz selbstverständlich mit »Namasté« (▸ Indien, Seite 58) begrüßen. Der Gast in den Niederlanden wird hochüberrascht und vielleicht irritiert sein, wenn er bei der Begrüßung rechts-links-rechts auf die Wange geküsst wird.

Die Vorbereitung auf ein fernes Land

Das obige Beispiel macht deutlich, auf welche Weise Ihre Einschätzung des Landes Ihr Verhalten beeinflusst. Wer in ein Land reist, das zwölf Flugstunden von uns entfernt ist, macht sich bereits beim Kofferpacken mehr Gedanken über das Klima, über mögliche sprachliche Hindernisse und eventuell unterschiedliche landesspezifische Gepflogenheiten. Wer schon Monate vorher an die verschiedensten Impfungen denken muss, wird sich insgesamt stärker mit seinem Reiseziel auseinander setzen.

Wer den Eindruck hat, über das Land wenig aus der Presse Bescheid zu wissen, wird sich zusätzlich Informationsquellen besorgen.

Wem persönliche Einschätzungen und Erfahrungen von Personen, die man selbst kennt und denen man vertraut, fehlen, wird eher dazu tendieren, sich über Reiseliteratur und, im Fall eines beruflichen Einsatzes, über eine Beratung oder ein Training mit Kulturexperten vorzubereiten.

Wer weder »Bitte« noch »Danke« in der Landessprache beherrscht, wird eher die Hilfen kleiner Sprachführer in Anspruch nehmen, einen Sprachkurs belegen oder im geschäftlichen Umfeld auf einen professionellen Dolmetscher zurückgreifen.

Beachten Sie also, je unbekannter Ihnen ein Reiseziel erscheint und je mehr Sie mit länderspezifischen Unterschieden rechnen, desto eher werden Sie bemüht sein, sich vor der Reise zu informieren. Ihre Sinne sind dann demzufolge geschärft und wahrscheinlich halten Sie Ihre Augen diesbezüglich offener als gewohnt. Damit beugen Sie Missverständnissen und Fehlverhalten vor.

Sind uns nahe Länder wirklich so bekannt?

Umgekehrt verhält es sich in uns vertraut scheinenden und geografisch nahen Ländern, deren Sprache wir verstehen oder sogar sprechen.

Wer schon vielfach in Österreich auf der Durchfahrt nach Italien getankt hat, fühlt sich auch in anderen Situationen in Österreich eher zu Hause als in der Fremde. Wer jeden Monat in der Pizzeria am Heimatort einen Plausch mit Giorgio hält, denkt eher, dass er auch in der Kommunikation mit anderen Italienern keine kulturellen Überraschungen erleben wird. Wer in der Schule Englisch gelernt und bereits London besucht hat, wird sich nicht unbedingt auf ein Geschäftstreffen in England bezüglich interkultureller Fragestellungen vorbereiten.

Kulturelle Unterschiede bestehen jedoch fast überall, auch im nahen Ausland und selbst im eigenen Land. In Finnland werden zum Beispiel längere Pausen zwischen den Sätzen verwendet. Deutsche verstehen solche Sprechpausen dann als Beendigung der Aussage. Sie reagieren sofort, was für Finnen wiederum eine Unterbrechung darstellt. Das Resultat: Nicht selten empfindet der deutsche Gesprächspartner den finnischen als wortkarg und der finnische den deutschen als einen, der ihn nicht aussprechen lässt. Dieser kleine und unerwartete Unterschied hat schon viele Missverständnisse und Verstimmungen bewirkt.

Achten Sie besonders in Ländern, in denen Sie mit nur geringen Unterschieden rechnen, auf die feinen Nuancen. Diese zu ignorieren kann Sie in unangenehme Situationen bringen – und das gerade, weil Sie überhaupt nicht mit Problemen rechnen. Bereiten Sie sich genauso intensiv auf diese Aufenthalte vor.

Nicht nur die Entfernung macht die Unterschiede aus

Ob Sie im Kontakt mit Menschen im Ausland eher Gemeinsamkeiten oder Differenzen entdecken, hängt nicht nur vom Herkunftsland Ihres Gegenübers ab. Auch die politische Gesinnung, die familiäre oder schichtspezifische Herkunft, die Zugehörigkeit zu einer bestimmten Berufssparte oder einer bestimmten Generation sowie individuelle Interessen schaffen Distanz oder Nähe über Ländergrenzen hinweg. Schon immer hatten beispielsweise rechte Politiker aus verschiedenen Ländern mehr miteinander gemein als mit den Grünen im eigenen Land. Die Reichen Amerikas teilen mehr Berührungspunkte mit den Reichen Europas als mit den Armen in ihrem Land. Und auch die internationale Arbeiterschaft teilt untereinander vielleicht mehr Interessen als mit der eigenen Führungsriege.

Was tun?

Achten Sie also darauf: Nicht immer sind es die Entfernung des Landes oder die tatsächlichen Unterschiede, die zu Überraschungen führen. Viel wichtiger ist es, ob Sie sich als Reisender darauf einstellen. Die Probleme tauchen schließlich meist gerade dort auf, wo man glaubt, dass es keine gibt. Es ist sehr schwer zu bestimmen oder vorauszuahnen, wo man auf mehr Unterschiede oder mehr Gemeinsamkeiten trifft. Die Entfernung ist ebenso wenig Garant dafür, dass alles anders ist, wie die Nähe dafür, dass alles wie gewohnt ist. Der unterschiedliche Umgang mit Respektspersonen und Autoritäten etwa hat schon viele Österreicher und Deutsche trotz gegenseitiger Nähe und gemeinsamer Sprache überrascht.

Bedenken Sie auch, welche Rolle Sie im Ausland einnehmen, in welchen Lebensbereichen Sie sich bewegen und welche Interessen Sie verfolgen. Reisen Sie als Diplomat, werden Sie eher mit Unterschieden in Verhandlungen umgehen müssen, als Tourist kommen Sie jedoch kaum in diese Verlegenheit. Als Vorgesetzter in einer ausländischen Filiale entdecken Sie vielleicht Ähnlichkeiten in hierarchischen Strukturen zu Firmen in Ihrer Heimat. Sind Sie dagegen ein Austauschschüler in genau diesem Land, empfinden Sie die dortige Jugendkultur als ganz anders und vielleicht sogar extrem fremd. Achten Sie darauf, in welchem Kontext Sie sich bewegen.

Ob nah oder fern, schwierig wird ein Auslandsaufenthalt erst, wenn Sie ihn falsch einschätzen und sich nicht entsprechend auf ihn vorbereiten. Gehen Sie bereits vor der Abfahrt auf die spannende Entdeckungsreise nach Unterschieden und Gemeinsamkeiten in dem Land, das Sie besuchen werden, und beobachten Sie während der Reise, wie ähnlich oder unähnlich die Verhaltensweisen und Ansichten der einzelnen Menschen sind, die Ihnen begegnen. Lassen Sie sich immer wieder davon überraschen, in welchen Situationen sich Ihre Erwartungen an das Land und die Leute erfüllen und in welchen Sie auf Neues und Unerwartetes aufmerksam werden!

Essen und Trinken

Seit ein gewisses schwedisches Möbelhaus seinen weltweiten Siegeszug angetreten hat, dürften Elchwurst, Rentierfleisch und Köttbullar auch bei uns in weiten Kreisen bekannt sein. In Schweden ist das Speisenangebot sehr groß – von eingelegten Heringen mit Salzkartoffeln über geräucherten Lachs und diverse Pasteten bis zu süßem Hefegebäck.
Preisgünstige Restaurants werden Sie allerdings vergeblich suchen. Essen und Trinken, vor allem Alkoholisches, sind vergleichsweise teuer.

Alkohol

Spirituosen werden nur in Lokalen mit bestimmten Schanklizenzen verkauft. Darüber hinaus gilt, dass an Sonntagen grundsätzlich nicht vor 13 Uhr und nach Mitternacht nur in Nachtklubs, die bis 2 oder 3 Uhr geöffnet haben, Alkohol ausgeschenkt wird.
An Jugendliche unter 20 Jahren werden generell keine Spirituosen verkauft.

Kleider machen Leute

Fast überall wird legere Freizeitkleidung getragen. Zu förmlichen Anlässen oder in weiten Teilen der Arbeitswelt ist konservative Kleidung üblich. Zum formellen Essen, in besseren Restaurants und Klubs, ist meist ein Smoking oder ein Cocktailkleid angebracht.

Wohin am Abend

Stockholm ist das kulturelle Zentrum Schwedens. Zahlreiche Restaurants, Bars, Diskotheken, Kinos und Theater bieten vielfältige Gelegenheit zum abendlichen Vergnügen. Schwieriger wird für Sie die Abendgestaltung auf dem Lande, das Angebot ist hier relativ begrenzt. Nur im Sommer laden viele Städte in ihren Freilichtarenen zu Open-Air-Konzerten und Theaterveranstaltungen ein.

Was man tun und lassen sollte

Beachten Sie das Rauchverbot in öffentlichen Verkehrsmitteln und Einrichtungen. Taxifahrer erwarten ein kleines Trinkgeld; ebenso das Personal in Hotels und Restaurants, obwohl das Bedienungsgeld meist im Preis enthalten ist. Trotzdem erwartet man dort ebenso wie . Unpünktlichkeit wird nicht gerne gesehen. Wenn es einmal später als vereinbart wird, sollten Sie den Gastgeber deswegen unbedingt benachrichtigen.

Spanien

Stören Sie auf keinen Fall die Siesta! Von ca. 13 bis 17 Uhr sollten Sie nirgendwo anrufen oder unangemeldet vorbeischauen. Sie würden sicher entweder beim Essen oder beim Mittagsschlaf stören.

Steckbrief

Ländername: Königreich Spanien, Reino de España.
Hauptstadt: Madrid.
Regierungsform: Parlamentarische Monarchie mit zwei Kammern.
Sprachen und Dialekte: Amtssprachen sind Spanisch (Kastilianisch), Katalanisch, Galizisch und Baskisch.
Religionen: Über 90 % sind römisch-katholisch, ansonsten muslimische, protestantische und jüdische Minderheiten.
Bevölkerung: 43,2 Mio; davon sind ca. 70 % Kastilier, 20 % Katalanen, 7 % Galizier und 2 % Basken. Bevölkerungsdichte: 85 Menschen pro km^2.

Wertvorstellungen, Religionen und Bräuche

Selbst wenn sich die meisten Spanier weniger der Amtskirche zugehörig fühlen und häufig einen mit heidnischen Bräuchen angereicherten Volksglauben leben, bestimmt der Katholizismus die Traditionen sehr stark. Jede Region feiert »ihre« Jungfrau und »ihren« Schutzpatron der Stadt mit bunten

Festen und lauter Musik. Hier fällt der Regionalstolz, der den Nationalstolz bei weitem überwiegt, besonders auf. In Katalonien und im Baskenland wird die Betonung der Region auch zur politischen Frage.
Nach der Karwoche beginnt die Saison der Stierkämpfe. Die Grausamkeit gegenüber Mensch und Tier finden Sie in verschiedenen spanischen Traditionen. Bei der Stierhatz in Pamplona, wo sich junge Männer von Stieren treiben lassen, und bei blutigen Geißlerprozessionen in Rioja etwa haben jedes Jahr die Ärzte viel zu tun.
In vielen Familien geben die Männer den Ton an. Allerdings werden die Frauen karrierebewusster, heiraten seltener und bekommen weniger Kinder. Die Anzahl der Scheidungen steigt ebenfalls entsprechend. Viele junge Erwachsene leben zum Teil bis zum 35. Lebensjahr bei ihren Eltern. Gründe dafür sind die geringen Löhne und teuren Wohnungen.

Kommunikation und Körpersprache

Lassen Sie sich nicht durch lautes Reden, langen Blickkontakt, Unterbrechungen oder paralleles Reden irritieren, diese Verhaltensweisen sind üblich. Unangenehme Themen oder Kritik, außer vom Vorgesetzten an seinen Mitarbeitern, werden eher indirekt angesprochen. Ein klares Nein nach einer Bitte wird als äußerst unhöflich empfunden. Sie werden eher »mañana«, also: »morgen, in einer Woche oder nie«, hören. Man lässt sich überhaupt wenig zu Hektik hinreißen und Verspätungen sind nicht ungewöhnlich (▸ Nord- und Südamerika, Seite 204).

Doppelnamen

In der Anrede wird der erste Name des doppelten Nachnamens verwendet. Es handelt sich hierbei um den des Vaters, der zweite Name im Doppelnamen ist der der Mutter. Die Frau behält in der Ehe ihren eigenen Namen.

Im Geschäftsleben sind persönliche Kontakte wichtig. Treffen Sie sich nachmittags auf einen Kaffee oder abends im Restaurant und besprechen Sie Geschäftliches im informellen Rahmen (▸ Brasilien, Seite 210). Sie werden bald das Du angeboten bekommen. Obwohl Hierarchien eine starke Bedeutung haben, werden Titel in der Anrede meist nicht verwendet. Auf den Visitenkarten, die idealerweise zweisprachig, also spanisch-deutsch oder spanisch-englisch sind, sollten sie jedoch angegeben werden.

Smalltalk und Tabus

Smalltalk ist elementar für die Beziehungspflege. Es wäre unhöflich, sich nicht nach der Familie zu erkundigen oder sich nicht über lokale Gebräuche zu unterhalten. Vermeiden Sie Themen, die das Ehrgefühl Ihres Gegenübers verletzen könnten. Das Franco-Regime, die ETA, Stierkämpfe oder das Verhältnis zu Portugal sind für einen Plausch weniger geeignet.

Spanische und portugiesische Begrüßung

Im Geschäftsleben begrüßt man sich mit Handschlag. Unter Freunden begrüßen die Frauen sowohl Frauen wie Männer mit einem angedeuteten Wangenkuss auf beide Wangen, Männer erwidern diese Begrüßung. Dieser Kuss wird meist nur in die Luft gehaucht. Es findet dabei nicht immer ein wirklicher Kontakt statt. Befreundete Männer umarmen sich. Diese Geste heißt »abrazo« (Umarmung).

Einladung und Geschenke

Einladungen nach Hause sind relativ selten. Zum Essen trifft man sich lieber in Restaurants. Eine halbe Stunde verspätet einzutreffen ist durchaus noch im Rahmen. Im Norden des Landes und im Geschäftlichen gilt dies jedoch nur eingeschränkt. Restaurantrechnungen werden, sofern keine deutliche Einladung erfolgte, einfach zu gleichen Teilen auf die Anwesenden umgelegt.
Denken Sie bei Einladungen an ein Gastgeschenk. Ein guter Wein, Pralinen oder Blumen sind immer passend. Chrysan-

themen sind Friedhofsblumen und deswegen als Präsent ungeeignet. Packen Sie die Blumen aus, bevor Sie sie der Gastgeberin überreichen.

Essen und Trinken

Berühmt ist Spanien für seine Tapas. Diese kleinen Appetitanreger bestehen aus Salaten, Fisch, Schinken oder Oliven und Käse und werden in Lokalen zum Wein gereicht. Hauptspeisen sind Tortilla, Kartoffel-Omelettes in verschiedenen Varianten, sowie Paella, eine Reispfanne mit wechselnden Zutaten aus Fleisch und Fisch mit Gemüse. Spanferkel, Lammbraten, Geflügel und Kaninchen sind weitere typische Gerichte. Süßes, wie Kuchen, Krapfen und Schmalzplätzchen, ist in Spanien sehr süß.

Getrunken wird Wein, Bier oder Sangria. Probieren Sie auch die Horchata, ein Getränk aus Mandeln mit Limonade. Eiswasser oder Cidre, ein Apfelwein, sind ebenfalls beliebt. Nach dem Essen können Sie einen Sherry oder den Anislikör Chinchón bestellen.

Mittags zwischen 14 und 16 Uhr wird die Hauptmahlzeit des Tages eingenommen. Am Spätnachmittag gibt es die »merienda«, einen kleinen Imbiss, den man meist in einer Bar oder Cafetería verspeist. Abends werden Sie vor 21 Uhr kaum etwas zu essen bekommen.

Kleider machen Leute

Achten Sie auf gepflegte modische Kleidung und im Geschäftsleben auf formellere Kleidung als in Deutschland üblich. Für den Herrn empfiehlt sich ein dunkler eleganter Anzug mit vorzugsweise weißem Hemd und für die Dame ein dunkler Hosenanzug oder Kostüm. Als Frau sollten Sie vor allem auch auf eine gepflegte Frisur und Hände sowie auf depilierte Achseln und Beine achten. Kurze Hosen sind für den Mann tabu.

In Kirchen sollten Sie angemessene Kleidung tragen. Am Strand können Sie sich meist oben-ohne sonnen. Zum FKK hingegen sollten Sie auf dafür ausgewiesene Strände gehen.

Wohin am Abend

Am Wochenende können Sie ausgiebig ausgehen und feiern. Aufgestylt und mit genügend Geld in den Taschen ist die Tour durch verschiedene Tapas-Bars ein wahres Vergnügen. Gehen Sie in die Disko lieber spät und bleiben Sie dafür bis zum Morgengrauen. Dass Sie sich amüsieren ist dann garantiert – vorausgesetzt, Sie waren ausgeschlafen.

Was man tun und lassen sollte

Trinkgeld ist in einfachen Lokalen oder Bars nicht unbedingt üblich, in feineren Restaurants 5 bis 10 Prozent. Im Taxi runden Sie den Betrag auf. Als Fußgänger im Straßenverkehr sollten Sie immer nach rechts und links blicken. Zebrastreifen und grünes Licht für Fußgänger werden von den Autofahrern selten beachtet.

Tschechien

Tschechien ist mehr als Šwejk und Pilsener. So trifft sich in diesem Land die Welt des Jazz – und versäumen Sie auch nicht, in das Leben der jahrhundertealten Kunst- und Literaturmetropole Prag einzutauchen.

Steckbrief

Ländername: Tschechische Republik, Česká republika.
Hauptstadt: Prag.
Regierungsform: Parlamentarische Demokratie.
Sprachen und Dialekte: Amtssprache ist Tschechisch. Darüber hinaus werden Slowakisch, Polnisch, Russisch, Englisch und Deutsch häufig gesprochen beziehungsweise verstanden.
Religionen: Der überwiegende Teil der Bevölkerung ist konfessionslos. Ca. 39 % der Einwohner sind römisch-katholisch, etwa 2,5 % evangelisch, ca. 1,7 % tschechisch-hussitisch. Des weiteren gibt es griechisch-katholische, jüdische und orthodoxe Minderheiten.

Bevölkerung: 10,28 Mio.; davon ca. 90,1 % Tschechen, 3 % Roma, 1,8 % Slowaken, 0,5 % Polen, 0,4 % Deutsche sowie 3,4 % andere und eine kleine ukrainische Minderheit. Bevölkerungsdichte: 129,9 Menschen pro km^2.

Wertvorstellungen, Religionen und Bräuche

Seit der »Samtenen Revolution« 1989 werden wieder mehr Gottesdienste abgehalten. Trotzdem kann von keiner breiten religiösen Verwurzelung in der Bevölkerung gesprochen werden. Noch heute treffen Sie auf Schritt und Tritt auf eine breite Anerkennung, ja sogar Verehrung der schönen Künste. Alte wie neue Architektur, bildende Kunst und vielfältige Musikveranstaltungen spiegeln diesen jahrhundertealten und immer noch gegenwärtigen Hang zur künstlerischen Darstellung wider. In alten Kaffeehäusern, Literaturclubs oder Jazzlokalen können Sie dies erleben. Häufig wird hier auf Weltniveau gejazzt. Zugleich treffen Sie auf uralte Bräuche heidnischen Ursprungs. Am Ostermontag wird zum Beispiel die »pomlazka« gefeiert. An diesem Tag werden Frauen und Mädchen, auch Touristinnen, mit Weidenzweigruten traktiert und verfolgt. Die Wachstums- oder Fruchtbarkeitskräfte des Baumes sollen so auf die Frauen überspringen.

Kommunikation und Körpersprache

In ungezwungener Atmosphäre und unter Freunden begrüßt man sich mit einem freundlichen »ahoj« und einer Umarmung. »Ahoj« ist kein Seemannsgruß, sondern entspricht unserem »Hallo« oder »Tschüs«. Im Kreise von Kollegen oder bei flüchtigen Bekanntschaften sollten Sie jedoch bei der förmlichen Begrüßung und beim Sie bleiben. Man begrüßt sich mit einem Handschlag und betont dabei auch gerne den Titel, den Sie dann auch bei der Anrede (etwa »Herr Architekt Havel«) benutzen sollten. Im Gespräch sollten Sie mit Kritik zurückhaltend sein. Diese wird sehr schnell als beleidigend empfunden. Lassen Sie sich einfach Zeit und lernen Sie die Tschechen in langen Unterhaltungen kennen.

Smalltalk und Tabus

Das Wort »Tschechei« hat vor allem bei älteren Tschechen einen negativen Beigeschmack. Viele verbinden diesen Ausdruck mit den Erfahrungen unter der deutschen Naziherrschaft. Gerade als Deutscher sollten Sie hier vorsichtig agieren. Im Wesentlichen werden Sie schnell feststellen, dass man mit Tschechen über alles und vor allem sehr ausführlich diskutieren kann. Sehr unbeliebt ist dabei die immer wieder laut werdende und inzwischen wirklich überholte Kritik bezüglich der Mangelhaftigkeit tschechischer Waren. Ungern wird auch die Behauptung gehört, Tschechien gehöre zu Osteuropa. Tschechen sehen dies anders, und klar ist: Wien liegt deutlich östlicher als Prag.

Einladung und Geschenke

Werden Sie zu einem Essen privat nach Hause eingeladen, sollten Sie eine größere Verspätung vermeiden. Dies wäre unhöflich. Bringen Sie ein kleines Präsent, am besten Spielsachen für die Kleinen, mit. Zum Betreten der Wohnung werden die Schuhe ausgezogen. Häufiger wird man Sie aber zu einem Glas Bier oder einem Glas Wein einladen. Es gibt viele Lokale und immer wieder hat man den Eindruck, dass hier das zweite Zuhause der Tschechen ist. Dort wird gerne und laut gefeiert und man fühlt sich in die Zeit von Šwejk zurückversetzt.

Essen und Trinken

Stellen Sie sich auf deftiges Essen ein. Ob Schweine-, Enten- oder Wildbraten, »knedlíky« (Knödel) dürfen nicht fehlen. Dazu werden Sauerkraut oder Rotkohl gereicht. So manche Gerichte, wie Gulasch oder Wiener Schnitzel, erinnern an die alten Zeiten mit Österreich und Ungarn. Denken Sie daran, Platz für die köstlichen Nachspeisen wie Palatschinken, Kolatschen, Liwanzen oder Apfelstrudel zu lassen. Und ein »pivo« (Bier) gehört natürlich zum Essen! Verlassen Sie dabei getrost den Pfad von Pilsener Urquell oder Budweiser und probieren Sie ein Bier der weniger bekannten Brauereien. Sie werden durchweg gute Erfahrungen machen.

Kleider machen Leute

Tschechen wird ein eher legerer Umgang mit Kleidung nachgesagt. In der Tat sind auffallend elegant gekleidete Menschen in den Kneipen und Cafés selten zu sehen. Lassen Sie sich aber davon nicht täuschen. Zu formellen Anlässen sowie in vornehmeren Restaurants und Hotels wird eine entsprechende Kleidung erwartet.

Wohin am Abend

Die Prager Opern genießen einen guten Ruf, die Jazzveranstaltungen in Prag suchen in Europa ihresgleichen und zahlreiche Diskotheken und Nachtclubs ergänzen dieses Angebot hervorragend. Vor allem Prag ist ein Eldorado für Nachtschwärmer. Das Ambiente der Lokale mit ihren internationalen Gästen wird Sie schnell in seinen Bann ziehen. Ein Stimmengewirr aus zahlreichen europäischen Sprachen vermittelt Ihnen das Gefühl, mitten in Europa zu sein.

Was man tun und lassen sollte

Runden Sie bei Trinkgeldern den Endbetrag auf. Vermeiden Sie dabei aber, mit Geld, ob Kronen oder Euro, zu protzen. Tschechien ist ein wirtschaftlich stabiles Land, und viele Tschechen empfinden gönnerhafte Gesten als beleidigend.

Türkei

Die Türkei zeigt als Land zwischen Orient und Okzident verschiedene Gesichter. Archaische Familienstrukturen existieren neben modernen Subkulturen und die strikte Trennung zwischen Religion und Staat wird von einer tiefen Alltagsreligiosität begleitet.

Steckbrief

Ländername: Republik Türkei, Türkiye Cumhuriyeti.
Hauptstadt: Ankara.

Regierungsform: Parlamentarische Demokratie.
Sprachen und Dialekte: Amtssprache ist Türkisch (ca. 80 %). Ca. 16 bis 17 % sprechen Kurdisch mit verschiedenen Dialekten. Minderheitensprachen sind Arabisch, Griechisch oder Georgisch, in Städten und Touristenorten wird häufig Deutsch, Englisch und Französisch gesprochen.
Religionen: etwa 95,8 % Muslime, davon Schätzungen zufolge ca. 60 bis 75 % Sunniten und 20 bis 35 % Alleviten; christliche und jüdische Minderheiten.
Bevölkerung: 70,15 Mio.; davon ca. 70 % Türken, ca. 20 % Kurden, 2 bis 3 % Zaza, etwa 2 % Araber. Weitere Minderheiten: Armenier, Griechen, Assyrer, Bosnier, Albaner, Georgier, Lasen, Abachen, Tschetschenen, Tscherkessen, Bulgaren, Tataren und Uiguren.

Wertvorstellungen, Religionen und Bräuche

Die Türkei ist ein laizistisches Land, das heißt es gibt eine strikte Trennung zwischen Staat und Religion. In staatlichen Einrichtungen und öffentlichen Schulen sind Kopftücher als religiöses Symbol verboten. Andererseits ist der Alltag durch eine tiefe Religiosität geprägt. Der Ruf zum Gebet ist allgegenwärtig. Einen weiteren Gegensatz bilden die Unterschiede zwischen Großstädten sowie Küstenregionen auf der einen und etwa zentralanatolischen Dörfern auf der anderen Seite. In entlegenen Gebieten treffen Sie noch auf feste Familienverbände mit archaischen Siedlungsstrukturen und einer großen Frömmigkeit. In Großstädten haben sich dagegen liberalere Lebensweisen, beispielsweise mit kleinen Homosexuellenszenen, ihren Platz erobert. Das aus dem frühen zwanzigsten Jahrhundert stammende Frauenwahlrecht, eingeführt durch den Staatsgründer Kemal Atatürk, bildet mit weiteren wichtigen Reformen aus dieser Zeit die Grundfesten des Landes.

Kommunikation und Körpersprache

In der Türkei begrüßen sich die Menschen meist per Handschlag, dies vor allem im Umgang mit Fremden. Sich näher

stehende Personen geben sich zur Begrüßung häufig ein Küsschen auf jede Wange. Zum Zeichen des Respekts gegenüber älteren Menschen ist vereinzelt noch der Handkuss verbunden mit einer Verbeugung zu sehen.
Auffallen wird Ihnen immer wieder der betont höfliche und zurückhaltende Umgang miteinander. Es kann deshalb nicht schaden, wenn Sie zumindest selbst einige türkische Höflichkeitsfloskeln lernen. Vermeiden Sie es unbedingt, gestenreich zu sprechen. Manche Gesten, wie zum Beispiel das OK-Zeichen mit dem Daumen nach oben, sind in der Türkei eine außerordentliche Beleidigung.

Begrüßung von Frauen

Sollten Sie Umarmungen und Wangenküsschen zwischen Männern beobachten und gleichzeitig sehen, wie der anwesenden Frau nur kurz zugenickt wird, bedeutet dies keine Missachtung der Frau, sondern eine Respektsbezeugung. Man hält so eine gebührende Distanz ein.

Smalltalk und Tabus

Zahlreiche Reizthemen wurden inzwischen politisch aufgearbeitet: Die Todesstrafe ist abgeschafft, die kurdische Sprache ist nicht mehr verboten und Folter unter Polizeigewahrsam wird juristisch verfolgt. Mit diesen Themen können Sie aber nach wie vor erbitterte Diskussionen auslösen. Deswegen sollten Sie vor allem in ersten Gesprächen etwas Zurückhaltung üben. Mit Freunden sind hitzige Diskussionen eher möglich.
In der Türkei scheint nur in der Verehrung von Kemal Atatürk Einigkeit zu bestehen. Atatürk ist von der Briefmarke über zahlreiche Denkmäler bis zum Geldschein fast überall gegenwärtig. Drücken Sie Ihr Unverständnis darüber nicht offen aus und notieren Sie nichts schriftlich auf einem Geldschein mit einem Abbild von Atatürk. Das Beschriften von Geldscheinen ist verboten und löst mitunter ungeahnte emotionale Reaktionen aus.

Einladungen und Geschenke

Einladungen werden Sie bei Ihrem Aufenthalt in der Türkei immer wieder begleiten. Ein kleiner Cay (Tee) und ein netter Plausch gehören einfach zum Leben. Nehmen Sie die Einladungen an und lassen Sie sich etwas Zeit, alles andere würde auf Unverständnis stoßen. Eine Einladung nach Hause ist häufig mit einem ausführlichen Essen verbunden. Freuen Sie sich über diese Anerkennung und erwidern Sie die Einladung, auch wenn es nicht unbedingt erwartet wird. Als Gastgeschenke bieten sich Süßigkeiten, Kosmetik oder Spielzeug für die Kinder an. Alkohol und Blumen sind als Mitbringsel nicht geeignet. Vergewissern Sie sich bei Einladungen auch, inwieweit religiöse Regeln zu beachten sind.

Essen und Trinken

Die türkische Küche ist das Ergebnis alter nomadischer Traditionen verbunden mit indischen, persischen und arabischen Einflüssen. Es wird viel mit Joghurt und Gemüse gekocht. Lammfleisch werden Sie auf allen Speisekarten, zum Beispiel als Shish Kebab (Lammspieße) oder als Döner Kebab (Lammfleisch am Drehspieß), finden. Probieren Sie auch Barbunya (Meerbarben), Kilic Baligi (Schwertfisch) oder andere Spezialitäten aus dem Meer. Als Nachspeise gibt es häufig frisches Obst oder auch extrem süße Süßigkeiten, die den arabischen Einfluss erkennen lassen. Die Nationalgetränke sind Tee und Raki, ein Anisschnaps. Beliebt ist auch Ayran (ein Getränk aus Joghurt). Probieren Sie die guten Weine und Biere – Alkohol ist in der Türkei nicht verboten. Jedoch während des Fastenmonats Ramadan (▸ Ägypten, Seite 12) sollte man auf religiöse Traditionen Rücksicht nehmen.

Kleider machen Leute

Legere, nicht zu freizügige Kleidung können Sie überall tragen. Beachten Sie aber stets: Badekleidung gehört ausschließlich an den Strand. Genauso wird Oben-ohne in der Türkei nicht gerne gesehen und Touristinnen verletzen damit immer wieder religiöse Gefühle. Kurze Hosen werden in der Türkei als Unterwäsche getragen und entsprechend bei Männern als »Oberbekleidung« belächelt. Zu Einladungen, im Geschäftsleben oder zu offiziellen Anlässen sollten Sie auf eine adäquate Business-Kleidung achten.

Wohin am Abend

Die Großstädte bieten ein Nachtleben vergleichbar mit anderen europäischen Metropolen. Wenn Sie das Orientalische lieben, kommen Sie bei Bauchtanzdarbietungen auf Ihre Kosten. Fragen Sie im Hotel nach entsprechenden Angeboten.

Was man tun und lassen sollte

Trinkgelder werden, als aufgerundeter Betrag oder in Höhe von ca. zehn Prozent, fast überall erwartet. Auch als Andersgläubiger können Sie Moscheen in der Türkei besuchen. Kleiden Sie sich zurückhaltend, ziehen Sie beim Betreten Ihre Schuhe aus und nehmen Sie von einer Besichtigung während einer religiösen Veranstaltung Abstand. Absolut unhöflich ist es, sich am Esstisch zu schnäuzen. Während des Fastenmonats Ramadan (▸ Ägypten, Seite 12) sollten Sie öffentliches Essen und Trinken sowie Rauchen vermeiden.

Ungarn

Lieben Sie Pörkölt beziehungsweise Tokány und wollten schon deshalb immer mal nach Ungarn reisen? Lassen Sie sich von den Vorzügen dieses Landes überraschen.

Steckbrief

Ländername: Republik Ungarn, Magyar Köztársaság.
Hauptstadt: Budapest.
Regierungsform: Parlamentarische Demokratie.
Sprachen und Dialekte: Amtssprache: Ungarisch; im Geschäftsleben auch Deutsch, Französisch und Englisch.

Religionen: Ca. 52 % sind römisch-katholisch, 16 % calvinistisch-reformatorisch, 3 % evangelisch-lutherisch. Es gibt jüdische, ungarisch-orthodoxe und muslimische Minderheiten, ca. 24,5 % der Einwohner sind konfessionslos oder machten keine Angaben.
Bevölkerung: 10,12 Mio.; davon 314 000 Angehörige von Minderheiten sowie 62 000 Ungarndeutsche. Bevölkerungsdichte: 108 Menschen pro km^2.

Wertvorstellungen, Religionen und Bräuche

In Ungarn wird Religionsfreiheit von der Verfassung garantiert. Seit der politischen Wende wird Religionsunterricht an Schulen zur freiwilligen Teilnahme wieder angeboten. Im Alltag werden Sie in der Bevölkerung keine starke Religiosität bemerken. Weit auffälliger sind Bräuche und Verhaltensweisen zu bestimmten Festlichkeiten. Der »feurige Ungar« als Ausdruck überschwänglicher Festesfreuden dient ungarischen Karikaturisten immer wieder als Vorlage.

Hochzeit

Sollten Sie auf eine Hochzeit eingeladen werden, wundern Sie sich nicht, wenn Sie zum Nationaltanz Csárdás Geld zu entrichten haben. Die Braut wird für den Tanz bezahlt und muss danach vom Bräutigam wieder freigekauft werden.

Kommunikation und Körpersprache

Die finnugrische Sprache Ungarisch gehört nicht zu den einfachsten auf der Welt. Trotzdem sollten Sie ein paar Begriffe erlernen, Ihre Bemühungen werden entsprechende Anerkennung finden. In Ungarn spricht man viel und gern und ist dabei auf einen höflichen Umgangston bedacht. Als Dame können Sie schon einmal mit einem förmlichen »Csókolom« (»Küss die Hand«) begrüßt werden. Im Alltag oder zu geschäftlichen Anlässen ist das Sie begleitet von einem Händedruck, üblich. Stellen Sie sich stets mit Vor- und Nachnamen vor. Auf das Verwenden von akademischen und sonstigen Titeln wird großer Wert gelegt. Unter guten Bekannten erfolgt die Begrüßung mit Wangenküssen und selbstverständlich mit einem Du. Zu Geschäftsterminen bringen Sie besser etwas Zeit mit. Man spricht zunächst gern über belanglosere und persönlichere Themen, um sich kennen zu lernen.

Smalltalk und Tabus

Ungarn sind für ihren ironischen Humor bekannt. Als Ausländer sollten Sie jedoch Witze über Ungarn tunlichst vermeiden. Das wirkt meist herablassend und wird schnell als Versuch verstanden, Überlegenheit auszudrücken. Beliebte Themen sind alle Bereiche, die ins Private gehen: Familie, Essen und Weine, Sport, das tolle Wetter in Ungarn oder sogar Gebrechen. Legen Sie einfach los und sprechen Sie über Gott und die Welt.

Essen und Trinken

Das Essen in Ungarn ist von alten K.-u.-K.-Traditionen geprägt. Das ungarische Gulasch ist bei uns wohl das bekannteste Gericht. Bestellen Sie, wenn Ihnen nach Gulasch ist, jedoch besser »Pörkölt« oder »Tokány«. Wenn Sie »Gulyás« wählen, erhalten Sie eine deftige Kartoffelsuppe. Schmackhaft und scharf geht es auch bei anderen Speisen zu. Wenn Sie Schärfe schätzen, sollten Sie unbedingt Halászlé (rote Fischsuppe) mit Nudeln probieren. Als Nachspeise empfehlen sich Palacsinta (Palatschinken) und Rètes (Strudel mit Quark-, Mohn-, Apfel- oder Kirschfüllung).
Nach dem Essen können Sie in einer der zahlreichen Espresso-Bars oder in einem Café unterschiedliche Kaffeeköstlichkeiten zu sich nehmen.
Zum Trinken bieten sich verschiedene landestypische Weine wie Tokaji (Dessertwein) oder Erlauer Stierblut (Rotwein) an. Um einen Pálinka (Aprikosenschnaps), der zu fast jeder Gelegenheit ausgeschenkt wird, werden Sie sicherlich nicht herumkommen.

Einladungen und Geschenke

In Ungarn ist man großzügig. Dies betrifft die ausgiebigen Geschäftsessen, private Essenseinladungen und auch die Gastgeschenke. Sie können sich wirklich unbeliebt machen, wenn Sie diese Großzügigkeit nicht entsprechend erwidern oder sich sogar knauserig zeigen. Als Gastgeschenke empfehlen sich gute Tröpfchen und Blumen für die Dame des Hauses. Zu geschäftlichen Anlässen sind typische Produkte aus der Herkunftsregion ein willkommenes Präsent.

Kleider machen Leute

Stilbewusstsein und Wohlstand sind an hochwertigen Schuhen zu erkennen. Überhaupt wird im geschäftlichen und gesellschaftlichen Leben großer Wert auf ein gepflegtes Äußeres gelegt. Ziehen Sie zu besonderen Anlässen auf jeden Fall einen Anzug oder ein Kostüm an. Ähnliche Erwartungen sollten Sie auch in besseren Bars oder Restaurants erfüllen. Ansonsten ist saloppe Freizeitkleidung fast überall üblich.

Wohin am Abend

Beenden Sie Ihren Tag mit einem Besuch der hervorragenden Budapester Oper. Sollten Sie dann zur späteren Stunde noch das Nachtleben genießen wollen: Kein Problem, in Ungarn sind die Ausschankzeiten nicht geregelt und zahlreiche Bars und Diskotheken laden Sie zum Verweilen ein. Die Kinos der Großstädte zeigen vereinzelt auch englischsprachige Filme. Selbstverständlich werden auch verschiedene Folkloreveranstaltungen geboten.

Was man tun und lassen sollte

Lassen Sie den geselligen Abend in lustiger Runde ausklingen und vermeiden Sie dabei das Anstoßen mit Biergläsern. Mit diesem Brauch wurden ungarische Niederlagen von den Siegern gefeiert. Sollten an Ihrem Tisch Musiker aufspielen, sollten Sie dafür etwas Geld geben. Auch zu anderen Gelegenheiten wird häufig Trinkgeld erwartet.

Anbandeln unterwegs

Sonnenschein, Wein, Entspannung pur – da packt so manchen die Lust, den Urlaub durch einen netten Flirt abzurunden. Doch wenn Ihr Objekt der Begierde ein »Einheimischer« ist, kann das zu handfesten Komplikationen führen.

Feuchte Augen und ein breites Schmunzeln beschert den Fernseh- und Kinozuschauern auch heute noch Humphrey Bogarts mit sonorer Stimme gehauchter Spruch »Schau mir in die Augen, Kleines!«. Was im Filmklassiker »Casablanca« so anrührend wie auch einfach formuliert wurde, würde heute im realen Leben nur noch selten Aufregung verursachen. In vielen Teilen der Welt wird noch immer von den Männern erwartet, die Initiative gegenüber dem weiblichen Geschlecht zu ergreifen. »Hallo Kleiner, hier hast du mein Handy. Ruf deine Mutter an und sag ihr, dass du erst zum Frühstück kommst«, kann auch heute noch ungeahnte Reaktionen zur Folge haben. Selbstbewusste Frauen werden nicht in allen Teilen der Welt geschätzt. Vor allem nicht, wenn es um Sexualität und Lust geht.

In vielen Ländern stellt sich bei Urlaubsbekanntschaften die Frage der Ausbeutung durch die Touristen – es ist etwas anderes, ob Sie einem Schweden den Kopf verdrehen oder einen Jamaikaner für zwei Wochen freihalten. Sensibilität ist hier also immer gefragt. Und AIDS und andere ansteckende Krankheiten sind überall ein Thema – für Single-Reisende mit romantischen Neigungen gehören deswegen Kondome immer in den Koffer.

Sexualität und Islam

Sexualität spielt, wenn auch eher im Verborgenen, auch in muslimisch geprägten Gesellschaften eine nicht unerhebliche Rolle. Ein Anbandeln in der Öffentlichkeit sollten Sie dennoch unterlassen. Dies wird nicht toleriert oder ist mitunter sogar verboten. Ob Frau oder Mann – vermeiden Sie direkten Blickkontakt untereinander sowie flüchtige oder sogar bewusste Berührungen, sonst könnten Sie in strengen arabischen Ländern sogar mit den so genannten »Sittenwächtern« in Konflikt geraten. Und auch in Bezug auf Homosexualität, die gerade in dieser Region noch häufig unter Strafe steht, sollten Sie besondere Vorsicht walten lassen. Am besten holen Sie vor jeder Reise aktuelle Informationen über die Rechtslage in den jeweiligen Ländern ein (▸ Adressen, die weiterhelfen, Seite 246).

Kulturelle Unterschiede

Suchen Sie Ihre zwischenmenschlichen Erfahrungen auf einigermaßen sicherem Terrain, am besten in einer Ihnen kulturell bekannten Umgebung! Und einmal ehrlich, wissen Sie, wie man einen Italiener angräbt oder eine Schwedin bezirzt? Schnell wird auch hier die Frage nach einer Zigarette mit einem müden Lächeln beantwortet. Eine Einladung zum Kaffee in Italien hingegen wird nicht selten eindeutig interpretiert. Die Bemühung, den Abend dann nur mit einem Kaffee beenden zu wollen, kann beim Ragazzo schon einmal schieres Entsetzen hervorrufen.

Einladungen signalisieren immer den Wunsch, sich besser kennen zu lernen. Wichtig ist, dass Sie selbst wissen, was Sie wollen. Gerade bei Ländern wie den USA und Kanada, die uns aus dem Fernsehen so vertraut erscheinen, machen sich viele Reisende die feinen Unterschiede nicht klar. Das amerikanische Dating-System zum Beispiel ist ziemlich vertrackt. Die »third date rule« (Sex nach dem dritten Date) lässt sich nicht uneingeschränkt anwenden – so gilt sie nur, wenn der Herr der Schöpfung bei jedem der drei Dates das Essen bezahlt hat und die Rechnung auch ziemlich gesalzen war. Zahlt »sie« zwischendurch für sich selbst oder beide, gilt diese Regel im Allgemeinen nicht.

Liebe und Lust sind den Menschen in allen Ländern gemein, aber wie sie begonnen und gelebt werden, ist sehr verschieden. Kulturell unterschiedlich gewachsene Tabus stoßen hier auf individuelle Vorlieben. Daher werden Sie schnell merken, dass Sie beim Anbandeln nur mit einer gehörigen Portion Sensibilität zum Ziel gelangen.

Nahost

Der Nahe Osten ist die Wiege des Christentums und des Islam. Blicken Sie in diese Region und Sie werden unsere kulturellen Ursprünge entdecken. Daher sollten Sie Ihre Sichtweise nicht auf aktuelle wirtschaftliche oder religiöse Konflikte reduzieren. Widmen Sie sich den widersprüchlichen Facetten und vielfach noch unbekannten Aspekten, die es im Nahen Osten zu entdecken gilt. Erkunden Sie seine so unterschiedlichen Gesellschaften, die sich, in unterschiedlichen Geschwindigkeiten, dynamisch weiterentwickeln.

Tipps und Grundlagen

Wenn Sie an diese Region denken, wird Ihnen unweigerlich der Nahost-Konflikt in den Sinn kommen. Die geopolitische Lage zwischen West und Ost – in Verbindung mit reichen Rohstoffvorkommen – führte lange Zeit zu Stellvertreter-Konflikten zwischen der damaligen Sowjetunion und den USA, die heute noch nachwirken.
So finanzierte etwa die CIA die Schulung fundamentalistischer Islamisten um Osama Bin Laden für den Kampf gegen die Sowjetunion. Durch das Erdöl und den ungelösten Konflikt um Palästina finden sich diese Länder auch heute noch immer wieder in den Schlagzeilen.
Und auch die enge Verzahnung des jüdischen Glaubens mit seinen beiden Tochterreligionen Islam und Christentum in dieser Region führt immer wieder zu Konflikten. Nicht jedes Problem ist ursächlich religiöser Art (manchmal geht es auch schlicht um Gebietsansprüche), aber für viele Schwierigkeiten müssen dann eben identitätsstiftende religiöse Erklärungsmuster herhalten.

Hinweise für die Nahost-Region

- Informieren Sie sich konkret und zeitnah über die Verhältnisse, Regeln und Umgangsweisen in Ihrem Zielland. Im Nahen Osten gibt es häufig aufgrund tagesaktueller Ereignisse, wie Attentate, Entlassungen von Gefangenen, Verhandlungserfolge oder Drohungen zwischen rivalisierenden Gruppen, Entwicklungen, die den Umgang miteinander oder die Sicherheitslage insgesamt beeinflussen.
- Ob Berber, Türken oder Perser, im Nahen Osten gibt es nicht nur Araber, sondern verschiedene große Volksgruppen, die sich sowohl durch ihre Sprachen als auch kulturell bedingte Verhaltensweisen voneinander unterscheiden.
- Der Islam hat, wie jede Weltreligion, verschiedene Ausprägungen. Unter mancher Verschleierung verbirgt sich eine aufgeklärte und weltoffene Gesinnung. Lassen Sie sich Zeit

mit Ihrem Urteil und versuchen Sie nicht, Ihre Kontakte auf religiöse Aspekte zu reduzieren.

- Als Frau erfahren Sie in den Ländern dieser Region häufig ungewohnte Nachteile im Alltag. Überlassen Sie die Bewertung dieser speziellen Umstände zunächst den Frauen vor Ort, die damit leben müssen.
  Und bedenken Sie, dass auch in Europa die Frauenrechte nicht über Nacht kamen und wesentliche Vertreter des Abendlandes (man braucht dabei nur an die katholische Kirche zu denken) sich mit fundamentalen Rechten der Frau immer noch schwer tun.
- Gastfreundschaft spielt in vielen Ländern dieser Region eine sehr wichtige Rolle. Nehmen Sie deswegen eine Einladung sehr ernst und schlagen Sie, sofern sie zeitlich wirklich nicht wahrnehmbar ist, einen alternativen Termin vor. Ein kleines Geschenk ist immer willkommen.
- Beim gemeinsamen Essen sind bestimmte Tischsitten zu beachten. Gegessen wird mit der rechten Hand oder mit Besteck (▸ Jemen, Seite 193).
  Auch wenn es für uns ungewohnt ist, sollten Sie auf dem Teppich mit verschränkten Beinen sitzen. Und zu guter Letzt, essen Sie die zuletzt gereichte Speise nicht ganz auf! Ein leerer Teller bedeutet, dass man noch Hunger hat und weiteressen möchte.
- Bewundern Sie kostbare Gegenstände im Haus des Gastgebers nicht übermäßig. Der Gastgeber könnte sich dazu verpflichtet fühlen, sie Ihnen zu schenken.
- Einzelne religiöse Feiertage oder die Zeit des Fastenmonats Ramadan, der jedes Jahr in eine wechselnde Periode fällt (▸ Ägypten, Seite 12 und ▸ Asien und Ozeanien, Seite 46), können die Tagesplanung kurzfristig verändern. Nicht selten kommt das öffentliche Leben tagsüber zum Erliegen. Ähnliches gilt auch für das durchaus unserem Rhythmus ähnliche Wochenende, das jedoch auf Donnerstag und Freitag fällt. Berücksichtigen Sie dies in Ihrer Reise- und geschäftlichen Planung.

Iran

Der Iran steht am Anfang eines weit reichenden gesellschaftlichen Wandels. Ein fundamentalistischer Islamismus trifft auf eine heranwachsende junge und kritische Generation.

Steckbrief

Ländername: Islamische Republik Iran, Dschomhuri-je Islami-je Iran.
Hauptstadt: Teheran.
Regierungsform: Islamische Präsidialrepublik.
Sprachen und Dialekte: Amtssprache ist Farsi (Persisch). Daneben werden Turksprachen, Kurdisch, Arabisch, Belutschisch und weitere Sprachen gesprochen.
Viele Geschäftsleute sprechen Englisch und Französisch.
Religionen: überwiegend Islam (ca. 90 % Schiiten und ca. 8 % Sunniten); christliche, jüdische, mandäische, parsische und zarathustrische Minderheiten.
Bevölkerung: ca. 72 Mio.; ca. 65 % Perser, ca. 18 % Aseris, darüber hinaus Kurden, Luren, Araber, Belutschen, Kaschkai, Turkmenen und andere. Bevölkerungsdichte: 41,4 Menschen pro km^2.

Wertvorstellungen, Religionen und Bräuche

Zahlreiche Feiertage zeigen die starke Verwurzelung des islamischen Glaubens in der Gesellschaft. Die Religion bildet das alles bestimmende Ordnungsinstrumentarium. Auf dem Gebiet des einstigen persischen Weltreiches entstand über Jahrtausende aber auch in ethnischer, sprachlicher und kultureller Hinsicht ein Vielvölkerstaat. Selbst iranische Fundamentalisten kommen nicht umhin, gewachsene Bräuche wie das »Now-Ruz«-Fest (Frühlings- bzw. Neujahrsfest) zu dulden. Am Dienstagabend vor diesem Fest können Sie Jung und Alt beim traditionellen Feuerspringen beobachten. Alljährlich werden dabei 1500 Tonnen Dornbüsche verbrannt.

Kommunikation und Körpersprache

Personen gleichen Geschlechts geben sich im Iran zur Begrüßung die Hand. Sie sollten unbedingt beachten, dass jeglicher öffentliche Körperkontakt zwischen Mann und Frau untersagt ist. Im familiären Bereich werden diese Umgangsformen vor allem in der jungen Generation und in gehobenen Schichten immer häufiger ignoriert. Blickt eine Frau offen in die Augen ihres Gegenübers, wird es jedoch hier wie dort schnell missverstanden.

Gesten

Vermeiden Sie den sorglosen Umgang mit vertrauten oder neu gelernten Gesten. Das Okay-Zeichen mit geballter Faust und Daumen nach oben etwa signalisiert im Iran den »Stinkefinger«.

Smalltalk und Tabus

Im Iran besteht durchaus ein reges Interesse an einem politischen Diskurs mit Gästen aus anderen Ländern. Verhalten Sie sich dabei jedoch nach wie vor vorsichtig. Glaubensfragen oder politische Bekundungen sind nicht unbedingt ein passendes Einstiegsthema und verursachen bei systemtreuen Staatsbürgern unfreundliche Reaktionen.

Einladung und Geschenke

Lehnen Sie eine Einladung zum Kaffee oder Tee, vor allem wenn sie wiederholt ausgesprochen wurde, nicht ab. Iraner sind gastfreundlich und das Interesse an fremden Kulturen ist sehr ausgeprägt. Deswegen sollten Sie durchaus viel von Ihrer Familie und Kultur erzählen und natürlich auch dem Gegenüber Interesse entgegenbringen. Als kleines Gastgeschenk bieten sich Süßigkeiten an. Was Sie auf jeden Fall mitbringen müssen, ist genügend Zeit: Reine Stippvisiten sind unhöflich.

Essen und Trinken

Reis gibt es in allen Variationen, mal süß, mal herzhaft. Dazu werden, außer vom Schwein, die unterschiedlichsten Fleischsorten gereicht. Gemüse, frische Kräuter, rohe Zwiebel und Knoblauch sowie Zitronensaft runden häufig die Speisen ab. Gewöhnen Sie sich daran, dass meist nur mit Löffel und Gabel gegessen wird (▸ Jemen, Seite 193). Alkohol ist verboten. Die üblichen Getränke sind verschiedene Limonaden- und Colavarianten, wie zum Beispiel das Zam Zam, sowie Tee und auch alkoholfreie Biere.

Kleider machen Leute

Selbstverständlich gelten im Iran die islamischen Kleidungsvorschriften: keine körperbetonten Schnitte und keine nackte Haut! Dies schließt offene Sandalen, kurzärmelige Hemden und Blusen ein. Das Tragen eines Kopftuches ist für Frauen, Iranerinnen und Touristinnen, in der Öffentlichkeit gesetzlich vorgeschrieben. Gerade in den Häusern der Mittel- und Oberschicht werden Sie davon immer weniger spüren: Miniröcke, Blusen und vielfältige schicke Modeaccessoires tauchen unter dem schnell abgeworfenen Schleier auf.

Wohin am Abend

Der Iran ist auch in Teheran kein Eldorado für Nachtschwärmer. Das Leben findet in der Familie statt. Diskotheken sind verboten. Restaurants schließen am frühen Abend und manche Teehäuser laden nicht unbedingt zum Verweilen ein.

Israel

Israel ist Ursprungsland der bedeutendsten Weltreligionen. Hier vereinen sich Tradition und Moderne zu einer spannenden Kultur des Miteinanders und leider auch des Gegeneinanders.

Steckbrief

Ländername: Staat Israel (Medinat Yisrael).
Hauptstadt: Jerusalem (Yeruschalayim), Al-Quds (Arabisch).

Regierungsform: Parlamentarische Demokratie.
Sprachen und Dialekte: Die Amtssprachen sind Hebräisch (Iwrith) und Arabisch. Handelssprache ist Englisch. Außerdem gesprochen: Jiddisch und je nach Herkunftsland der Einwanderer zahlreiche andere, vor allem europäische Sprachen.
Religionen: etwa 81 % Juden (davon ca. 6 % Haredim (Ultra-Orthodoxe), ca. 9 % besonders Religiöse, ca. 34 % Traditionalisten und ca. 51 % säkular), ungefähr 15 % Muslime, ca. 2 % palästinensische Christen, etwa 1,6 % Drusen sowie kleine armenische Gemeinden.
Bevölkerung: 6,8 Mio. (einschließlich Golan, Ostjerusalem sowie Siedlungen im Westjordanland und im Gazastreifen); davon etwa 18 % Araber und 81 % Juden; 291,4 Menschen pro km^2.

Wertvorstellungen, Religionen und Bräuche

Israel ist ein Einwanderungsland. Neben der Gemeinsamkeit der religiösen Grundlagen sind unterschiedliche Traditionen und Werte aus allen Teilen der Welt anzutreffen. Besonders werden Ihnen orthodoxe Juden auffallen. Sie achten streng auf die Einhaltung der Gebote. So müssen Gebetsgemeinschaften aus mindestens zehn erwachsenen Männern bestehen, der Sabbat wird arbeitsfrei gehalten und Speisen müssen nach besonderen Vorschriften zubereitet werden. Die Diskussion über das Verhältnis zwischen Tradition und Anpassung an die Moderne führt dazu, dass die kulturellen Unterschiede nicht nur zu den Arabern, sondern auch unter den verschiedenen jüdischen Bevölkerungsgruppen groß sind. Auch die weltlichen Belange werden sehr unterschiedlich bewertet. So halten beispielsweise nicht alle Juden die Gleichberechtigung von Mann und Frau für notwendig oder sinnvoll.

Jüdische Feiertage

Berücksichtigen Sie, dass jüdische Feiertage sowie der Sabbat (Samstag) am Vorabend bei Sonnenuntergang beginnen und viele am Vortag deswegen nur halbtags arbeiten.

Kommunikation und Körpersprache

Der Umgang untereinander ist meist formlos. Mit einem freundlichen »Schalom« (»Guten Tag«, »Auf Wiedersehen« oder »Hallo«) liegen Sie immer richtig. Im wörtlichen Sinne heißt es »Friede«. Privat ist man sehr schnell beim Vornamen, bei Geschäftstreffen wird man jedoch mit vollem Namen und Titel vorgestellt. Ein Handschlag zur Begrüßung ist durchaus üblich und wird unter Freunden auch einmal von einem Küsschen auf die Wange begleitet. Frauen sollten im Umgang mit orthodoxen Juden darauf achten, jegliche Form von Berührung zu vermeiden.

Smalltalk und Tabus

In Israel können Sie theoretisch über alles offen reden. Palästina und der Nationalsozialismus sind jedoch spezielle Reizthemen. Beim Thema Holocaust sind besonderes Verständnis und Feingefühl vor allem gegenüber älteren Israelis angebracht. Annähernd jeder Israeli hat Opfer in seinem Familienkreis zu beklagen und bereits das Hören der deutschen Sprache kann noch immer Ängste wecken. Achten Sie in Ihren Gesprächen auch auf die nachfolgende Unterscheidung: Der Begriff »Jude« bezieht sich auf die Religion, der Begriff »Israeli« auf die Nation, nicht jeder Israeli ist Jude. Äußern Sie als Außenstehender Kritik an Land und Leuten immer zurückhaltend. In der Diskussion um Palästina gibt es auch in Israel sehr unterschiedliche Meinungen.

Einladungen und Geschenke

Bei Einladungen zu Geschäftsessen, die meist in Restaurants stattfinden, ist man in Israel pünktlich, bei privaten Einladungen ist dies nicht immer notwendig. Bei einer Abendeinladung wird es Sie vielleicht erstaunen, dass diese nicht immer ein gemeinsames Essen einschließt. Informieren Sie sich deswegen vorher über die Pläne Ihrer Gastgeber. Zahlreiche religiöse Feiertage, die mitunter das gesamte Land lahm legen können, müssen privat wie auch geschäftlich bei der Planung

Kleiner Führer durch die Religionen

Religionen beeinflussen die Entwicklung von Gesellschaften und führen so zu kulturell unterschiedlichen Verhaltensweisen. Die Ausprägungen reichen von zurückhaltender Meditation bis hin zum gewaltbereiten Sendungsbewusstsein.

Weltweite wirtschaftliche Verflechtungen und ein internationalisierter Arbeitsmarkt tragen zunehmend zur Verbreitung, aber auch Vermischung von Glaubensgruppen bei. Diese Entwicklung können Sie weltweit erkennen, auch in Deutschland.

In den beiden größten Weltreligionen, dem Islam und dem Christentum, ist eine zunehmende Spaltung in gemäßigte Gläubige und fundamentalistische Gruppen erkennbar, die sehr unterschiedlich wahrgenommen wird. Bei uns wird vor allem dem medienwirksam auftretenden fundamentalistischen Islamismus Aufmerksamkeit geschenkt. Umgekehrt sorgen beispielsweise evangelikale Eiferer, die im arabischen Raum ihre Missionsarbeit zunehmend verstärken, für eine entsprechende Wahrnehmung des christlichen Fundamentalismus durch Muslime. Damit Sie die Situation im Gastland besser einschätzen können, sollten Sie sich mit grundlegenden, von der Medienberichterstattung unabhängigen Informationen über religiöse Hintergründe beschäftigen. Diese tragen zum gegenseitigen Verständnis bei.

Das Judentum

Das Judentum ist eine religiöse Gemeinschaft mit einem Weltanteil von etwa 0,24 %. Als Mutterreligion des Christentums und des Islam ist es die älteste bestehende monotheistische Religion und verdient schon dadurch eine besondere Beachtung. Die Tradition erklärt Abraham und seine Nachkommenschaft zu Erwählten, die den Glauben an den einen Gott bekennen und den Willen Gottes vollkommen verwirklichen sollen. Durch Moses wurden diese Glaubensgrundsätze am Berg Sinai in der Thora (Lehre, Gesetz) offenbart. Die Religiosität wird durch den Beitrag des Einzelnen zur Erfüllung des Gotteswillens und weniger im persönlichen Heil ausgedrückt. Strenge Bräuche wie die Sabbatfeier (▸ Israel, Seite 184), Beschneidung oder besondere Speisevorschriften bestimmen vor allem bei orthodoxen Juden das Leben. Im Mittelpunkt der Gemeinde, der Synagoge, finden traditionell morgens, am späten Nachmittag und abends Gottesdienste statt. Nicht der Rabbiner, wie häufig angenommen wird, leitet die Gemeinde, sondern ein Kreis von wohlhabenden Mitgliedern. Jude wird eine Person durch die Geburt oder durch ein Glaubensbekenntnis.

Das Christentum

Ein Drittel der Weltbevölkerung wird dem Christentum zugerechnet. Die größte Glaubensgemeinschaft darin bildet die katholische Kirche, die mit 43 % ihren inzwischen größten Mitgliederanteil in Südamerika hat. Weitere große Glaubensgemeinschaften bilden Protestanten, Freikirchler, orthodoxe Christen und Anglikaner. Innerhalb des Christentums ist ein Anwachsen der eher fundamentalistisch einzuschätzenden »Pfingstler« und »Charismatiker« eine neue Entwicklung. Teilweise sind sie in eigenen Gemeinden oder als bekennende Gruppen innerhalb der bestehenden Großkirchen aktiv. Seit dem letzten Jahrhundert machen die Anhänger dieser fundamentalistischen Gruppierungen ungefähr ein Viertel der Christenheit aus. Im Mittelpunkt der christlichen Glaubenslehre steht Jesus Christus als der von Gott gesandte Erlöser.

»Jesus wurde für uns gekreuzigt und auferweckt« (1. Kor. 15,3–5) kann als Kern der christlichen Heilsbotschaft verstanden werden. Sein Wirken als Wanderprediger und Heiler wird im Neuen Testament der Bibel beschrieben und ist historisch im heutigen Israel und Westjordanland anzusiedeln. Die Christen feiern ihr Glaubensbekenntnis in Gottesdiensten in Kirchen, die häufig auch den räumlichen Mittelpunkt der Gemeinde bilden. Christ wird man durch die Taufe.

Der Islam

Die weltweit zweitgrößte Glaubensgruppe ist überwiegend im »Grünen Gürtel« beheimatet. Dieser beginnt im Westen im Senegal und in Marokko und führt über Nordafrika, den Nahen Osten und Afghanistan bis nach Indien und Indonesien. Auch wenn das Kernland der Muslime mit den Pilgerstätten Mekka und Medina in Saudi-Arabien liegt, ist bestenfalls ein Fünftel der Muslime Araber. Die größte Verbreitung findet sich in Indonesien, Pakistan und Indien, gefolgt von Bangladesh, dem Iran und der Türkei.

Die beiden größten Glaubensrichtungen bilden die Schiiten und die Sunniten, die sich weniger durch theologische Fragen als durch ihre Bekenntnisse zu bestimmten historischen Personen unterscheiden. Als weitere Gruppen sind vor allem die in der Türkei anzutreffenden Aleviten sowie Sufiten und die in Saudi-Arabien beheimateten Wahhabiten zu erwähnen.

Der Glaube geht auf Mohammed (570 bis 632 n. Chr.) zurück. Er erlebte in der Wüste bei Mekka seine Berufung zum Propheten. Durch seine Hand wurde die endgültige Offenbarung Gottes, der Koran, geschrieben. Der Glaube an Allah, den einzigen Gott, wird durch die fünf Grundpflichten der Muslime ausgedrückt. Zu diesen Pflichten zählen das Glaubensbekenntnis, das tägliche Pflichtgebet, das Fasten im Ramadan (▸ Ägypten, Seite 12 und ▸ Asien und Ozeanien, Seite 46), die Entrichtung der Armensteuer und die Hadsch, die Pilgerfahrt nach Mekka. Die Mitgliedschaft im Islam wird durch die Schahaada (Glaubensbekenntnis) zum alleinigen Gott und zu seinem Propheten Mohammed bekundet.

Der Hinduismus

Seit etwa 300 v. Chr. hat sich der Hinduismus mit einem geschätzten Weltanteil von etwas über 13 % vor allem in Indien und den angrenzenden Ländern entwickelt. Im Mittelpunkt des Glaubens steht die Einsamkeits- oder Alleinheitslehre verbunden mit dem Erlösungsgedanken und die Lehre von der Wiedergeburt in einer anderen Gestalt. Diese resultiert aus den Taten, die in einem früheren Leben vollbracht wurden. Die meisten Hindus verehren Shiva, Vishnu oder die weibliche Gottheit Devi. Darüber hinaus gibt es aber auch eine Vielzahl von örtlichen Gottheiten. Neben diesen wurden auch zahlreiche Elemente aus anderen Religionen nach und nach integriert. Die Hochachtung gegenüber den Priestern sowie die Verehrung der Kuh sind zwei Praktiken, die bei fast allen Hindus üblich sind. Religiöse Lehrgebäude oder die Hierarchie einer religiösen Institution, wie sie zum Beispiel die katholische Kirche darstellt, existieren nicht.

Der Buddhismus

Der Buddhismus, mit einem geschätzten Weltanteil von knapp unter 6 %, leidet seit geraumer Zeit an einem stetigen Schwund seiner Anhängerschaft. Diese Weltreligion wird vor allem in Indien, Sri Lanka, Birma und weiteren Ländern der Region praktiziert. Im Mittelpunkt der buddhistischen Lehre steht das Nirwana, der endgültige Zustand des reinen Seins, den alle von Buddha erleuchteten Wesen erreichen. Prinz Siddharta Gautama, später als Buddha bekannt, erlangte vor etwa 2500 Jahren nach mehrjähriger Meditation diesen Zustand der Erleuchtung. Die wahrscheinlich friedliebendste aller Religionen entwickelte im Verlauf ihrer Geschichte verschiedenste Schulen, die ihre eigenen Traditionen (wie Therawada oder Mahajana) hervorbrachten. Der Buddhismus ist eine Mönchsreligion mit keiner einheitlich gültigen Schrift. Zusammengefasst kann die Aussage, dass das individuelle und auch kollektive Glück und Leid im eigenen Geist zu finden sind, als wesentliche Erkenntnis dieser Religion gesehen werden.

Atheismus

Neben großen und vielen kleinen Religionsgruppen gibt es weltweit eine nicht unbedeutende Zahl von Atheisten. Basierend auf einem materialistischen Weltbild wird von ihnen die Existenz eines Gottes oder einer anderen übergeordneten lenkenden Macht verneint. Die größte Verbreitung findet man in den Industrienationen sowie in sozialistischen beziehungsweise postsozialistischen Ländern.

unbedingt beachtet werden. Gerade bei orthodoxen Juden wird am Sabbat nicht gearbeitet, dies schließt auch Tätigkeiten wie Kochen ein.
Bei Einladungen sind kleine Präsente oder Blumen eine willkommene Aufmerksamkeit.

Essen und Trinken

Ob regionale, orientalische, vegetarische, indische oder chinesische Restaurants: Vor allem in Großstädten finden Sie hier eine große Auswahl. Für den kleineren Geldbeutel – Restaurants können sehr teuer sein – bieten sich die zahlreichen Imbissstuben an. Die israelische Küche selbst kombiniert westliche und orientalische Einflüsse. Hummus und Falafel gehören genauso wie Wiener Schnitzel und Gulasch zum reichhaltigen Angebot. Traditionelle jüdische Mahlzeiten, die vor allem für orthodoxe Juden »koscher« sein müssen, wie zum Beispiel Gefilte Fisch oder gehackte Leber, ergänzen den Speiseplan.
Das Wort »koscher« bezeichnet nach speziellen religiösen Gesetzen zubereitete Speisen und Getränke. Fleisch und Milch dürfen dabei weder auf dem Teller noch im Magen zusammenkommen. Zwischen ihrem Verzehr muss ein zeitlich genau bestimmter Abstand eingehalten werden. Wiederkäuende Tiere mit gespaltenen Klauen dürfen nur nach vorgeschriebener Schlachtung verspeist werden. Getränke aus vergorenen Trauben müssen ebenfalls nach bestimmten religiösen Vorschriften hergestellt werden. Für Bier, Whisky und Wodka gelten diese Regeln jedoch nicht.

Kleider machen Leute

Der eher legere Kleidungsstil in Israel ist durchaus mit den Gepflogenheiten in Europa vergleichbar. Rücksichtnahme durch nicht allzu freizügige Kleidung ist an heiligen Stätten angebracht. In Synagogen tragen Männer eine »Kipa«, die traditionelle jüdische Kappe. Für Besucher liegt diese meist am Eingang der Synagoge bereit. Für Frauen gibt es keine bestimmten Kleidungsvorschriften.

Wohin am Abend

Israels Nachtleben, vor allem in den Großstädten, bietet für jeden etwas. Wählen Sie Ihren persönlichen Vorlieben entsprechend aus; beachten Sie dabei jedoch, dass Sie Eintrittskarten, unter anderem auch für den Kinobesuch, häufig im Voraus kaufen beziehungsweise bestellen müssen.

Was man tun und lassen sollte

Neben dem bereits erwähnten Fingerspitzengefühl im Umgang mit dem Thema Nationalsozialismus oder gegenüber religiösen Regeln spielt auch die aktuelle Gefahrenlage in Israel eine wichtige Rolle. Das Verbot, Militäranlagen, Ministerien und polizeiliche Einrichtungen zu fotografieren, sollten Sie deswegen unbedingt einhalten.

Jemen

Lassen Sie sich von faszinierenden Landschaften verzaubern. Freundliche Menschen und das ein oder andere überraschende Erlebnis werden Sie beeindrucken.

Steckbrief

Ländername: Republik Jemen (Al-Jumhuriya al-Yemenia).
Hauptstadt: Sanaa.
Regierungsform: Präsidialsystem mt Parlament.
Sprachen und Dialekte: Arabisch. Als Geschäftssprache wird Englisch sowie vereinzelt Mehri und Sokotri gesprochen.
Religionen: Der Islam ist offizielle Staatsreligion, ca. 53 % schafiitische Sunniten und ca. 47 % zaiditische Schiiten, kleine Minderheiten jemenitischer Juden, ismailitischer Schiiten sowie ausländischer Christen und Hindus.
Bevölkerung: ca. 20 Mio.; überwiegend Araber und Afrikaner, im Süden auch Inder, Pakistaner, Äthiopier und Somalier sowie Flüchtlinge aus afrikanischen Ländern, Palästina und Irak. Bevölkerungsdichte: 36 Menschen pro km^2.

Wertvorstellungen, Religionen und Bräuche

Im Islam jemenitischer Prägung nimmt die Großfamilie einen hohen Stellenwert ein. Traditionell leben Männer und Frauen in verschiedenen sozialen Welten, die Frauen nehmen jedoch immer stärker am öffentlichen Leben teil. Zumindest in den Städten sehen Sie verschleierte Frauen häufiger als in den Dörfern. Ein gesellschaftliches Problem stellt das weit verbreitete Kauen von Qat-Blättern dar. Ein Inhaltsstoff der Blätter wirkt narkotisierend und ist mit starkem Kaffee oder Cocablättern vergleichbar. Im Norden des Landes gehört das Tragen von Gewehren zur Tradition und wird toleriert.

Kommunikation und Körpersprache

Lernen Sie vor Reiseantritt die wichtigsten arabischen Vokabeln (▸ Kommunikationshilfe Arabisch, Seite 199). Fremdsprachen sind im Jemen wenig verbreitet und man wird Ihre Bemühungen anerkennen. Generell sind Jemeniten sehr freundlich und hilfsbereit. Als ausländische Frau können Sie im Gegensatz zu jemenitischen Frauen ohne weiteres mit Männern in Kontakt treten. Vermeiden Sie dabei jedoch direkten Augenkontakt oder andere als Flirt interpretierbare Verhaltensweisen.

Smalltalk und Tabus

Das Gespräch über Religion ist im Jemen kein Tabu, im Gegenteil. Sie treffen auf interessierte Gesprächspartner, die nach Ihren Meinungen fragen. Greifen Sie das Thema auf und Sie werden feststellen, dass Christen im Islam mitunter auch als Glaubensbrüder gesehen werden. Kein Verständnis wird jedoch Atheisten entgegengebracht.

Einladung und Geschenke

Gastfreundschaft hat im Jemen eine besondere Bedeutung. Deswegen sollten Sie eine Einladung nach Hause unbedingt annehmen. Zu dieser Gelegenheit werden alle im Raum befindlichen Personen per Handschlag begrüßt. Als höflich gilt es, schnell und reichlich zu essen und im Anschluss daran

Qat-Blätter zu kauen. Vergessen Sie nicht, ein kleines Gastgeschenk mitzubringen. Jemeniten sind bekannt für ihren ausgeprägten Familiensinn und freuen sich, wenn Sie mitgebrachte Familienfotos zeigen.

Essen in einem arabischen Land

Es ist üblich, auf dem Boden sitzend zu essen. Man sitzt im Schneidersitz, weil die Füße nicht auf den gegenüber Sitzenden zeigen dürfen, dies wäre eine Beleidigung.
Je nach landesüblicher Ausprägung des Islam wird das Mahl gemeinsam eingenommen oder die Frauen essen getrennt. Gewöhnlich werden die Gerichte mit Brot, als Löffelersatz, mit der rechten Hand gegessen; in einigen Regionen auch mit Besteck. Die linke Hand wurde seit jeher bevorzugt benutzt, um sich auf der Toilette zu reinigen, und gilt deswegen als unrein. Sie sollte also weder zur Begrüßung noch zum Essen verwendet werden.

Essen und Trinken

Arabische Gerichte, Meeresfrüchte oder Haradha (ein pfefferscharfes Hackfleischgericht) sind sehr zu empfehlen. In Hotels und Restaurants können Sie immer häufiger internationale Spezialitäten erhalten. Indische und chinesische Restaurants erfreuen sich zunehmender Beliebtheit. Jemeniten dürfen keinen Alkohol kaufen, als Gast wird er Ihnen in einigen Hotels jedoch angeboten. Trotzdem sollten Sie aus Rücksicht auf die landesüblichen Gepflogenheiten darauf verzichten.

Kleider machen Leute

Für Männer und Frauen ist kurze Sommerkleidung tabu. Frauen sollten, wie in allen arabischen Ländern, auf figurbetonte Kleidung verzichten. Badekleidung, aber möglichst kein Bikini, und Shorts werden am Swimmingpool toleriert. Bei westlichen Besucherinnen erwartet man nicht, dass sie eine Kopfbedeckung tragen.

Was man tun und lassen sollte

Vor allem in den Städten des ärmsten Landes der arabischen Halbinsel treffen Sie auf bettelnde Familien, Kinder und Kriegswitwen. Da das Almosen für Bedürftige eine Pflicht für Muslime ist, sollten Sie nicht achtlos vorbeigehen, sondern eine Kleinigkeit spenden. Werden Sie jedoch von Kindern auf Süßigkeiten und »Qalam« (Kugelschreiber) angesprochen, dürfen Sie durchaus Nein sagen. Auch wenn der Jemen als relativ sicher gilt, sind das Alleinreisen, vor allem für Frauen, und wildes Campen wenig ratsam. Es wird immer wieder von »Car-Napping« und Belästigungen von Frauen berichtet. Informieren Sie sich am besten vor Reiseantritt über Ihr Zielgebiet. Das Fotografieren wird Ihnen, spätestens wenn Sie die Zusendung von Abzügen versprechen, auf jeden Fall erlaubt. Soldaten und zumeist auch Frauen dürfen aber nicht abgelichtet werden.

Saudi-Arabien

Durch Saudi-Arabien wandeln Sie auf den Spuren des Propheten Mohammed. Auch wenn die heiligen Städte für Nichtmoslems verboten sind, erhalten Sie gerade in diesem Land einen ungefilterten Eindruck von islamisch geprägten Traditionen.

Steckbrief

Ländername: Königreich Saudi-Arabien, Al-Mamlaka al-Arabia as-Saudia.
Hauptstadt: Riad.
Regierungsform: Absolute Monarchie auf religiöser Grundlage.
Sprachen und Dialekte: Arabisch. Als Geschäftssprache ist zusätzlich Englisch verbreitet.
Religionen: Der Islam ist offizielle Staatsreligion, ca. 85 % wahhabitische Sunniten und 14 % Schiiten, Christen und Hindus weniger als 1 % (oft ausländische Arbeitskräfte).

Bevölkerung: 22,3 Mio.; davon ca. 27 % legal im Land lebende Ausländer, vor allem aus Ägypten, Jordanien und dem Sudan sowie aus Asien (vor allem Pakistan, Indien, Philippinen, Indonesien). Bevölkerungsdichte: 10,8 Menschen pro km^2.

Wertvorstellungen, Religionen und Bräuche

Die Bereiche des täglichen Lebens werden selbst für die Region ungewohnt streng durch den Islam geregelt. Nichtmuslimen ist das Betreten der heiligen Städte Mekka und Medina untersagt. Geschäftliche Aktivitäten werden während der Fastenzeit oft beträchtlich reduziert. Diesen Umstand sollten Sie in Ihrer privaten und auch geschäftlichen Reiseplanung unbedingt beachten. So genannte »Mutawas« (Religionswächter) werden zur Überwachung der Sitten eingesetzt. Besondere Kleidervorschriften, zum Beispiel das Kopftuch für die Frau, oder die strikte Trennung von unverheirateten und verheirateten Frauen und Männern werden streng kontrolliert. Bei Verstößen drohen mitunter erhebliche Strafen. Achtung: Auch für ausländische Frauen gilt das Verbot, einen PKW zu lenken!

Kommunikation und Körpersprache

Der Körperkontakt zwischen Männern und Frauen wird in der Öffentlichkeit grundsätzlich nicht geduldet. Selbst westliche Paare sollten dies berücksichtigen. Aber nicht nur Berührungen gestalten sich zwischen den Geschlechtern schwierig. Sprechen Sie als Mann keine Frau an, auch nicht, um nach dem Weg zu fragen. Umgekehrt ist ebenfalls Zurückhaltung geboten, um keine Missverständnisse zu provozieren. Im arabischen Raum wird häufig gestenreich gesprochen und diskutiert. Die Bedeutung der einzelnen Gesten kann jedoch stark von der bei uns geläufigen abweichen, vermeiden Sie also allzu sorgloses Imitieren.

Smalltalk und Tabus

Sprechen Sie über sich, Ihre Kultur und Ihr Herkunftsland. Das Interesse an anderen Menschen und deren Kultur ist sehr verbreitet. Dabei sollten zunächst berufliche Probleme, persönliche Neigungen und Politik ausgeklammert bleiben. Die wesentlichen Tabuthemen ergeben sich zwingend aus der streng religiösen Orientierung.

Einladung und Geschenke

Wenn Ihnen die seltene Ehre einer Einladung in ein Privathaus zuteil wird, sollten Sie sich auf die besonderen Umgangsformen zwischen Männern und Frauen vorbereiten. Häufig werden Männer und Frauen getrennt eingeladen. Es ist für einen Mann nicht angebracht, die Gastgeberin grüßen zu lassen oder ihr ein Geschenk zu überbringen. Verhalten Sie sich zurückhaltend. Kleine Geschenke, zum Beispiel Spielsachen für Kinder oder verzierte Vasen, werden gerne angenommen. Umgekehrt können auch Sie wertvoll beschenkt werden. Betrachten Sie dies nicht als Verpflichtung zu ähnlichen Gaben.

Essen und Trinken

Alkohol ist tabu und darf nicht eingeführt werden, auch in Hotelbars oder Restaurants wird keine Ausnahme geduldet. Wenn es etwas zu feiern gibt, sollten Sie deswegen besser mit dem »Saudi-Champagner« anstoßen. Dieser gegorene und garantiert alkoholfreie Traubensaft wird in Sektflaschen gereicht und gerne als Aperitif getrunken. Wenn Sie auf westliches Fastfood nicht verzichten wollen, müssen Sie sich in den teuren Shopping Malls versorgen. Ansonsten bietet die saudische Küche ein breites Angebot an Fleischgerichten, meist aus Huhn oder Lamm. Beliebt und allerorten anzutreffen sind die »Kultra« (Fleischspieße). Hummus (Kichererbsenpüree) und Burghul (Weizengrütze) sowie Reis und andere Hülsenfrüchte sind die Grundlage saudischer Gerichte. Fast zu jeder Mahlzeit wird Pitta (flaches Weißbrot) gereicht.

Kleider machen Leute

Kleiden Sie sich der Kultur entsprechend. Diese Regel gilt insbesondere für Frauen. Shorts und Miniröcke sind tabu, die

Schultern müssen bedeckt sein. Für Besucher ist eine konservative Kleidung, für Männer ein Anzug und für Frauen das dezente Kostüm, angesagt. Auf keinen Fall dürfen Sie als Frau körperbetonende Kleidung tragen. Der Stil in Hotels ist etwas legerer als zu geschäftlichen Anlässen oder während Ausflügen und Reisen im Land. Da die Benutzung von öffentlichen Bädern und Hotelschwimmbädern nur Männern erlaubt ist, erübrigt sich für Frauen die Frage nach adäquater Badekleidung. Gleiches gilt übrigens auch für Sportanlagen.

Wohin am Abend

Das Freizeitangebot ist mit den Möglichkeiten in anderen Golfstaaten kaum vergleichbar. Kinos sind verboten, ein Nachtleben findet fast ausschließlich in Restaurants oder Hotels statt. Gelegentlich bieten westliche Konsulate oder Schulen kulturelle Veranstaltungen an. Filmabende müssen im privaten Rahmen organisiert werden. Staatliche Zensur, als Beispiel sei eine entsprechende Firewall im Internet erwähnt, soll das Einsickern von verbotenen Filmen und Schriften verhindern.

Was man tun und lassen sollte

Elementare Kenntnisse über den Islam saudischer Ausprägung (wahhabitischer Islam) helfen, unnötigen Kontakt mit der Religionspolizei zu vermeiden. Deren Anweisungen sollten Sie, sollte es dennoch zu einer Konfrontation kommen, tunlichst befolgen. Die nachfolgende Tipps sind deswegen durchaus ernst zu nehmen.

Führen Sie keinen Alkohol und keine anti-islamischen oder pornografischen Schriften ein. Pornografie wird dabei sehr weit definiert. In der Öffentlichkeit besteht Rauchverbot. Öffentliche Gebäude, militärische Anlagen, Flughäfen, Persönlichkeiten des öffentlichen Lebens und Frauen dürfen nicht fotografiert werden. Der internationale Führerschein gilt nur einige Tage und muss gegen den saudischen eingetauscht werden. Frauen erhalten ihn nicht. Homosexualität ist verboten und wird bestraft.

Unverheiratete Paare können nicht in einem Doppelzimmer nächtigen. Verheiratete Paare mit unterschiedlichen Familiennamen sollten deswegen unbedingt eine Kopie der Heiratsurkunde mitführen.

Vereinigte Arabische Emirate (V.A.E.)

In den V.A.E. erleben Sie einen Hauch von Orient. Neben traditionellen Pferde- und Kamelrennen können Sie über die Region hinaus beliebte kulturelle Highlights besuchen. Lassen Sie sich überraschen.

Steckbrief

Ländername: Vereinigte Arabische Emirate (V.A.E.), Al-Imarat al-'Arabiyah al-Muttahidah.
Hauptstadt: Abu Dhabi.
Regierungsform: Bundesstaatliche Wahlmonarchie mit parlamentarischen Ansätzen.
Sprachen und Dialekte: Arabisch; Englisch ist weit verbreitet.
Religionen: Muslime 96 %, andere (meist Christen und Hindus) 4 %.
Bevölkerung: 2,5 Mio.; davon ca. 80 % Ausländer, meist aus anderen arabischen Ländern, sowie Iraner, Inder, Bangladescher, Pakistani und Philippiner. Bevölkerungsdichte: 30,8 Menschen pro km^2.

Wertvorstellungen, Religionen und Bräuche

Traditionelle religiöse Feste sind wichtige Bestandteile im Jahr. In den V.A.E. können Sie arabischen Flair bei den sehr beliebten Kamel- und Pferderennen genießen. Darüber hinaus bietet das beliebte Dubai Shopping Festival innerhalb der ersten Monate des Jahres eine gute Gelegenheit für Sie, Land und Leute besser kennen zu lernen. Kultur- und Sportevents ergeben zusammen mit umfangreichen Einkaufsmöglichkeiten eine

Arabisch

Höflichkeit

Danke/Bitte.	Schukran/Afwan.
Keine Ursache/Kein Problem.	Ma min muschkila.
Entschuldigung.	Al maasira.
Ja/Nein	Naam/La
Nein danke.	La schukran.
Ich habe kein Interesse daran.	La yahummuni.
Das gefällt mir sehr.	Hasa yu'jibuni jiddan.
Das gefällt mir nicht.	Hasa la ju'jibuni.

Begrüßung und Verabschiedung

Guten Tag!	Naharak sa'id!
Auf Wiedersehen!	Maa assalama!
Wie geht es Ihnen?	Kaifa al hal?
Es freut mich, Sie kennen zu lernen.	Ana sa'id bimaarifatak.
Wie geht es Ihrer Frau/ Ihrem Mann/Ihrer Familie?	Kaifa halu saugatuka/ sauguki/aa'ilatuk?
Danke, mir geht es gut.	Schukran, ana bi khair.
Bis bald!	Arak kariban!
Ich heiße ...	Issmi ...
Ich wohne hier im Hotel ...	Ana nasel fi hotel ...
Meine Telefonnummer ist ...	Rakmu telefoni ...
Wie ist Ihr Name?	Ma hua ismuk?
Wie ist Ihre Telefonnummer?	Ma hua rakmu telefonak?

Verständigung

Ich spreche kein Arabisch.	Ana la atakalm arabi.
Sprechen Sie Deutsch/ Englisch/Französisch?	Hal tatakalam alalmania/ alinglisia/alfaranssia?
Ich kann Sie nicht verstehen.	Ana la afhamak.
Ich glaube, da gibt es ein Missverständnis.	Aatakidu anna hunak su`tafahum.

Hilfe

Ich brauche Ihre Hilfe.	Ana ahtaju li mussaadatuka.
Es geht mir nicht gut.	Lastu bi hala jayida.
Wo ist bitte ein Arzt/Telefon?	Ayna al tabib/al telefon min fadlak?

(▸ Aussprachehilfe, Seite 244/245)

interessante Mischung. Im Sommer zwischen Juli und September findet das farbenfrohe Dubai Summer Surprise-Fest mit einer guten Auswahl kultureller Veranstaltungen statt.

Kommunikation und Körpersprache

Sollten Sie sich in einem Gespräch unterbrochen fühlen, beachten Sie, dass die Kommunikation in den V.A.E. häufig sehr expressiv verläuft. Eine Unterhaltung mit mehreren Teilnehmern gleichzeitig oder zusätzlich auch noch über das Handy ist nicht ungewöhnlich. Der körperliche Abstand liegt häufig unter der von uns als angenehm empfundenen Distanz, man kommt sich näher. Aber Vorsicht: Dies gilt nur für Gesprächsteilnehmer des gleichen Geschlechts.

Tabuthemen

Die Rolle der Frau sowie religiöse und politische Themen werden in den V.A.E. eher als tabu betrachtet. Hier gilt es, Taktgefühl zu zeigen, um nicht bereits in den ersten Gesprächen in alle Fettnäpfchen zu treten.

Smalltalk und Tabus

Smalltalk spielt eine wichtige Rolle. Man lernt sich dabei kennen und tauscht vor allem Informationen über die Herkunftsländer und deren Kulturen aus. Stellen Sie sich desderwegen nicht nur mit Vor- und Zunamen, sondern auch mit Ihrem Herkunftsland und Beruf vor.

Einladung und Geschenke

Einladungen zu einem Kaffee, zu Süßigkeiten oder zu Obst abzuschlagen ist unhöflich. Umgekehrt werden ähnliche Einladungen von Ihnen ebenfalls gerne angenommen. Die Privatsphäre ist sehr wichtig. Wem die Ehre einer Einladung nach Hause zuteil wird, der sollte ein paar Verhaltensweisen beherzigen: Ziehen Sie in der Wohnung die Schuhe aus (▸ Indonesien, Seite 65). Und auch kleine Gastgeschenke, am besten Süßigkeiten oder auch Parfum für die Dame des Hauses, sollten Sie nicht vergessen.

Essen und Trinken

Die Traditionen der Beduinenvölker und vielfältige Einflüsse zugewanderter Bevölkerungsgruppen prägen die Küche. Neben zahlreichen Fleischgerichten, ausgenommen natürlich Schweinefleisch, bilden verschiedene Reissorten, Hülsenfrüchte und Gemüse die Grundlage der heimischen Küche. Gewürzt wird mit Safran, Zimt, Kardamom oder schwarzem Pfeffer und gerne auch mit Nüssen und Rosinen.

Zu jeder Tages- und Nachtzeit wird stark gesüßter Tee gereicht. Landestypisch, aber aus dem Alltag beinahe verschwunden ist eine mit Ingwer gewürzte Kamelmilch. Diese oder auch die gern getrunkene Buttermilch können Sie mitunter in einem Supermarkt kaufen. Für »Verächter« der regionalen Kost gibt es in den Zentren inzwischen zahlreiche Fastfood-Restaurants.

Kleider machen Leute

Auch ohne rechtliche Vorschrift ist das Tragen von Schleier oder Kopftuch nach wie vor ein Zeichen enger Verbundenheit zum Islam. Fernab der Öffentlichkeit werden diese Gepflogenheiten weniger streng befolgt. Jeans, Minirock und modische Kleidung sind hier durchaus zu sehen. Als Tourist sollten Sie in der Öffentlichkeit trotzdem Zurückhaltung üben. Die Kleidung sollte den ganzen Körper bedecken und die Körperformen nicht allzu sehr betonen. Kurze Hosen bei Männern werden belächelt.

Badekleidung ist grundsätzlich nur an Swimmingpools und an Badestränden erlaubt, das Oben-ohne-Baden wird mitunter sogar bestraft.

Wohin am Abend

In Irish Pubs, Bars, Kneipen und Diskotheken! Die Möglichkeiten der Freizeitgestaltung sind vielfältig. Weihnachtliche Veranstaltungen, kleine Feiern zu Halloween oder zum Thema Oktoberfest, Open-Air-Konzerte und viele andere Events lösen sich ab.

Nord- und Südamerika

Der Kontinent trägt den Namen von Amerigo Vespucci. Einer seiner Briefe an Freunde in Europa landete auch bei dem deutschen Kartographen Martin Waldseemüller. Dieser integrierte Vespuccis Beschreibungen 1507 in sein Buch *Einleitung in die Cosmografie* und schlug Amerigo als Namensgeber für die Neue Welt vor. Offenbar wusste Waldseemüller damals noch nichts von den Reisen des Columbus ...

Tipps und Grundlagen

Überall in der Neuen Welt machten Einwanderer ähnliche Erfahrungen: Ihr hartes Leben war geprägt von Enthusiasmus und Entbehrungen sowie dem Kampf um ein Stück Land. Die Eingeborenen wurden mit neuen kulturellen Einflüssen, mit Vertreibung und dem Kampf um Lebensraum konfrontiert. Die zwangsimmigrierten Afrikaner erlebten Verschleppung und Versklavung.

Mit dieser Situation wurde kulturell unterschiedlich umgegangen. In Südamerika lässt ein hoher Anteil von Mestizen und Mulatten eine stärkere Vermischung der Einwanderer mit den Eingeborenen erkennen. Nordamerika ist bis heute weniger ein »melting pot« als eine – wie Soziologen es heutzutage nennen – »salad bowl«, in der verschiedene Bevölkerungsgruppen eher isoliert voneinander bleiben und nicht wirklich verschmelzen.

In Nordamerika beziehungsweise Angloamerika stoßen Sie auf angelsächsische Einflüsse. Südamerika, auch Lateinamerika, ist durch die spanische und portugiesische Kultur geprägt. Dies dient aber nur zur allergröbsten Orientierung. In Quebéc zum Beispiel spüren Sie einen Hauch von Frankreich und im Süden Chiles finden Sie Spuren von deutschen Gebräuchen. Schlendern Sie durch Little Italy oder Chinatown, wähnen Sie sich im Herzen Europas oder Asiens.

Hinweise für Nord- und Südamerika

- Stellen Sie sich in Nordamerika eher auf einen gewissen Individualismus ein. Für Einwohner und Besucher bedeutet dieser auf der einen Seite Freiheit und auf der anderen Seite, auf sich selbst gestellt zu sein.
  Achten Sie in Südamerika dagegen auf die weit reichenden Beziehungsnetzwerke, die Halt geben können, aber auch stets zu gegenseitigen »Gefälligkeiten« verpflichten. Bis zu Bestechung und Korruption ist es dann häufig nur noch ein kurzer Weg.

- In Nordamerika werden Ihnen Zeitplanung und Effizienz auffallen. In Südamerika dagegen ist eine viertel oder halbe Stunde Verspätung durchaus akzeptabel. Von Europäern wird allerdings eher Pünktlichkeit erwartet. Wer wen warten lassen darf, hängt auch vom Rang ab. Bringen Sie Geduld mit und genießen Sie die Freiheit, ein Schwätzchen noch ein wenig auszudehnen. Die Person hat Vorrang vor dem Terminkalender. Gegenwärtiges und Kurzlebiges ist wichtiger als der Blick in die Zukunft.
- Die Art der Begrüßung wurde in Lateinamerika von den südeuropäischen Einwanderern eingeführt: Wie in Spanien begrüßt man sich mit Handschlag, mit einem gehauchten Wangenkuss von Seiten der Frauen und mit einem »abrazo« (Umarmung) von befreundeten Männern. Die Doppelnamen und deren Verwendung stammen ebenfalls aus Spanien (▸ Spanien, Seite 161).
- Unterschiedliche geografische und klimatische Bedingungen führen zu einem anderen Lebensrhythmus: Auf der südlichen Hemisphäre ist beispielsweise die Hauptferienzeit von Dezember bis März! Geschäftsleute sollten in den meisten lateinamerikanischen Ländern keine Termine in diese Zeit legen.
- Reagieren Sie als Frau auf machohaftes Verhalten weder mit Blickkontakt noch mit einer Antwort! Die beste Abwehr ist eine aufrechte Körperhaltung mit stolzem Blick geradeaus. Lassen Sie sich auf kein Gespräch ein, der Mann könnte es als flirtendes Interesse werten. Je früher Sie Ihr Desinteresse demonstrieren, desto eher vermeiden Sie Aufdringlichkeiten – und dass sich der Mann an der Nase herumgeführt fühlt.
- Die Anschläge des 11. September prägen die USA bis heute: Sollten Sie von der Polizei kontrolliert werden, vermeiden Sie auflockernd gemeinte oder witzige Bemerkungen. Legen Sie im Auto die Hände sichtbar auf das Lenkrad. Die Polizei befürchtet den Gebrauch von Schusswaffen und möchte deswegen die Hände aller Insassen sehen.

Argentinien

Den Glanz des Silberlandes (lat. argentum *= Silber), das Millionen Menschen durch seinen Reichtum anlockte, entdecken Sie heute noch auf Streifzügen durch Buenos Aires und im galanten Auftreten vieler Argentinier.*

Steckbrief

Ländername: Argentinische Republik, República Argentina.
Hauptstadt: Buenos Aires.
Regierungsform: Präsidialdemokratie, Bundesrepublik.
Sprachen und Dialekte: Spanisch ist Amtssprache. Englisch ist verbreitet.
Religionen: 90 % sind Katholiken, 3 % Protestanten, 1 % Juden, 6 % gehören anderen Glaubensrichtungen an.
Bevölkerung: ca. 37 Mio.; 85 % sind europäischen, meist spanischen, portugiesischen und italienischen Ursprungs, 2 % gehören den 13 ureinheimischen Indigena-Gruppen an, außerdem sonstige Einwanderer aus aller Welt. Bevölkerungsdichte: 13 Menschen pro km^2.

Wertvorstellungen, Religionen und Bräuche

Im 19. und 20. Jahrhundert machten europäische Einwanderer Argentinien reich. Die Ländereien und das Vermögen teilten allerdings bereits früh die Conquistadoren, Staatsdiener und Großhändler der ersten Stunde untereinander auf. Die Wohlhabenden investierten kaum in den Staat, sondern legten das Geld im Ausland an und leisteten sich Prestigeobjekte. Argentinien konnte sich so nie eine eigene Identität schaffen, zumal auch die ursprüngliche Bevölkerung systematisch vernichtet wurde.
Die schlechte Verwaltung der öffentlichen Finanzen, Korruption, Nepotismus und Militärregierungen nahmen dem Land die Chance, sich zu organisieren. Sie sehen das an der hohen Arbeitslosigkeit und Armut, in Argentinien ist heute nur noch eine kleine Oberschicht vermögend.

Das Geschäftsleben befindet sich fest in Männerhand. Die Rollen sind noch traditionell getrennt, die meisten Argentinierinnen arbeiten in klassischen Frauenberufen und man verheiratet sich häufig mit Blick auf den Erhalt der Familiendynastien. Auch wenn dem Gesetz nach der Präsident und der Vizepräsident dem römisch-katholischen Glauben angehören müssen, so besteht doch Religionsfreiheit. Trotz der 90 % Katholiken sind die Kirchen sonntags spärlich besucht. Als Atheist werden Sie jedoch bei den meisten auf Unverständnis stoßen, ein Minimum an Religiosität gehört hier zur guten Erziehung.

Kommunikation und Körpersprache

Der Umgangston tendiert zu höflich-galant: Handkuss, »Ladies first« und Komplimente für die Frau gehören zum guten Ton. Zärtlichkeiten von Paaren sind in der Öffentlichkeit nicht angebracht. Höflichkeit bedeutet auch, dass eine Bitte nicht abgeschlagen werden kann. Wenn sie nicht erfüllt werden kann, hören Sie oft: »Mañana!« (▸ Mexiko, Seite 232). Blickkontakt und Berührungen kommen verhältnismäßig häufig vor. Im Geschäftsleben werden Sie bald merken, dass persönliche Netzwerke wichtig sind (▸ Brasilien, Seite 210). Für Geschäftsleute ist es meist besser, keine einsamen Entscheidungen zu fällen, sondern Kollegen um Rat zu fragen. Wer laut ist, demonstriert Autorität, vor allem vor Angestellten. Wer mit Gleichrangigen spricht, verwendet eher einen freundlichen Ton.

Smalltalk und Tabus

Smalltalk ist wichtig! Man lernt sich beim Essen und beim Plaudern kennen. Das wechselhafte Wetter im Agrarland Argentinien ist ein beliebtes Thema. Reden Sie auch über Familie, Kinder, Autos und Fußball und allen möglichen Klatsch und Tratsch, der vor allem auch unter Männern üblich ist.
Halten Sie sich mit Kritik an den argentinischen Verhältnissen oder am Gegenüber zurück. Misserfolge oder eigene Schwächen werden fast nie angesprochen, dazu sind die meisten eher zu stolz (▸ Machismo/Kuba, Seite 227).

Einladung und Geschenke

Kommen Sie mit einer viertel bis halben Stunde Verspätung! Unter Argentiniern ist es häufig kein Problem, im Privaten auch eine Stunde später zu kommen (▸ Nord- und Südamerika, Seite 204).
Begrüßen Sie alle Anwesenden einzeln, denn ein an alle gerichtetes »Hallo« wäre unhöflich. Sie werden großzügige Gastgeber kennen lernen, Einladungen nach Hause sind jedoch selten. Falls Sie doch in diesen Genuss kommen sollten, bringen Sie der Gastgeberin Blumen mit oder schicken Sie ihr am Tag darauf einen Strauß.

Argentiniens Nationalgetränk Mate

Mate, ein Aufguss aus getrockneten und fermentierten Blättern des Yerba-Strauches, wird zum Zeichen der Gastfreundschaft gereicht. Er wird mit einem silbernen Röhrchen aus einer Kalebasse getrunken. Man reicht dasselbe Gefäß unter Freunden weiter, auf keinen Fall wird jedoch mit dem Halm das Getränk umgerührt.

Essen und Trinken

Sie werden baskische, spanische und italienische Gerichte vorfinden, der Star der argentinischen Küche ist und bleibt jedoch das Rindfleisch. Auch Arroz con Pollo (ein scharfer Eintopf aus Reis, Huhn, Eiern und Gemüse), Empanada (gefüllte Teigtaschen) und Queso y dulce (Käse mit Quittengelee) sind beliebte Spezialitäten. Typische Desserts sind Alfajores, ein mit Karamell gefülltes Gebäck, oder Flan, ein Karamellpudding.
Argentinische Weine erreichen heutzutage Spitzenqualität. Probieren Sie auch die vielfältigen Cocktails mit Rum. Mit Alkohol geht man hier meist diszipliniert um – Sie werden kaum Betrunkene sehen. Warten Sie im Restaurant darauf, dass Ihnen der Kellner einen Platz zuweist, und rechnen Sie den Betrag nicht getrennt ab.

Kleider machen Leute

Ein gepflegtes Äußeres ist in Argentinien für die Selbstdarstellung wichtig. Teure Uhren und andere Accessoires werden gern verwendet. Kleiden Sie sich im Alltag sportlich-elegant. Bei Geschäftstreffen ist formelle Kleidung üblich, Anzug und Kostüm in klassischen, diskreten Farben. Eleganter wird es bei offiziellen Veranstaltungen und in gehobenen Restaurants. Krempeln Sie auch bei großer Hitze die Ärmel nicht hoch und lassen Sie die Jacke an. Das Frauenideal hier ist: attraktiv, das heißt schlank, elegant und geschminkt, aber zugleich stolz und unnahbar. Annäherungen aus der Männerwelt kann so am besten begegnet werden (▸ Nord- und Südamerika, Seite 204).

Wohin am Abend

In ein Tango-Lokal in San Telmo, eines der ältesten Stadtviertel von Buenos Aires. Sie können auch ins Spielkasino oder in die Parrilladas, die Grillrestaurants, gehen. Nach dem Essen locken Tanzlokale oder kleinere Clubs (Boites) bis in die frühen Morgenstunden.

Starten Sie zu Ihren Freizeitaktivitäten vor allem nicht zu früh. Vor 21 Uhr geht man nicht essen, alle wichtigen Verabredungen beginnen nach Mitternacht. Um drei Uhr sind die Straßen der Großstädte bevölkert. Setzen Sie daher auch keine geschäftlichen Verabredungen für den Vormittag an und vermeiden Sie private Anrufe vor 11 Uhr!

Was man tun und lassen sollte

Trinkgeld ist in Restaurants und Bars üblich. Man lässt es auf dem Tisch liegen. Auch Taxifahrer und Portiers freuen sich über eine Kleinigkeit. Feilschen wird weniger geschätzt, außer auf arabischen Märkten oder Indiomärkten. Drängeln an Schaltern wird als unhöflich angesehen. Nutzen Sie Dienstleistungen wie Schuhputzer und Gepäckträger ohne schlechtes Gewissen. Viele sind durch die schlechte Wirtschaftslage auf diese Jobs angewiesen.

Brasilien

Hier denkt man an Musik und ausgelassenen Tanz. Überall erklingen Melodien und Rhythmen aus den unterschiedlichsten miteinander verschmelzenden Stilrichtungen.

Steckbrief

Ländername: Föderative Republik Brasilien, República Federativa do Brasil.
Hauptstadt: Brasília.
Regierungsform: Föderative Republik.
Sprachen und Dialekte: Amtssprache ist Portugiesisch.
Religionen: 88 % römisch-katholisch, zunehmend auch protestantische Gruppen, synkretistisch-animistische Kulte.
Bevölkerung: 182,5 Mio.; davon sind die meisten ursprünglich europäischer Herkunft. Es gibt afrikanische und indianische Minoritäten. Bevölkerungsdichte: 22 Menschen pro km^2.

Wertvorstellungen, Religionen und Bräuche

Wenn Sie in Brasilien ankommen, fällt Ihnen die multikulturelle Bevölkerung auf. Zuerst wanderten Portugiesen ein, in der Zeit der Versklavung kamen Afrikaner ins Land und bis heute gibt es Einwanderer aus aller Welt, darunter viele Europäer, Palästinenser und Asiaten, vor allem Japaner. Die Einwohner verbindet ein selbstbewusstes, optimistisches Wir-Gefühl. Keine separatistischen Bewegungen, Revolutionen oder Religionskriege spalteten das fünftgrößte Land der Erde. Nur die soziale Ungleichheit trennt eine kleine reiche Oberschicht von einer weitgehend sehr armen Bevölkerung.
Ob Katholizismus, Wunderglaube, Anhänger der Pfingstkirche, des Spiritismus oder afrikanischer Formen des Schamanismus – Sie werden eine große gegenseitige Toleranz bemerken. Opferschalen am Straßenrand, in denen sich Reis, Bohnen, Schnaps und Kerzen befinden, sind Zeugnis eines weit verbreiteten Glaubens an Geister.

Beachten Sie den Einfallsreichtum bei provisorischen Lösungen oder dem Aufschieben von Problemen. Das Motto »Sempre dá um jeito« (»Es gibt immer einen Ausweg.«) gilt sowohl für wirtschaftliche und politische Belange als auch für weniger bedeutende Fragen. Es wird meist eine für alle Beteiligten gangbare Lösung gefunden, oft auf Kosten Dritter, meist des Staates.

Beziehungen

In südeuropäischen und südamerikanischen Ländern sind persönliche Kontakte entscheidend. Ein Verwandter oder »amigo« hilft oft, ins Gespräch oder ins Geschäft zu kommen. Pflegen Sie Ihre Beziehungen! Nehmen Sie sich Zeit für Gespräche! Erkundigen Sie sich vor dem Meeting nach der Familie, besprechen Sie Geschäftliches beim Abendessen oder Kaffee. Betonen Sie Gemeinsamkeiten. Direkter Blickkontakt, Nähe und Berührungen gehören zum »Wir-Gefühl« dazu. Regeln oder die eigentlich für alle gleichermaßen geltenden bürokratischen Wege werden vielfach umgangen, mitunter auf illegale Weise.

Kommunikation und Körpersprache

Bei der Begrüßung dauert der Handschlag etwas länger als gewohnt. Meist wird der Vor- oder Spitzname verwendet. Bemühen Sie sich, Portugiesisch zu sprechen, Spanisch wird in einigen Regionen nicht gern gehört. Achten Sie im Gespräch auf Harmonie, Freundlichkeit, gute Laune und Humor. Werden Sie beim Sprechen unterbrochen und an Händen, Armen oder am Rücken berührt, gilt das als engagierte Beteiligung am Gespräch. Wenn Sie auf Ämtern mit Beamten über Gemeinsamkeiten ins Gespräch kommen – wie gemeinsame Bekannte, das Fahren der selben Automarke, gleichaltrige Kinder –, können Sie zum »amigo« werden und Ihr Formular wird vielleicht schneller bearbeitet. Vermeiden Sie das amerikanische Okay-Zeichen mit Daumen und Zeigefinger, es ist hier eine obszöne Geste.

Smalltalk und Tabus

Die negativen Seiten Brasiliens, wie Armut, Abholzung des Regenwaldes oder Korruption, sind keine geeigneten Themen. Ein weiteres Tabu ist es, vermeintliche Flirtsignale vorschnell als Aufforderung zu verstehen. Achten Sie darauf, das ausgeprägte Körperbewusstsein und die auf uns oft erotisch wirkenden Kleidungsstile und Bewegungen nicht misszuverstehen! Gesprächsthemen wie Fußball, Familie und Kinder, aber auch Komplimente und Lob der positiven Seiten Brasiliens werden Ihnen helfen, Freunde zu gewinnen.

Einladung und Geschenke

Falls Sie bei Einladungen auf Ihren Gast warten müssen, ärgern Sie sich nicht, denn Pünktlichkeit ist hier relativ (▸ Nord- und Südamerika, Seite 204). Bei Geschäftsessen gehört der anfängliche Smalltalk zum guten Ton. Warten Sie, bis Ihr Gesprächspartner auf das Geschäftliche zu sprechen kommt. Vermeiden Sie, sich beim Essen die Nase zu schnäuzen, und verwenden Sie keine Zahnstocher. Beides wird als unappetitlich angesehen. In Restaurants wird nicht getrennt abgerechnet.

Sind Sie privat nach Hause eingeladen, dann schicken Sie der Dame Blumen zum Dank. Lila Blumen werden hier allerdings für Beerdigungen verwendet!

Essen und Trinken

Reichlich Fleisch ist Teil eines fast jeden Gerichts. Ansonsten ist die Küche so vielfältig wie die Bewohner des Landes. Die Maniok-Wurzel stammt aus der indianischen Küche, genauso wie Churrasco, ein deftiger Braten. Nationalgericht ist ein Eintopf aus schwarzen Bohnen und gesalzenem oder geräuchertem Fleisch, die Feijoada.

Vermeiden Sie Leitungswasser (▸ Peru, Seite 238). Man trinkt vor allem Fruchtsäfte und abends ein Cerveja (Bier), das in seinem Alkoholgehalt reduziert wurde, da viel davon konsumiert wird. Der Zuckerrohrschnaps Cachaça wird für Caipirinha, das Nationalgetränk Brasiliens, verwendet.

Kleider machen Leute

Die gewagten und freizügigen Bikinis und Ausschnitte der Frauen werden Ihnen wahrscheinlich auffallen. Topless präsentieren Frauen sich jedoch höchstens zum Karneval. An der Schönheit und dem Wunsch nach einer guten Figur verdienen hier Schönheitschirurgen und Fitnesscenter viel Geld. Zum guten Auftreten gehören gepflegte Hände sowie depilierte Achseln und Beine.
Im Geschäftsleben kleidet man sich elegant. Führungskräfte tragen dreiteilige Anzüge, Angestellte zweiteilige. Frauen kleiden sich eher konservativ. An heißen Tagen macht man sich mehrmals frisch, um keinen Körpergeruch zu entwickeln. Vermeiden Sie Farbkombinationen in Gelb und Grün, das sind die Farben der Landesflagge.

Wohin am Abend

Stürzen Sie sich in den Karneval, er wird Ihnen die brasilianische Lebensfreude nahe bringen. Ansonsten können Sie in einen »Dreckfuß« (pé sujinho) gehen, das sind unkomplizierte Eckkneipen, in denen alles von den Tischen auf den Boden geworfen wird. Hier gibt es das beste Bier, gefüllte Teigtaschen und andere einfache Gerichte.
Falls Sie Lust auf mehr haben, dann treffen Sie sich mit Freunden in einem »Kilorestaurant« – dort wird Ihr Teller nach dem Gewicht abgerechnet.

Was man tun und lassen sollte

Gehen Sie in Restaurants und Geschäften mit Ihrem Geld nicht kleinlich um, wenn das Wechselgeld einmal ausgegangen ist, wird einfach aufgerundet. Die Großstädte weisen eine hohe Kriminalitätsrate auf, achten Sie auf Sicherheitshinweise (▸ Vorsicht Krisengebiet und Kriminalität!, Seite 228). Im Amazonasgebiet gelten rigide Naturschutzbestimmungen. Samen, Pflanzen und Tiere, aber auch Gesteine und Fossilien stehen unter besonderem Schutz. Ignorieren Sie dies, droht Ihnen sogar eine Freiheitsstrafe!

Chile

Chile ist vom restlichen Südamerika durch die Gebirgskette der Anden getrennt. Dadurch entwickelte die Bevölkerung eine vergleichsweise starke kulturelle Identität.

Steckbrief

Ländername: Republik Chile, República de Chile.
Hauptstadt: Santiago de Chile.
Regierungsform: Republik, Präsidialdemokratie.
Sprachen und Dialekte: Die Landessprache ist Spanisch. Daneben werden Aimara, Mapudungu, Mapuche, Quechua und Rapa Nui gesprochen.
Religionen: 70 % Katholiken, 10 % Protestanten sowie jüdische, animistische und Bahai-Minderheiten.
Bevölkerung: 15,8 Mio.; davon ca. 75 % Mestizen. Bevölkerungsdichte: 21 Einwohner pro km^2.

Wertvorstellungen, Religionen und Bräuche

Chile ist stark von den ersten spanischen Einwanderern und dem Katholizismus geprägt, was sich in oft strikten Moralvorstellungen äußert. Gegenüber religiösen Minderheiten besteht jedoch eine hohe Toleranz. Die Musik, Kunst und Literatur sind von Gegensätzen geprägt, die durch die europäischen, vor allem spanischen, und die jahrelang unterdrückten indianischen Einflüsse entstanden. In Südchile haben sich ab der Mitte des 19. Jahrhunderts Deutsche und Schweizer angesiedelt. In den letzten Jahrzehnten schadete die Militärdiktatur dem Land stark, viele Chilenen gingen ins Exil.

Kommunikation und Körpersprache

Mit Kollegen und Bekannten können Sie sich relativ schnell duzen, bleiben Sie jedoch in formellem Umfeld und gegenüber Vorgesetzten und älteren Leuten beim Sie. Kommunizieren Sie am besten auf Spanisch. Im Süden des Landes treffen Sie auf Leute, die Deutsch sprechen oder verstehen.

»Die Anderen« über uns – wir über »die Anderen«

Menschen und Völker sind selten so, wie sie von anderen gesehen werden. Sie sind nicht einmal so, wie sie sich selbst sehen. Aber diese Vorstellungen von sich selbst und den Anderen sind manchmal im Zusammenleben bedeutsamer als die tatsächlichen Eigenschaften.

Wer sind »die Anderen« und was heißt schon »wir«? Erstere sind, na klar, »*die* Chinesen« oder »*die* Franzosen«! Und »wir«? Hier wird es schon schwieriger. Meinen wir »*die* Deutschen« oder »*die* Deutschsprachigen«? Denn auch »*die* Schweizer«, »*die* Österreicher« oder »*die* Südtiroler« könnten dieses Buch in die Hand nehmen. Beachten Sie, dass wir in unserem Denken Menschen Gruppen zuordnen, in diesem Buch Ländern. Ein Land? Deutschland! Die Gruppe von Menschen, die es bewohnen? Die Deutschen!

In anderen Zusammenhängen würden Sie dieselben Menschen anders einordnen, zum Beispiel als »Jugendliche« und »Erwachsene«, »Unternehmer« und »Angestellte« oder als »Frauen« und »Männer«. Entscheiden Sie von Fall zu Fall, wen Sie wirklich meinen! Werden Sie in Spanien in einem Touristenrestaurant geneppt, wäre es unter Umständen angebrachter – wenn man schon allgemeine Kategorien wählen will –, über »*die* Restaurantbesitzer in touristischen Gebieten« als über *»die Spanier«* zu schimpfen. Und selbst damit täte man schon vielen Restaurantbesitzern unrecht.

Dennoch können Sie zu Recht davon ausgehen, dass sich Menschen, die im selben Land leben, dasselbe Bildungssystem durchlaufen haben und denselben Gesetzen und Regeln folgen, dieselben Zeitungen lesen und dieselben Fernsehprogramme ansehen, in vielen Bereichen ähnlich verhalten, ähnliche Erwartungen und Ansichten haben. Das, was Sie zum Beispiel über »Polen« und »*die* Polen« denken – seien es klischeehafte Annahmen oder Vorurteile – beeinflusst wesentlich Ihren Umgang mit einem Polen. Umgekehrt gilt genauso: Das Bild »*der* Deutschen« beeinflusst das Verhalten von Menschen anderer Nationen Ihnen gegenüber.

Häufige Vorurteile über »die Deutschen«

Informieren Sie sich über das Bild »der Deutschen« in der Welt, denn dieses Bild wird sicher hier und da auf Sie übertragen werden.

Pünktlich, effektiv, ordentlich, leistungsorientiert, perfektionistisch und so weiter, das fällt vielen Ausländern zu den Deutschen ein. Zum Teil werden diese Eigenschaften geschätzt, zum Teil abgelehnt. Sie können neben Zuverlässigkeit, guter Qualität und anderen positiven Attributen auch Stress, Hektik, Leistungsdruck und Haarspalterei bedeuten.

Das »Menschsein« und das Genießen der schönen Seiten des Lebens scheint bei uns aus der Sicht anderer hinten anzustehen. Es gibt Stimmen aus dem Ausland, die Deutsche als nicht gerade kontaktfreudig und im Umgang mit anderen als distanziert, einsilbig oder sogar kalt einschätzen. Die direkte Art in der Kommunikation, die Möglichkeit, beispielsweise eine Bitte relativ offen abzulehnen, unbeschwert zu kritisieren oder Konflikte vergleichsweise offen auszutragen, wird im Ausland nicht selten als brüsk, unhöflich und unbeherrscht bewertet.

Nach wie vor werden bei den Wörtern deutsch und Deutschland Erinnerungen an den Zweiten Weltkrieg geweckt. Gleichzeitig aber werden im Ausland manchmal auch die »deutsche« Reserviertheit gegenüber dem eigenen Vaterland und der oft mangelnde Patriotismus mit Verständnislosigkeit betrachtet. Die oft sehr legere Freizeitkleidung vieler deutscher Touristen fällt im Ausland häufig unangenehm auf. Im Geschäftsbereich werden junge deutsche Führungskräfte, die sich die Werte Teamarbeit und partnerschaftliche Zusammenarbeit mit Mitarbeitern auf die Fahne geschrieben haben, oft als zu unentschieden, zu wenig autoritär und statusbewusst wahrgenommen.

Achten Sie darauf, dass nicht in jedem Land dasselbe Bild von Deutschland und seinen Einwohnern herrscht. Je nach landesspezifischen Gepflogenheiten ergibt sich im Vergleich zum jeweiligen Land ein anderes Bild von »*dem* Deutschen«. So sind »*die* Deutschen« zum Beispiel aus italienischer Sicht dem Vorurteil nach eher keine »Beziehungsmenschen«, aus britischer Sicht vielleicht schon zu kontaktfreudig.

Der Umgang mit Vorurteilen der Anderen

Mit Vorurteilen und stereotypen Vorstellungen müssen Sie im Ausland rechnen. So manches Attribut scheint unzutreffend oder gar unsympathisch, und Sie fühlen sich, als würden Sie in eine »Vorurteils-Schublade« gesteckt. Wie können Sie darauf reagieren?

Setzen Sie sich mit den vorherrschenden Vorurteilen zu den Deutschen, Schweizern oder Österreichern, also denen, die Sie betreffen können, auseinander. Ob Sie diesen Klischees entsprechen oder nicht: Vorurteile sind bei allen Menschen vorhanden. Thematisieren Sie deswegen solche unzutreffenden Vorstellungen und betonen Sie, dass diese nicht generell stimmen.

Denn auch wenn ein wahrer Kern in solchen Annahmen stecken mag: In jedem Land gibt es Unterschiede zwischen den Menschen und eine Vielzahl an Subkulturen. Erzählen Sie im Ausland ruhig von Ihrem unaufgeräumten Schreibtisch, Ihrer chaotischen Arbeitsplanung, von einem unpünktlichen Freund sowie kontaktfreudigen und lockeren Kollegen. Distanzieren Sie sich von Verhaltensweisen, die auf Sie nicht zutreffen, und demonstrieren Sie das auch durch Ihr Verhalten.

Und: Bleiben Sie geduldig! Vorurteile und die Orientierung an allgemeinen Aussagen über die »typische Mentalität« oder »typische Gepflogenheiten« sind dort normal, wo man über andere wenig weiß. Beim ersten Kontakt können solche stereotypen Annahmen sogar eine wertvolle Hilfe für eine erste Orientierung sein. Ein Fünkchen Wahrheit enthalten sie oft.

Der Umgang mit den eigenen Vorurteilen

Häufig beschreiben Stereotype etwas, das tendenziell häufiger auffällt als in anderen Ländern.

Bleiben Sie aber trotzdem immer vorsichtig, wenn Sie generelle Äußerungen hören oder machen! Das, was in einem Land Fremden am häufigsten auffällt, scheint in solchen Beschreibungen meist unzutreffenderweise als absolut, was am meisten befremdet, wird oft unberechtigterweise als am wichtigsten eingestuft. So entstehen Stereotypen und Vorurteile und können Sie zu Fehleinschätzungen verleiten. Denn diese Aussagen sind zwangsläufig verallgemeinernd und vereinfachend. Deshalb helfen sie Ihnen nur sehr bedingt weiter, da Sie es auf Reisen oder in der beruflichen Tätigkeit in der Regel immer mit Einzelfällen zu tun haben. Bei unserem Gastgeber oder Verhandlungspartner im Ausland wissen wir nicht, ob er wirklich unserer Vorstellung entspricht. Wie oft hat sich ein Deutscher zur Begrüßung vor einem Chinesen verbeugt und dieser streckte gleichzeitig dem Deutschen die Hand entgegen. Beide wurden Opfer ihrer stereotypen Erwartungen, ohne zu beachten, dass beide seit Jahren im internationalen Geschäft tätig und mit anderen Kulturen vertraut waren.

Bleiben Sie, was Ihre eigenen Annahmen und Vorurteile betrifft, offen für Einzelfälle, für individuelles und situatives Verhalten. Dies verlangt einen unvoreingenommenen Blick und ein beständiges Korrigieren Ihrer Vorstellungen, sobald Sie neue Informationen bekommen oder andere Beobachtungen machen als erwartet. Sobald sich eine Vorstellung verfestigt, entfernen wir uns von der Realität und fallen auf unser eigenes Vorurteil herein. Sind wir beispielsweise fest davon überzeugt, dass alle Amerikaner oberflächlich sind, so werden wir nur schwer die Tiefe eines Gespräches empfinden, werden nie eine tiefere Freundschaft eingehen, da es unsere Voreingenommenheit nicht zulässt. Schade eigentlich! Wir selbst hoffen ja auch, dass kein Urteil bereits über uns gefällt wurde, bevor wir als Person wahrgenommen werden konnten.

Einladung und Geschenke

Bei Einladungen können Sie es mit der Pünktlichkeit so halten wie bei uns mit dem »akademischen Viertel«. 15 Minuten kann man problemlos zu spät kommen. Sind Sie nach Hause eingeladen, so ist ein kleines Gastgeschenk angebracht. So bringt der Gast häufig die Nachspeise mit.

Essen und Trinken

Typisch sind zum Beispiel die Empanada, eine Pastete aus Fleisch oder Fisch, mit Rosinen und Oliven, oder die in Maisblättern gekochte Maispaste Humitas. »Bife a lo Pobre« ist ein Steak mit Pommes Frites, gebratenen Zwiebeln und Spiegelei. Bekannt ist Chile auch für seinen frischen Fisch und die Meeresfrüchte. Im Süden des Landes können Sie mit »Lomo de Kassel« (Kassler Aufschnitt) oder »Strudel de Manzana« (Apfelstrudel) Ihr Heimweh vertreiben. Genießen Sie die ausgezeichneten chilenischen Weine oder Pisco, einen Schnaps, der im Nationalcocktail Pisco Sour am besten schmeckt.

Kleider machen Leute

Im Alltag können Sie sich leger kleiden. Bei Restaurantbesuchen oder kulturellen Veranstaltungen sollten Sie sich vor allem in Großstädten gepflegt und eher formell kleiden. Das gilt auch für Geschäftstreffen. Hier sind häufig Krawatten üblich, in manchen Büros sind sie Pflicht. Außerhalb von Touristenorten sollten Frauen kurze Hosen vermeiden. Obenohne baden sollten Sie nur an den dafür gekennzeichneten Orten. Zumindest ein Tanga muss aber anbehalten werden.

Was man tun und lassen sollte

Zusätzlich zu dem auf der Rechnung stehenden Bedienungsgeld erwarten die Kellner Trinkgeld. Nehmen Sie sich vor der allgegenwärtigen Kriminalität in Acht (▸ Vorsicht Krisengebiet und Kriminalität!, Seite 228). Beim Vereinbaren von Geschäftsterminen sollten Sie die Urlaubsmonate Januar und Februar aussparen, hier finden häufig Betriebsferien statt.

Kanada

Kanada ist nach Russland das zweitgrößte Land der Erde, gleichzeitig jedoch auch eines mit der geringsten Bevölkerungsdichte. Große Teile des Landes werden Sie durch ihre Weite und Unberührtheit überwältigen.

Steckbrief

Ländername: Kanada, Canada.
Hauptstadt: Ottawa.
Regierungsform: Parlamentarische Monarchie (im Commonwealth), Bundesparlament aus zwei Kammern.
Sprachen und Dialekte: Amtssprachen sind Englisch und Französisch. Die Eskimosprache Inukitut ist in Nunavut Amtssprache.
Religionen: Ca. 45 % sind römisch-katholisch, 36 % protestantisch. Außerdem gibt es Mitglieder der Vereinigten Kirche Kanadas, Anglikaner sowie muslimische, jüdische und Sikh-Minderheiten.
Bevölkerung: 30,04 Mio.; 58 % sind britischer oder französischer Herkunft. Große Minderheiten sind deutscher, italienischer, ukrainischer, holländischer, polnischer, chinesischer, südasiatischer, jüdischer, portugiesischer und skandinavischer Abstammung. Bevölkerungsdichte: 3,2 Einwohner pro km^2.

Wertvorstellungen, Religionen und Bräuche

Kanada ist hauptsächlich durch die Einwanderung von Briten sowie in Québec von Franzosen geprägt, wie die Bräuche und vor allem die Zweisprachigkeit zeigen. Selbst im nicht-französischen Landesteil sind Straßen zweisprachig benannt und an Schulen findet Französischunterricht statt. Kanadas Regierung verankerte 1971 offiziell den Multikulturalismus in ihrer Politik mit einem eigens dafür eingesetzten Staatsminister. Das 1988 in Kraft getretene Multikulturalismusgesetz garantiert jedem kanadischen Bürger uneingeschränkt die gleichen

Möglichkeiten, sich am gesellschaftlichen Leben zu beteiligen. Aufgrund der Ansiedlung in Kolonien haben die verschiedenen Bevölkerungsgruppen ihre ursprüngliche Identität in hohem Maße behalten.

Kommunikation und Körpersprache

Zur Begrüßung ist im englischsprachigen Westen und Süden der Handschlag mit Blickkontakt üblich. Die körperliche Distanz beträgt dabei ungefähr eine Armeslänge und wird auch im Gespräch meist beibehalten. Im französischsprachigen Osten dagegen begrüßen sich Freunde und Bekannte wie in Frankreich mit Wangenkuss, begleitet von einer kurzen Umarmung.

Die Kommunikation ist meist unkompliziert, offen und direkt. So können Sie mehrere Anwesende mit einem für alle geltenden »Hi« begrüßen und schnell den Vornamen verwenden. Titel sind nicht besonders wichtig. Privates wird vom Geschäftlichen allerdings meist klar getrennt. Pünktlichkeit wird im Beruf vorausgesetzt.

Zweisprachigkeit

Mit Englisch kommen Sie meist gut durch Kanada. 17,5 Mio. Menschen sind englische und 6,6 Mio., vor allem in der Provinz Québec, französische Muttersprachler. New Brunswick ist bilingual. Bei Ihren Reisen durch Kanada wird Ihnen auffallen, dass sich die verschiedenen Sprachgruppen wie Sprachinseln über das ganze Land verteilen und sich relativ unabhängig voneinander entwickelt haben.

Smalltalk und Tabus

Vermeiden Sie unangenehme Themen wie die Situation der Ureinwohner oder die Politik des Abholzens. Auch das Privatleben und die Familie eignen sich als Gesprächsthema weniger, da eine gewisse persönliche Distanz erwartet wird.

Die Natur und die Schönheit Kanadas sowie Sport sind besser geeignete Aufhänger für ein Gespräch. Lacrosse, dem indianischen Baggataway ähnlich, ist Nationalsport. Man versucht mit einem langen, schlägerähnlichen Gerät einen Ball in das gegnerische Tor zu befördern. Eishockey erfreut sich ebenfalls großer Beliebtheit.

Einladung und Geschenke

Wenn Sie zu einem »Sit-down-Dinner« eingeladen werden, erwartet Sie ein Buffet, bei dem vor dem Dessert eine Dankesrede vom ältesten Gast gehalten wird. Finden Sie rechtzeitig heraus, ob Sie das sein könnten! Bei Geschäftsessen werden berufliche Fragen erst nach dem Essen angesprochen.
Vergessen Sie nicht, ein kleines Mitbringsel aus Ihrer Heimat oder Blumen für die Gastgeberin mitzubringen. Weiße Lilien werden jedoch nur zu Beerdigungen verwendet.

Essen und Trinken

Das unterschiedliche Klima und die verschiedenen Bräuche der Einwanderer haben eine extreme Vielfalt an Zutaten und Rezepten hervorgebracht. In British Columbia sind Lachs oder Schellfisch und in Alberta Steaks und Büffel-Burger Spezialitäten. In Saskatchewan sollten Sie Wildreis und Desserts aus Saskatoon-Beeren probieren. In Ontario stehen Wildvögel, Fisch, Käse und Pemmican – getrocknetes Fleisch mit Beeren und Fett, ein Rezept indianischen Ursprungs, das Fleisch haltbar machte – auf dem Speiseplan. Im Québec stoßen Sie überall auf französische Gerichte und in New Brunswick werden Ihnen Atlantik-Lachs, Austern, Venusmuscheln, Hummer oder »Dulse«, eine typische Vorspeise aus getrocknetem Tang, angeboten. In Yukon steht Elch, geräuchert oder gekocht, auf der Speisekarte und in den Northwest Territories kurz gebratener Karibubraten, Schneehuhn und frisch zubereiteter Walspeck.
Zum Trinken bieten sich kanadisches Bier und erstklassige Eisweine sowie unterschiedliche Apfelweine an. Bei Hochprozentigem greifen die Kanadier meist zum einheimischen Rye

Whisky (Roggen-Whisky). Probieren Sie »Hooch« in Yukon, eine Mischung aus kanadischem und importierten Rum. Alkohol wird allerdings nur dort ausgeschenkt und verkauft, wo »Licensed Premises« vorliegen. In einigen Restaurants können Sie daher Ihren eigenen Wein mitbringen. Warten Sie im Restaurant am Eingang, bis Ihnen ein Platz zugewiesen wird. In Bars bezahlt man normalerweise jedes Getränk einzeln.

Kleider machen Leute

Im Alltag können Sie sich locker und leger kleiden. Elegante Kleidung ist nur in bestimmten Restaurants oder Clubs vorgeschrieben. Bei geschäftlichen Treffen greift der Herr zu dunklem Anzug und Krawatte und die Dame zum Kostüm oder Kleid. Achten Sie besonders auf gepflegte Schuhe. Am Strand ist Oben-ohne nur an mit »clothing optional« beschilderten Abschnitten erlaubt.

Wohin am Abend

Besuchen Sie eine Aufführung des Cirque du Soleil, einer von Jahr zu Jahr wachsenden Circusgruppe, die märchenhafte, zeitgemäße, hochkünstlerische Vorführungen bietet.
In Kanada sind Ballettgruppen von Weltrang, wie das Royal Winnipeg Ballet, das National Ballet of Canada und Les Grands Ballets Canadiens, zu Hause. Les Ballets Jazz de Montréal verbindet Ballett und Jazzmusik.

Was man tun und lassen sollte

In öffentlichen Gebäuden, Büros und Restaurants gilt meist Rauchverbot. 15 % Trinkgeld ist in Restaurants üblich. Achten Sie bei Robben- und Polarbärenfleisch darauf, dass es gut durchgebraten ist. Hier besteht die Gefahr einer Wurmerkrankung. Sich bei Tisch die Nase zu putzen gilt als äußerst unfein. Verwenden Sie lieber den Begriff Inuit (»die Leute«) statt Eskimos (»rohes Fleisch Essende«). Diese Übersetzung vom Begriff Eskimo ist zudem falsch und kam damals durch eine falsche Übertragung aus einer Algonkinsprache zustande.

Kolumbien

Das Tor zu Lateinamerika – Kolumbien ist das einzige südamerikanische Land, das sowohl eine Atlantik- als auch eine Pazifikküste besitzt und dessen Name an den Entdecker der Neuen Welt erinnert.

Steckbrief

Ländername: Republik Kolumbien, República de Colombia.
Hauptstadt: Bogotá.
Regierungsform: Präsidialdemokratie.
Sprachen und Dialekte: Amtssprache ist Spanisch. Es werden auch Chibcha, Quechua und andere Indio-Dialekte und teilweise Englisch gesprochen.
Religionen: 95 % der Bevölkerung sind katholisch, 1 % protestantisch. Die anderen gehören sonstigen Glaubensgemeinschaften an.
Bevölkerung: 45,3 Mio.; davon sind ca. 60 % Mestizen, 19 % Mulatten, 20 % ausschließlich spanischer Herkunft und 1 % Indianer. Bevölkerungsdichte: 40 Menschen pro km^2.

Wertvorstellungen, Religionen und Bräuche

Kolumbien definiert sich vor allem über die spanische Herkunft der ersten Einwanderer. Viele Kolumbianer sind stolz darauf, dass sich das Spanisch nur wenig verändert hat. Nirgends in Südamerika ist der Katholizismus weiter verbreitet. Er nimmt einen hohen Stellenwert ein.
Bei Ihrer Ankunft wird Ihnen sofort auffallen, dass die Bevölkerung stark multikulturell ist und je nach sozialer Schicht unterschiedliche »Mentalitäten« aufweist.
Die Oberschicht setzt sich aus Personen meist rein spanischer Abstammung zusammen. Sie achten häufig stark darauf, diese Abstammung (»abolengo«) und ihre Namen durch Heirat mit anderen spanischstämmigen Kolumbianern zu schützen. Familienbande sind oft der Schlüssel für Geschäfte und die Politik (▸ Brasilien, Seite 210).

Kommunikation und Körpersprache

Man begrüßt sich durch Händeschütteln oder eine freundschaftliche Umarmung. Nehmen Sie sich für die Begrüßung Zeit, das drückt Respekt aus. Von den beiden Nachnamen wird der erste verwendet (▸ Spanien, Seite 161) und Titel werden genannt. Obwohl die Distanz der Gesprächspartner zueinander relativ gering ist, sollten Sie zu viel Körperkontakt vermeiden. Gefühle und Wünsche werden klar ausgedrückt, eine direkte Kommunikation gilt nicht als unhöflich.

Smalltalk und Tabus

Negativ behaftete Themen sind Drogen, die Kritik am beliebten Stierkampf, an den politischen Verhältnissen und den immer wieder Schlagzeilen machenden Entführungen (▸ Vorsicht Krisengebiet und Kriminalität!, Seite 228). Freundschaften entstehen beim Sprechen über die positiven Seiten des Landes, wie etwa die Kultur, den Kaffee, die Literatur.

Einladung und Geschenke

Sind Sie eingeladen, so sollten Sie als ausländischer Gast pünktlich erscheinen. Unter Kolumbianern ist jedoch eine 20-minütige Verspätung immer noch rechtzeitig (▸ Nord- und Südamerika, Seite 204). Ihr Gastgeber wird meist die Rechnung übernehmen. Revanchieren Sie sich bei der nächsten Gelegenheit. Als Gast können Sie ein Geschenk mitbringen.

Essen und Trinken

Aus indianischer Tradition stammt der Mais, so zum Beispiel Arepas (Maisfladen) oder Tamal (in Wasser gekochter Maisteig, der in Bananenblätter eingeschlagen wurde) mit Fleisch und Gemüse. In den Andenregionen sollten Sie eine Kartoffelsuppe (Ajiaco) mit einer Beilage aus Avocado und Kapern probieren. Im Antioquia-Gebiet gibt es die Bandeja Paisa, ein Gericht aus Bohnen, Reis, Fleisch, Avocado, Arepa, Kochbanane, Spiegelei und gebratener Speckschwarte. Essen Sie nicht auf der Straße, das ist hier unüblich.

Als Getränk sind Obstsäfte zu empfehlen und kolumbianisches Bier, weißer Rum von der Karibikküste und Aguardiente (Anisschnaps) im Hochland. Probieren Sie auch die Rumcocktails, zum Beispiel den Caalazo, der heiß oder kalt getrunken wird.

Kleider machen Leute

In kleineren Städten kleidet man sich eher konservativ, in Großstädten elegant. Als Frau sind Sie mit einem gepflegt-konservativen Stil auf der sicheren Seite. Als Mann zeigen Sie im Geschäftsleben durch einen dreiteiligen Anzug, dass Sie zur Führungsriege gehören.

Musikalische Einflüsse

Man erkennt die unterschiedliche Herkunft der Kolumbianer auch an ihrer Musik. Die Bewohner der Karibikküste spielen die Cumbia, eine afrikanisch geprägte Musik, in den Anden bestehen die Melodien aus spanischen und vorkolumbianischen Elementen und im restlichen Land überwiegen spanische und italienische Elemente.

Wohin am Abend

In Kolonialzeiten hieß Bogotá »das Athen von Südamerika«. Es war das nationale Kulturzentrum. Auch heute noch empfiehlt sich zum Beispiel ein Besuch im Colon-Theater. Ansonsten gibt es in den großen Städten eine gute Auswahl an Nachtklubs und Diskotheken, in denen Sie zu Salsa- und Cumbia-Rhythmen bei Rumcocktails bis in Morgendämmerung tanzen können.

Was man tun und lassen sollte

Informieren Sie sich über Sicherheitsmaßnahmen und seien Sie vor allem nachts auf der Hut (▸ Vorsicht Krisengebiet und Kriminalität!, Seite 228). Meiden Sie billige Restaurants, das Essen auf Märkten und Leitungswasser (▸ Peru, Seite 238). In Restaurants und Bars ist Trinkgeld üblich. Allerdings gibt es auch ein Bedienungsgeld, dass in der Rechnung inbegriffen ist.

Kuba

Hier begegnet Ihnen Che Guevara auf Schritt und Tritt. In Kuba vereint sich viel Geduld beim Warten und Schlangestehen mit Spontaneität, Improvisation und Vitalität.

Steckbrief

Ländername: Republik Kuba, República de Cuba.
Hauptstadt: Havanna.
Regierungsform: Sozialistische Republik; Einparteienherrschaft der Kommunistischen Partei Kubas.
Sprachen und Dialekte: Amtssprache ist Spanisch. Teilweise wird Französisch und Englisch gesprochen.
Religionen: Ca. 56 % der Bevölkerung sind konfessionslos, ca. 39 % Katholiken, es gibt protestantische und jüdische Glaubensgemeinschaften.
Bevölkerung: 11,2 Mio.; ungefähr 51 % Mulatten, 37 % Weiße, 11 % Schwarz-Afrikaner. Bevölkerungsdichte: 101 Einwohner pro km^2.

Wertvorstellungen, Religionen und Bräuche

Einschränkungen durch die Politik betreffen etwa die Reisefreiheit, die freie Meinungsäußerung und die Unabhängigkeit der Gerichte. Lebensmittelkarten, Plattenbauten und Stromsperrungen gehören zum Alltag. Durch die Revolution wurde allerdings die Rassendiskriminierung eingeschränkt und ein kostenloses Schulsystem, ein vorbildliches Gesundheitssystem und eine Altersvorsorge eingeführt. Frauen sind seit der Revolution formal gleichberechtigt. Sie werden durch Kinderkrippen und Internate entlastet, von ihren Männern hingegen werden sie wenig unterstützt. In Politik und Beruf sind Frauen stark vertreten. Das freiheitliche Denken der Revolution zeigt sich auch in der hohen Scheidungsrate.
Neben dem Katholizismus glauben einige Kubaner an die Santería, eine Vermischung von afrikanischem und katholischem Glauben.

Kommunikation und Körpersprache

Fröhlichkeit und Ausdruckskraft, theatralische Übertreibungen und Körperkontakt bestimmen die Kommunikation. Ein langes Gesicht, auch schon ein neutraler Gesichtsausdruck, wird Ihre kubanischen Bekannten dazu veranlassen, Sie entweder aufmuntern zu wollen oder Ihnen aus dem Weg zu gehen. Der Wunsch nach Ruhe und Einsamkeit trifft auf wenig Verständnis. Konflikte, Kritik sowie unangenehme Wahrheiten werden vermieden oder geschönt. Beziehungsgeflechte sind für den geschäftlichen Erfolg wichtig (▸ Brasilien, Seite 210).

Machismo

Im »Machismo« tragen Männer ihren männlichen Stolz zur Schau und lehnen alle weichen und sensiblen Seiten in sich ab. Stärke, Mut, Eifersucht und Aggressivität sind hier Eigenschaften eines Mannes, der sein Leben im Griff hat. Es wird vermutet, dass sich der südamerikanische Machismo in der ersten Generation junger Männer gemischter Abstammung herausgebildet hat. Er stellte eine Reaktion auf den übermächtigen weißen Vater dar, der die Söhne aus den Verbindungen mit afrikanischen und indianischen Frauen nicht als gleichrangig ansah, und diente dazu, entsprechend zu beeindrucken.

Smalltalk und Tabus

Sie können ein Gespräch mit jedem beliebigen Thema eröffnen. Verletzen Sie jedoch nie den Stolz Ihres Gegenübers. Wer sich nicht gegen ehrenrührige Angriffe verteidigt, steht als Schwächling da. Systemkritik kann in einem Land ohne Meinungsfreiheit gefährlich werden.

Einladung und Geschenke

Werden Sie in Kuba eingeladen, so lehnen Sie erst einmal höflich ab. Erst wenn die Einladung wiederholt wird, können Sie sicher sein, dass es keine Höflichkeitsfloskel war. Bieten Sie an,

Vorsicht Krisengebiet und Kriminalität!

Terror, Krieg, innere Unruhen und Bandenkriminalität – kein Tag vergeht ohne Schreckensmeldungen. Mal aus Ländern, bei denen uns diese Nachrichten nicht überraschen, mal aber auch aus Ländern, in denen wir nie mit Krisen dieser Art gerechnet hätten. Durch die richtige Vorbereitung können gefährliche Situationen allerdings schon im Vorfeld vermieden werden.

Wann ist ein Land oder eine Region ein Krisengebiet? Laut offizieller Definition zählt dazu ein Gebiet im Kriegszustand, mit inneren Unruhen, ethnischen Konflikten oder bewaffneten Aufständen. In vielen Gegenden der Welt ändern sich das Ausmaß und die Form der Gefahrensituation von Tag zu Tag. Ob bei einer Eskalation gleich Touristen oder Geschäftsreisende gefährdet sind, ist nicht immer klar erkennbar. Auch wenn zum Beispiel in Bolivien eher einheimische Politiker und Prominente entführt werden, können Touristen ebenfalls betroffen sein. Manchmal sind auch nur kleine Gebiete in einem ansonsten sicheren Land gefährlich.

Aktuelle Informationen einholen

Informieren Sie sich vor Ihrer Reise in eine Krisenregion über die aktuelle Situation vor Ort. Das Auswärtige Amt Ihres Landes (▸ Adressen, die weiterhelfen, Seite 246) bietet dazu sehr gute tagesaktuelle Informationen an. Bei kurzfristigen Ereignissen werden auch »Reisewarnungen« über die Medien gegeben. In einigen Reiseländern gibt es eine Polizeieinheit zum Schutz der Touristen, deren Telefonnummer Sie immer mit sich führen sollten.

Offensichtliche Kriegs- und Krisengebiete sind meist keine touristischen Zielgebiete. Als Pauschaltourist werden Sie daher weit häufiger in vermeintlich sicheren Ländern mit Gefahrensituationen konfrontiert. So sollten Sie in vielen Ländern die Armenviertel der Städte unbedingt meiden!

Unterwegs in gefährlichen Stadtteilen

- Sie sollten immer etwas Bargeld für eventuelle Überfälle dabeihaben, um Angreifer nicht unnötig zu frustrieren. Leisten Sie bei einem Überfall niemals Widerstand!
- Tragen Sie keine auffälligen Taschen oder Schmuck.
- Legen Sie (nachts) allein keine Strecken zu Fuß zurück.
- Halten Sie beim Autofahren die Fenster geschlossen und verriegeln Sie alle Türen manuell – vor allem, wenn Sie an Kreuzungen oder im Stau anhalten müssen.
- Kleiden Sie sich unauffällig und eher landesüblich. Vermeiden Sie Sandalen mit weißen Socken, kurze Hosen oder andere freizeittypische Outfits. Diese signalisieren potenziellen Verbrechern: »Hier sind Touristen unterwegs.«
- Studieren Sie Ihren Stadtplan oder Reiseführer nicht in der Öffentlichkeit. Schauen Sie besser in einem Café hinein.
- Achten Sie zum Schutz vor Diebstahl auch auf bettelnde Kinderhorden, herannahende Motorroller oder provoziertes Gedrängel in öffentlichen Verkehrsmitteln.
- Informieren Sie sich rechtzeitig über die Tricks, die bei den Betrügern und kriminellen Banden des Landes üblich sind.

Gefahr droht nicht nur in exotischen Ländern

Auch in Europa, zum Beispiel in Neapel, können ungeahnte Gefahren lauern. Im Jahr 2005 keimten hier Bandenkonflikte verstärkt auf. Besonders gefährlich und auch gefährdet waren in dieser Zeit Motorradfahrer mit Helm. Gerade von diesen so unerkannt bleibenden Personen wurden Morde verübt. Andere wiederum schossen präventiv auf behelmte Motorradfahrer, egal ob es sich um vermeintlich gefährliche Bandengegner oder um normale Bürger oder Touristen handelte. Die Polizei hob deshalb stillschweigend die Helmpflicht auf. Informieren Sie sich deshalb immer vor Reiseantritt über aktuelle Entwicklungen. Aber in der Regel gilt: Je selbstbewusster Sie sich bewegen und je unauffälliger Sie in Erscheinung treten, desto weniger Probleme gibt es.

Zutaten für das Essen mitzubringen, oder besorgen Sie ein Gastgeschenk. Kommen Sie circa eine halbe Stunde nach dem vereinbarten Termin (▸ Nord und Südamerika, Seite 204).

Essen und Trinken

Von den Fleischgerichten sollten Sie das Spanferkel sowie Pollo asado (Brathähnchen) probieren. Als Beilage werden Ihnen neben dem Nationalgericht Reis mit schwarzen Bohnen auch Yuka-Wurzeln, Süßkartoffeln und Kochbananen serviert. Sie können auch frischen Fisch und Schalentiere bestellen. Als Nachspeise bieten sich das sehr gute Eis, eine Guaven-Creme oder Flan, ein spanischer Karamellpudding, an. Nationalgetränk ist der Rum, sowohl der weiße, der für die bekannten Cocktails wie Daiquirí verwendet wird, als auch der braune.

Kleider machen Leute

Sie können sich in Kuba leger kleiden. Kubanische Männer sehen Sie oft in der »Guayabera«, einem Hemd, das über der Hose getragen wird. Tragen Sie außerhalb des Strandes keine kurzen Hosen. Achten Sie als Frau besonders auf Ihr Äußeres, wenn Sie nicht mitleidige Blicke ernten wollen. Formell oder elegant kleiden Sie sich nur zu Geschäftsterminen oder festlichen Anlässen. Der katholische Glaube macht sich auch am Strand bemerkbar, Oben-ohne und Nacktbaden ist verboten.

Wohin am Abend

Suchen Sie die »Casa de la Trova« des Ortes, hier spielt die Musik! In Havanna und Santiago existiert ein reiches Nachtleben, von der Oper bis zum Kabarett, oder gehen Sie Salsa tanzen. In den »Paladeres«, das sind kleine Restaurants in Privatwohnungen, werden Sie liebevoll bekocht.

Was man tun und lassen sollte

Die Kriminalität ist hier die geringste in der ganzen Karibik. Es wird nicht gerne gesehen, wenn Alkohol auf offener Straße getrunken wird. Ein kleines Trinkgeld ist allgemein üblich.

Mexiko

Brot in Skelettform? Totenschädel als Schlüsselanhänger? Fröhliche Fiestas und Essgelage auf Friedhöfen? Das ist der erste November, Tag der Toten, in Mexiko!

Steckbrief

Ländername: Vereinigte Mexikanische Staaten, Estados Unidos Mexicanos.
Hauptstadt: Mexiko-Stadt.
Regierungsform: Präsidiale bundesstaatliche Republik.
Sprachen und Dialekte: Die offizielle Landessprache ist Spanisch. Es werden über 80 Indiosprachen gesprochen.
Religionen: 87 % der Bevölkerung sind römisch-katholisch, 7,5 % protestantisch; sonstige Glaubensgemeinschaften.
Bevölkerung: 105 Mio.; davon sind 60 % Mestizen, 30 % Indianer, 10 % Weiße. Bevölkerungsdichte: 53 Einwohner pro km^2.

Wertvorstellungen, Religionen und Bräuche

90 % der Mexikaner leben in Familien. Meist ist der Vater das Familienoberhaupt (▸ Kuba, Seite 227) und die Mutter kümmert sich um die Familie, zu der neben vielen Kindern oft auch die Großeltern, verwitwete Onkel und Tanten gehören. In den Städten sind die Frauen oft emanzipierter und die Familien kleiner. Die meisten Mexikaner sind katholisch. Die Frömmigkeit äußert sich weniger im Kirchenbesuch als in religiösen Alltagshandlungen, wie beispielsweise dem Tischgebet, und der Verwendung von Devotionalien.

Kommunikation und Körpersprache

Begrüßen Sie alle Anwesenden einzeln. Beim Kennenlernen verhalten Sie sich am besten förmlich. Schaffen Sie durch einen freundlichen Blick sowie höfliche Formulierungen eine gute Atmosphäre. Unhöflich wäre es, gegenteilige Meinungen offen anzusprechen oder zu kritisieren. Auf Ihre Fragen werden Sie selten ein »Das weiß ich nicht« hören, man gäbe sich eine Blöße. Befürchten Sie, dass es sich um vage oder geratene Antworten handelt, dann informieren Sie sich besser noch einmal an anderer Stelle.

Mañana

In Lateinamerika und besonders in Mexiko treffen Sie auf ein anderes Verhältnis zur Zeit. »Mañana« bedeutet weniger »morgen« als eher generell Zukünftiges, also morgen oder in ein paar Tagen. Ähnlich verhält es sich mit »un momentito«. Häufig ist die Antwort »mañana« auch ein höflichere Form für ein Nein, wenn man beispielsweise einer Bitte nicht Folge leisten will.

Smalltalk und Tabus

Mexiko ist ein Land, das starke Beziehungsnetzwerke aufweist, vor allem im Geschäftsleben (► Brasilien, Seite 210), und diese leben von persönlichen Gesprächen. Verwenden Sie statt der Bezeichnung Indios Indígenas (Einheimische). Wenn Männer unter sich sind: Reden Sie nicht anerkennend über die Frau eines anderen! Dadurch könnte der Verdacht entstehen, dass Sie diese begehren.

Einladung und Geschenke

Kommen Sie frühestens eine halbe Stunde zu spät zu einer Einladung (► Nord- und Südamerika, Seite 204). Beim Essen wird diskutiert und gelacht, oft bis spät in die Nacht. Brechen Sie nicht vor den anderen auf! Nehmen Sie Einladungen nicht gleich beim ersten Mal an. Wichtig sind Blumen und Mitbringsel aus Europa, vor allem für die Kinder. Meiden Sie die weißen Friedhofsblumen Calla, Chrysanthemen und Gladiolen.

Essen und Trinken

Die Tortilla können Sie als Enchiladas mit Fleisch- oder Käsefüllung genießen oder als Enfrijolada, bei der zusätzlich eine Sauce gereicht wird. Bestellen Sie auch Guacamole, ein kräftig gewürztes Avocado-Püree, und Turkey mole, eine Sauce aus Peperoni, Tomaten, Schokolade, Erdnüssen, Mandeln, Zwiebeln und Knoblauch. Insgesamt wird scharf gewürzt. Essen Sie nicht beim Gehen. Wenn Sie an Imbissständen etwas kaufen, dann verzehren Sie es dort im Stehen. Probieren Sie die mexikanischen Biersorten und die guten Weine. Leitungswasser (▸ Peru, Seite 238) sollten Sie meiden. Den Kaktusschnaps Tequila trinkt man mit Salz und Zitrone und im Nationalcocktail Margarita. Kosten Sie auch den Kaffeelikör Kahlúa und den Agavenschnaps Mezcal (das ist der mit der Larve!).

Galanterie

Sind Sie als Mann in Begleitung einer mexikanischen Dame, so berücksichtigen Sie Folgendes: Der Herr steht auf, wenn die Dame an den Tisch kommt. Rechnungen im Café und Restaurant werden vom Herrn beglichen. Als Frau wiederum beleidigen Sie Ihren Begleiter, wenn Sie selbst bezahlen wollen. Genießen Sie einfach das galante Benehmen der Herren.

Kleider machen Leute

Tagsüber können Sie sich als Tourist leger kleiden, auf Geschäftsreisen oder in Hotels, Restaurants und auch am Wochenende eher fein bis elegant. Als Frau vermeiden Sie lieber gewagte Kleidung. Dazu gehören bereits Shorts, kurze Röcke oder Trägerhemden. Am Strand ist Oben-ohne tabu (▸ Kuba, Seite 230). Ohrringe bei Männern wirken auf die meisten Mexikaner peinlich und unmännlich.

Wohin am Abend

Vor allem in den Großstädten gibt es ein reges Nachtleben. Sie können von traditioneller mexikanischer Musik über Fiestas bis zu klassischen Konzerten alles finden. Besonders beeindruckend ist eine mit Musik untermalte Light-Show in der Ausgrabungsstätte Teotihuacan, der »Stadt der Götter«.

Gefälligkeiten

Der Übergang vom Trinkgeld zur »kleinen Gefälligkeit« bis hin zur Bestechung ist fließend. »Mordida« (kleiner Biss) ist eine kleinere oder größere Summe, die vieles ermöglichen kann. Politik, Verwaltung und Justiz sind nicht frei von Korruption. Unterlassen Sie von sich aus solche «Gefälligkeiten« – Sie werden sich oft genug unfreiwillig in diesem Dilemma befinden.

Was man tun und lassen sollte

Stören Sie auf keinen Fall die Siesta von ca. 14 bis 17 Uhr. Handeln ist in Mexiko üblich. Bleiben Sie dabei aber höflich und mit Ihren Geboten auf dem Boden. Handeln Sie nur, wenn Sie wirklich interessiert sind. Trinkgeld ist für das meiste Personal notwendig für den Lebensunterhalt.

Peru

Das Wort »Peru« bedeutet in der indianischen Sprache Quechua »Überfluss«. Die hoch entwickelte Kultur und das Gold der Inkas brachten dem Land Wohlstand.

Steckbrief

Ländername: Republik Peru, República del Perú.
Hauptstadt: Lima.
Regierungsform: Konstitutionelle Republik.
Sprachen und Dialekte: Die Amtssprachen sind Spanisch und Quechua. Teilweise wird Aymará gesprochen.
Religionen: Ca. 95 % sind katholisch, etwa 5 % sind protestantisch sowie Anhänger von Naturreligionen.
Bevölkerung: ca. 27 Mio.; davon ca. 47 % Indios, etwa 37 % Mestizen, ca. 13 % europäischer und etwa 3 % asiatischer und afrikanischer Herkunft. Bevölkerungsdichte: 22 Einwohner pro km^2.

Wertvorstellungen, Religionen und Bräuche

Seit der Entdeckung Lateinamerikas beherrschte die spanische Kultur die peruanische Gesellschaft. Afrikaner, Chinesen, Nordeuropäer und Japaner vervollständigten die heute multikulturelle Gesellschaft. Die wenigen Menschen ursprünglich europäischer Herkunft haben jedoch die politische und industrielle Macht. Die spanischsprachigen Mestizen sind vor allem Verwaltungsangestellte, Fachleute und Grundbesitzer. Die Indianer der Sierra leben häufig unter rauen klimatischen Bedingungen und sind vom Reichtum abgeschnitten.
Durch die Spanier wurde der Katholizismus die tragende Religion. Bis heute werden die Feste der Patrone der Ortschaften farbenfroh mit viel Musik und Tanz gefeiert.

Kommunikation und Körpersprache

Die Begrüßungs-Wangenküsse (▸ Spanien, Seite 162) werden hier nur auf die linke Seite gegeben und nicht sofort mit jedem ausgetauscht. Titel sind in der Anrede wichtig. Verwenden Sie Statussymbole (Hotel- und Mietwagenwahl). Bringen Sie genügend Zeit zur persönlichen Beziehungspflege mit. La »Hora Peruana« (die peruanische Zeit) steht für einen gemütlichen Umgang mit der Zeit (▸ Nord- und Südamerika, Seite 204).

Smalltalk und Tabus

Fußball ist als Gesprächsthema genauso beliebt wie Stierkämpfe, allerdings nicht kritisierend! Sprechen Sie über die Kultur Perus und die Ihrer Heimat. Stimmen Sie als Gast nicht mit ein, wenn Peruaner selbstkritisch über ihr Land jammern, und sprechen Sie besser nicht die schwierigen Beziehungen zu Ecuador, Bolivien oder Chile an.

Einladung und Geschenke

Um Beziehungen zu pflegen, sind Essenseinladungen im Geschäftsleben sehr wichtig (▸ Brasilien, Seite 210). Wählen Sie großzügig ein gehobenes Lokal und laden Sie abends auch die Ehefrauen mit ein. Sind Sie eingeladen, denken Sie

Spanisch

Höflichkeit

Danke.	Gracias.	[ˈgraθĭas]
Bitte.	Por favor.	[pɔr faˈƀɔr]
Keine Ursache.	De nada.	[de ˈnađa]
Entschuldigung.	Discúlpeme.	[disˈkulpeme]
Kein Problem.	No hay problema.	[no aĭ proˈƀlema]
Ja	Sí	[si]
Nein	No	[no]
Nein danke.	No gracias.	[no ˈgraθĭas]
Ich habe kein Interesse daran.	Eso no me interesa.	[ˈeso no me inteˈresa]
Das gefällt mir sehr.	(Eso) me gusta mucho.	[ˈeso me ˈgusta ˈmutʃo]
Das gefällt mir nicht.	(Eso) no me gusta.	[ˈeso no me ˈgusta]

Begrüßung und Verabschiedung

Guten Tag!	Buenos días!	[ˈbŭenos ˈdias]
Auf Wiedersehen!	Adiós/Hasta la vista!	[aˈđĭɔs]/[ˈasta la ˈƀista]
Wie geht es Ihnen?	Cómo esta (usted)?	[ˈkomo esˈta usˈte(đ)]
Es freut mich, Sie kennen zu lernen.	Es un placer conocerle.	[es un plaˈθɛr konoˈθɛrle]
Wie geht es Ihrer Frau/Ihrem Mann/ Ihrer Familie?	Cómo esta su esposa/su esposo/ su familia?	[ˈkomo esˈta su esˈposa/su esˈposo/ su faˈmilĭa]
Danke, mir geht es gut.	Estoy bien, gracias.	[esˈtɔĭ bĭen ˈgraθĭas]
Es war schön, Sie kennen gelernt zu haben.	Me encantó haberle conocido.	[me eŋˈkanto ˈaƀɛrle konoˈθiđo]
Bis bald!	Hasta pronto!	[ˈasta ˈprɔnto]
Ich heiße ...	Me llamo/ Mi nombre es ...	[me ˈʎamo]/ [mi ˈnɔmbre es]
Ich wohne hier im Hotel ...	Vivo aquí en el hotel ...	[ˈbiƀo aˈki en ɛl ɔˈtɛl]
Meine Telefonnummer ist ...	El número de mi teléfono es ...	[ɛl ˈnumero de mi teˈlefono es]
Wie ist Ihr Name?	Cómo se llama usted?	[ˈkomo se ˈʎama usˈte(đ)]

Wo kann ich Sie erreichen?	Dónde lo puedo localizar?	[ˈdɔnde lo ˈpŭeđo lokaliˈθar]
Wie ist Ihre Telefonnummer?	Cuál es su número telefónico?	[kŭal es su ˈnumero teleˈfoniko]
Einen Moment bitte.	Un momento, por favor.	[un moˈmento pɔr faˈƀɔr]
Ich komme gleich wieder.	Regreso en un momento.	[rrɛˈgreso en un moˈmento]

Verständigung

Ich spreche kein Spanisch.	(Yo) no hablo español.	[jo no ˈaƀlo espaˈɲɔl]
Sprechen Sie Deutsch/Englisch/Französisch?	Habla usted alemán/inglés/francés?	[ˈaƀla usˈte(đ) aleˈman/ iŋˈgles/ franˈθes]
Kennen Sie jemanden, der Deutsch/Englisch/Französisch spricht?	Conoce usted a alguien que hable alemán/inglés/francés?	[konoˈθe usˈte(đ) a ˈalgĭen ke ˈaƀle aleˈman/iŋˈgles/ franˈθes]
Ich kann Sie nicht verstehen.	No le entiendo.	[no le enˈtĭendo]
Haben Sie ein Wörterbuch?	Tiene usted un diccionario?	[ˈtĭene usˈte(đ) un digθĭoˈnarĭo]
Ich glaube, da gibt es ein Missverständnis.	(Yo) creo que aqui hay un malentendido.	[jo ˈkreo ke aˈki aĭ un malentenˈdiđo]
Was meinen Sie damit?	Qué quiere decir usted con eso?	[ke ˈkĭere deˈθir usˈte(đ) kɔn ˈeso]
Ich glaube, ich habe Sie jetzt verstanden.	(Yo) creo que ahora le entiendo.	[jo ˈkreo ke aˈɔra le enˈtĭendo]
Ja, das wollte ich sagen.	Sí, eso quise decir.	[si ˈeso ˈkise deˈθir]

Hilfe

Ich brauche Ihre Hilfe.	Necesito su ayuda, por favor.	[neθeˈsito du aˈjuđa pɔr faˈƀɔr]
Es geht mir nicht gut.	No me siento muy bien.	[no me ˈsĭento mŭi bĭen]
Wo ist bitte ein Arzt/Telefon?	Dónde hay un médico/teléfono, por favor?	[ˈdɔnde aĭ un ˈmeđiko/teˈlefono pɔr faˈƀɔr]

(▶ Aussprachehilfe, Seite 244/245)

an ein repräsentatives Gastgeschenk. Ein üppiger Blumenstrauß, besser ohne rote Rosen, eine Besonderheit aus Deutschland oder Schweizer Schokolade sind sehr beliebt.

Essen und Trinken

Reis und Kartoffeln sind die üblichen Beilagen. Es wird stark mit Pfeffer, Knoblauch und Chili gewürzt. Ceviche, in Zitronensaft eingelegter roher Fisch, Escabeche, eine kalte Fischvorspeise, und Chupe de Camarones, eine Suppe aus Krabben, Milch, Eiern, Kartoffeln und Pfefferschoten, sind Spezialitäten. Weitere typische Gerichte sind Rindfleisch mit Zwiebeln und Paprikaschoten sowie La Ocopa, gekochte Kartoffeln mit einer Käse-Nuss-Sauce. Eine beliebte Nachspeise ist ein Maispudding, Mazamorra morada, oder Picaronesa, ein Gebäck mit Sirup.

Leitungswasser

Seien Sie in Südamerika mit Leitungswasser vorsichtig! Der Bakteriengehalt im Wasser ist höher als in Europa und kann Darminfektionen hervorrufen. Trinken Sie es nur, wenn es abgekocht ist. Meiden Sie auch Eiswürfel und alle Speisen, die gewaschen und danach nicht erhitzt wurden.

Probieren Sie das peruanische Bier, peruanische Weine und den Cocktail Pisco Sour. Manchmal wird vor dem Trinken ein Schluck eines Getränks der »Pchamama« (Mutter Erde) zu Ehren auf den Boden geträufelt.

Kleider machen Leute

Sie können sich im Alltag eher locker kleiden. Shorts trägt man jedoch nur am Strand. Im Geschäftsleben wird auf Anzug und Kostüm Wert gelegt. Von den einheimischen Männern werden im Sommer aber auch »Guayaberas« (▶ Kuba, Seite 230) getragen. Wenn Sie sich in den bunten Kleidern Perus zeigen, werden Sie weniger ernst genommen. Tragen Sie keine weißen Hosen, Röcke und Schuhe. Das gilt als unelegant.

Wohin am Abend

Gehen Sie in die »Peñas«. Dort können Sie eine Kleinigkeit bestellen und beim Essen der »Criolla«, der Volksmusik zuhören. Im Theater von Lima ist das bekannte National Symphony Orchestra zu hören.

Was man tun und lassen sollte

Trinkgeld ist üblich. Nur in Taxis nicht. In Peru ist viel Falschgeld im Umlauf. Prüfen Sie deswegen das Wechselgeld. Achten Sie vor allem als Frau auf Ihre Sicherheit (▸ Vorsicht Krisengebiet und Kriminalität!, Seite 228) und bestellen Sie ein Taxi lieber telefonisch, statt ein Auto (das vielleicht nur aussieht wie ein Taxi) auf der Straße anzuhalten.

Vereinigte Staaten von Amerika

Jeder soll in diesem Land erfolgreich sein können. Mit dieser Hoffnung kamen viele. Aber es entwickelten sich ganz verschiedene individuelle Schicksale.

Steckbrief

Ländername: Vereinigte Staaten von Amerika, United States of America.
Hauptstadt: Washington D. C.
Regierungsform: Präsidiale Republik mit balancierter Gewaltenteilung.
Sprachen und Dialekte: Amtssprache ist Englisch, es wird zum Teil auch Spanisch gesprochen.
Religionen: 62 % sind religiös, davon ca. 30 % römisch-katholisch, 30 % protestantisch (Baptisten, Methodisten, Lutheraner, Presbyterianer), 4 % jüdisch und sonstige.
Bevölkerung: 292,1 Mio.; davon sind ca. 34,7 Mio. Afro-Amerikaner, ca. 35,7 Mio. lateinamerikanischer, 10,2 Mio. asiatischer und 2,5 Mio. indianischer Herkunft. Bevölkerungsdichte: ca. 29 Einwohner pro km^2.

Wertvorstellungen, Religionen und Bräuche

Die starke Religiosität der ersten Einwanderer in Neuengland, der angelsächsischen Pilgerväter, hat bis heute Spuren in der amerikanischen Gesellschaft hinterlassen, auch in typisch amerikanischen Idealen wie Freiheit, Individualismus, Tatkraft, Gottesfurcht und Moralismus. »One Nation under God« ist die inoffizielle Überzeugung vieler. Sie werden immer wieder Tischgebete hören oder zum Gottesdienst eingeladen werden. Auch die vergleichsweise ausgeprägte Prüderie hat hier ihre Wurzeln. Die Grenze zu religiösem Fundamentalismus wird dabei zum Teil überschritten, die Darwinsche Evolutionslehre nicht selten abgelehnt. Das Streben nach Leistung und Erfolg, nach Effizienz und Schnelligkeit ist in großen Teilen die Gesellschaft vorherrschend. Entscheidungen werden rasch getroffen und viel Urlaub gibt es eher selten. Sie werden häufig auf einen starken Nationalpatriotismus stoßen. Durch das flexible Herumreisen im ganzen Land fühlt sich der Einzelne weniger an eine Region gebunden und identifiziert sich eher mit der Nation Amerika.

Mann und Frau am Arbeitsplatz

Seien Sie sich als Mann vor allem am Arbeitsplatz bewusst, dass schon geringe Berührungen von Frauen oder ein genaues Mustern als sexuelle Belästigung ausgelegt werden können. Also keine zweideutigen Bemerkungen und kein Berühren an der Schulter oder am Arm! Sie könnten deswegen verklagt werden.

Kommunikation und Körpersprache

Bei ersten formellen Treffen schüttelt man sich meist kurz die Hand. Wichtig ist es, sich gegenseitig oder gegenüber Dritten vorzustellen, im Geschäftsleben auch mit Titel. Ansonsten werden Status und Titel eher weniger betont und man ist schnell beim Vornamen, auch wenn klare hierarchische Strukturen gelten. In Besprechungen bemerken Sie, dass in den USA

vieles schnell und parallel abläuft. Leute verlassen den Raum und kommen irgendwann wieder, je nachdem, was sie noch zu erledigen haben. Manchmal wird aus Zeitmangel auch ein kleiner Imbiss während der Präsentation eingenommen.
Zu einer guten Selbstdarstellung gehören Blickkontakt, Lächeln, selbstbewusstes Auftreten und Optimismus. Selbstzweifel, das Ansprechen von Schwächen und schlechte Laune sind weniger beliebt. Auch die Sprachwahl ist positiv gefärbt, »great« ist normal, nur »excellent« ist wirklich gut.

How are you?

Antworten Sie auf die Frage »How are you?« mit »Fine, and how are you?«. Mit dieser Höflichkeitsfloskel wird nicht tatsächlich nach dem Befinden des anderen gefragt. Auch das »See you later« oder das »Come and visit me« ist meist höflich, aber nicht wirklich ernst gemeint, außer es wird ein genauer Termin genannt.

Smalltalk und Tabus

Die meisten Leute sind aufgeschlossen, kontaktfreudig und interessiert. Im tendenziell mobilen und pragmatischen Amerika sind jedoch freundschaftliche Beziehungen oft kürzer und auf gewisse Situationen, gemeinsame Projekte oder Lebensabschnitte begrenzt.
Vermeiden Sie unerfreuliche und kontroverse Themen oder kritische Anmerkungen zur US-amerikanischen Politik, zur Todesstrafe oder zum Patriotismus. Auch über Religion und Sexualität sollten Sie lieber nicht sprechen. Sport, sei es Baseball oder American Football, Autos sowie die regionale Herkunft der Gesprächspartner eignen sich hervorragend, um ins Gespräch zu kommen.

Einladung und Geschenke

Seien Sie bei Dinner Parties nicht auf die Minute pünktlich, verspäten Sie sich aber auch nicht mehr als eine Viertelstun-

de. Bei Geschäftsessen werden häufig wichtige Kontakte geknüpft. Beim Essen wird ausgiebig geplaudert und Geschäftliches meist auf später verschoben.
Bei privaten Einladungen freuen sich die Gastgeber über einen üppigen Blumenstrauß, ein Mitbringsel aus Deutschland oder über eine Flasche Wein, die dann auch sofort getrunken wird. Im Geschäftsleben sind Geschenke weniger häufig und sollten auch nie wie eine Bestechung wirken. Schicken Sie lieber nach dem Treffen ein kleines Dankschreiben.

Essen und Trinken

Aus Amerika gelangten der Truthahn, Yams und Mais zu uns. In Neuengland sollten Sie Fisch und Meeresfrüchte genießen. Typisch ist hier auch das Boiled Dinner (Corned Beef und gekochtes Gemüse), die Boston Baked Beans (gebackene Bohnen in Tomatensauce) sowie Blueberry Pie (Heidelbeerkuchen). Im Mittleren Westen gibt es Steaks, Huhn oder Schweinefleisch mit Kartoffeln und Pommes Frites (French Fries) sowie Soulfood aus afroamerikanischer Tradition, wie Spareribs oder Chicken Wings. Der Westen bietet eine Küche, in der Fisch, Meeresfrüchte und Gemüse, so naturbelassen wie möglich, dominieren. Hier finden Sie auch viele asiatische und mediterrane Kochgewohnheiten. In den Südstaaten wird mehr Reis, Mais und Geflügel verwendet.
Drinks, US- oder Tex-Mex-Cocktails gibt es häufig vor dem Abendessen. Mittags ist Alkoholkonsum unüblich. Warten Sie im Restaurant am Eingang darauf, dass Ihnen der Kellner den Platz zuweist.
Meist schneidet man in den USA einen Teil des Fleisches erst in ein paar mundgerechte Stücke, legt dann die linke Hand auf den Schoß und isst mit der Gabel in der rechten Hand die vorbereiteten Stücke. Zu schneiden und gleich in den Mund zu stecken wird als gierig empfunden. Das Servieren von Kaffee ist das Zeichen dafür, dass das Essen beendet ist. In Restaurants bringen Ihnen die Bedienungen dann auch gleich unaufgefordert die Rechnung.

Kleider machen Leute

Im Alltag können Sie sich leger kleiden. In formellem Kontext werden eine gepflegte Erscheinung sowie gutes Aussehen geschätzt. Achten Sie daher auf eine gute Frisur, einen angenehmen Körpergeruch und als Frau auf depilierte Beine und Achseln. Ein dunkler Anzug und Krawatte mit hellblauem oder – noch formeller – weißem Hemd ist für den Herrn korrekt. Je höher Ihr Status, desto mehr Wert sollten Sie auf entsprechende Kleidung legen. Frauen wählen am besten einen Hosenanzug oder ein Kostüm in den klassischen Farben Grau, Weiß, Creme oder in dunklen Farben.
Zeigen Sie sich an Stränden nicht oben-ohne oder nackt und wechseln Sie Ihren Badeanzug nicht in der Öffentlichkeit, auch nicht unter vorgehaltenem Handtuch. Auch Kinder sollten Badekleidung tragen.

Wohin am Abend

In den USA bieten hauptsächlich Metropolen wie New York und L. A. ein interessantes Nachtleben. Auf dem Land und in den kleineren Städten ist das Angebot spärlicher und stärker familienorientiert (Bowling, Restaurants). Beachten Sie das Rauchverbot in geschlossenen Räumen in den USA – wegen einer glimmenden Zigarette können Sie aus einem Club geworfen werden! Vielleicht haben Sie Spaß am Pokern? Es ist gerade in Mode und manche Profis geben gerne Nachhilfe.

Was man tun und lassen sollte

Raucher haben in den USA einen schlechten Stand. An vielen öffentlichen Orten ist es verboten und strafbar.
Das Trinken von Alkohol in der Öffentlichkeit ist streng verboten. Selbst angebrochene Flaschen im Auto können Strafen nach sich ziehen.
Geben Sie Trinkgeld! Mit ca. 10 bis 20 % der Rechnung liegen Sie im Restaurant richtig. Es ist in den USA wichtiger Bestandteil des Gehalts, deshalb ist das Personal sehr zuvorkommend und stellt sich auch oft mit Namen vor.

Aussprachehilfe

Aus der Schrift kann die korrekte Aussprache nicht direkt abgeleitet werden, da in anderen Sprachen andere Ausspracheregeln gelten. Für die korrekte Aussprache finden Sie bei den Kommunikationshilfen Englisch, Französisch, Portugiesisch und Spanisch in der rechten Spalte die Internationale Lautschrift. Hier haben wir für Sie zum Nachschlagen die wichtigsten Lautschriftzeichen aufgeführt. Die Aussprache für Englisch orientiert sich am britischen Englisch.

Arabisch, Chinesisch, Japanisch und Russisch werden in einer anderen Schrift geschrieben. Für den internationalen Gebrauch gibt es üblicherweise eine Umschrift, die schon unserer Aussprache entspricht. Daher wird hier auf die Lautschrift verzichtet. Sie können Arabisch und Russisch so aussprechen, wie Sie es rechts lesen. Für Chinesisch und Japanisch gilt das meist auch, beachten Sie aber zusätzlich die unten angeführten Aussprachehilfen, da die Umschrift dieser beiden Sprachen an der englischen Aussprache orientiert ist.

Zeichen der Internationalen Lautschrift

Vokale und Diphthonge

[a] helles, offenes a, »Rad«
[ɑ] dunkles a, »father« (engl.)
[ɐ] abgeschwächtes, geschlossenes a (in Portugiesisch meist vor -m, -n, -nh, »câmara«)
[ɒ] »not« (engl.)
[aɪ] »Feier«
[aʊ] »Haus«
[eɪ] »name« (engl.)
[eə] »care« (engl.)
[ɪə] »near« (engl.)
[əʊ] »low« (engl.)
[ɔɪ] »Feuer«
[ʊə] »poor« (engl.)
[ʊ] offenes u, »Mutter«
[u] geschlossenes u, »gut«
[ŭ] unbetonter Teil der Doppellaute [ɛŭ], [ŭe], »Jubiläum«
[ʌ] kurzer, dumpfer a-Laut »but« (engl.)
[e] geschlossenes e, »Leben«
[ɛ] offenes e, »wärmer«
[ə] Murmellaut; kurzer, unbetonter ö-Laut, »halte«
[æ] »man« (engl.)
[i] geschlossenes, helles i, »Liebe«
[ɪ] offenes i, »bitter«
[ĭ] unbetonter Teil der Doppellaute [aĭ], [ɛĭ], [ɔĭ], [ĭɛ] usw., »Saite«
[o] geschlossenes o, »Not«
[ɔ] offenes o, »Rost«
[y] geschlossenes, helles ü, »Tüte«
[ʏ] offenes ü, »Mütter«
[ː] kennzeichnet einen lang gesprochenen Vokal, z.B. »baden«

Nasalvokale

[ẽ] nasales e »sempre« (portug.)
[ɛ̃] nasales ɛ, »timbre« (franz.)
[ɐ̃] nasales ã, »irmã« (portug.)
[ɑ̃] nasales ɑ, »Gourmand«
[ɔ̃] nasales offenes o »Fondue«

[õ] nasales geschlossenes o, »**som**« (portug.)

[ĩ] nasal, »**im**posto« (portug.)

[ũ] nasal, »alg**um**« (portug.)

Halbvokale

[j] gleitendes i, »**J**ahr«

[w] gleitendes u, »**w**ater« (engl.)

[ɥ] gleitendes ü, »l**ui**« (franz.)

Konsonanten

[b] sehr weich, »**B**auch«

[ƀ] stimmhafter, mit beiden Lippen gebildeter Reibelaut, »escri**b**ir« (span.)

[d] sehr weich, »**d**rei«

[đ] stimmhafter th-Laut, »na**d**a« (span.)

[f] »**F**luss«

[g] »**g**ehen«

[g̱] stimmhaftes, hinten gesprochenes g, »a**g**ua« (span.)

[h] »**H**allo«

[k] »**k**lein«

[l] »**l**oben«

[ɫ] velares l, »sa**l**to« (portug.), ähnlich wie in »ha**ll**« (engl.)

[ʎ] l mit nachklingendem j ähnlich wie in »Fami**li**e«

[m] »**M**ond«

[n] »**n**ein«

[ŋ] nasaler ng-Laut, »Campi**ng**«

[ɲ] nasaler nj-Laut, »Champa**gn**er«

[p] »La**pp**en«

[r] »**R**ose«

[rr] stark gerolltes Zungen-r, »**r**oto« (span.)

[s] stimmloser s-Laut, »hei**ß**«

[z] stimmhafter s-Laut, »**S**onne«

[θ] stimmloser th-Laut, »**th**ank« (engl.)

[ð] stimmhafter th-Laut, »fa**th**er« (engl.)

[ʃ] stimmloser sch-Laut, in »**sch**ön«

[ʒ] stimmhafter sch-Laut, »Gara**g**e«

[ts] »**Z**ahl«

[v] »**W**and«

Chinesisch: Anmerkungen zur Aussprache

J: [dʒiː]

q: gesprochen wie [tʃ]

x: gesprochen wie [ʃ]

z: stimmhaft gesprochen [dz]

c: stimmlos gesprochen [ts]

zh: [dr] /sh: [sr] / ch: [tr] das »r« wird mit nach hinten gerollter Zunge gesprochen

w: gesprochen wie [uː]

y: gesprochen wie [iː]

-e: gesprochen wie [ə]

ie und ei: hier werden die Einzellaute gesprochen, also [ie]/[ei]

ai: gesprochen wie [aɪ]

-ian/-uan: gesprochen wie [iɛn][yɛn]

Japanisch: Anmerkungen zur Aussprache

w: wie im Englischen [w]

sh: wie im Englischen [ʃ]

s: immer stimmlos [s]

z: immer stimmhaftes »s« [z]

ch: gesprochen wie [tʃ]

j: stimmhaft (wie im Englischen) [dʒ]

y: gesprochen wie [j]

Adressen, die weiterhelfen

Auswärtige Ämter

Über die Auswärtigen Ämter erhalten Sie länderspezifische Informationen zu Ihrem Zielland, aktuelle Reisewarnungen, Informationen über konsularische Vertretungen im Ausland sowie über Einreisebestimmungen und wichtige Vorschriften.

Deutschland

Auswärtiges Amt
www.auswaertiges-amt.de
Postadresse:
Auswärtiges Amt, 11013 Berlin
Telefon: +49 (0) 30 / 5000-0
Notruf (außerhalb der Dienstzeiten): +49 (0) 30 / 5000-2000
Telefax: +49 (0) 30 / 5000-3402

Österreich

Bundesministerium für auswärtige Angelegenheiten
www.bmaa.gv.at
Postadresse:
Minoritenplatz 8, A-1014 Wien
Telefon: +43 (5) 01150-0
Notruf (außerhalb der Dienstzeiten): +43 (5) 0115-0-4411
Telefax: +43 (5) 01159-0

Schweiz

Eidgenössisches Departement für auswärtige Angelegenheiten (EDA)
www.eda.admin.ch
Postanschrift:
Bundesgasse 32, CH-3003 Bern
Telefon: +41 (0) 31 / 322 44 52 oder 324 98 08
Telefax: +41 (0) 31 / 322 78 66

Informative Webseiten

Die folgenden Webseiten enthalten grundlegende wirtschaftliche und kulturspezifische Informationen zu Ihren Zielländern.

Interkulturelle Trainings und Länderinformationen

www.ticommunication.net

Reisen und Arbeiten im Ausland

www.auslandsschulwesen.de
www.derreisefuehrer.com
www.germanexpats.com
www.gesundes-reisen.de
www.kinder.de
www.reisespinne.de
www.travelmed.de
www.umdiewelt.de
www.weltzeituhr.com
www.wetter.net
www.who.int

Wechselkursrechner

www.oanda.com/converter/classic

Wirtschaftsinformationen

www.ahk.de
www.frankfurt-main.ihk.de/international/laenderkontakte/index.html

Darüber hinaus empfiehlt es sich, auch die offiziellen Webseiten der Regierung des zu bereisenden Landes einzusehen. Diese Seiten informieren häufig über aktuelle Rechtsänderungen und Einreisebestimmungen. Sie bieten jedoch nicht immer Gewähr für Aktualität.

Bücher, die weiterhelfen

Länder und kulturelle Unterschiede

Baratta, Dr. Mario von: *Der Fischer Weltalmanach.* Jährlich erscheinendes Nachschlagewerk, Frankfurt am Main, Fischer Taschenbuch Verlag, 2004

Levine, Robert: *Eine Landkarte der Zeit – Wie Kulturen mit Zeit umgehen,* München, Piper Verlag, 2001

Uhl, Gerhard; Uhl-Vetter, Elke: *Business-Etikette in Europa,* Wiesbaden, Gabler, 2004

Reisehilfen

Adam, Birgit: *Als Frau allein unterwegs,* Bielefeld, Reise Know-How Verlag, 2002

Faermann, Matthias: *Schutz vor Gewalt und Kriminalität unterwegs,* Bielefeld, Reise Know-How Verlag, 2004

Friedl, Harald A.: *Respektvoll reisen,* Bielefeld, Reise Know-How Verlag, 2002

Heinrich, Volker: *Kommunikation von unterwegs,* Bielefeld, Reise Know-How Verlag, 2001

Schröder-Kühn, Heidrun; Richter, Marlene: *Familienmanagement im Ausland,* Bielefeld, Reise Know-How Verlag, 2004

Schwarz, Gabriela: *So bleiben Sie im Urlaub gesund,* Wessobrunn, socio-medico Verlag, 2003

Religionen

Manfred Hutter: *Die Weltreligionen,* München, Beck, 2005

In der **Praxisreihe** des Reise Know-How Verlags, Bielefeld, sind erschienen:
Daoismus erleben, 2001
Konfuzianismus erleben, 2003
Buddhismus in China erleben, 2005
Hinduismus erleben, 2001
Islam erleben, 2001

In der Reihe **Religionen verstehen,** Fleurus Verlag, Köln, sind 2005 erschienen:
Buddhismus, Christentum, Hinduismus, Islam, Judentum, Konfuzianismus, Shintoismus, Taoismus

Wörterbücher und Sprachkurse

Für kurze Auslandsaufenthalte sollten Sie zumindest einzelne Wörter wie »Danke« oder »Guten Tag« und ein paar Floskeln kennen. Verwenden Sie ein Reisewörterbuch, darin werden die wichtigsten Floskeln und Begriffe unterteilt nach Sachgebieten dargestellt. Selbst durch das Zeigen des benötigten Satzes können Sie Hilfe oder eine wichtige Information erhalten. Ebenso nützlich sind kleine elektronische Wörterbücher und CDs oder Hörkassetten mit wichtigen Sätzen zum Einüben. Dicke Wörterbücher dienen der Ergänzung während des Erlernens einer Sprache. Pons, Hueber, Langenscheidt und andere Verlage bieten hier Werke für jeden Bedarf an.

Am besten erlernen Sie eine Sprache in einem Sprachkurs im Zielland. Achten Sie dabei auf eine Gruppenstärke von unter 15 Personen und auf eine möglichst homogene Altersstruktur. Auch eine Teilnehmermischung aus unterschiedlichen Ländern ist von Vorteil, da man mangels einer gemeinsamen Sprache das Erlernte sofort anwendet. Gute Sprachinstitute bieten über die Kurse hinaus ein vielfältiges Freizeitprogramm, um in lockerer Atmosphäre die Sprache einzuüben. Seien Sie hierbei mutig und nicht perfektionistisch, schließlich wollen Sie sich gut verständigen können. Wie kommt man an gute Institute? Welche Preise sind angemessen? Die beste Informationsquelle sind häufig Dozenten in Sprachkursen in Ihrer Umgebung.

Vielen Dank

Ein Buch, das mehr als 50 Länder und Hinweise zu zahlreichen Sonderthemen zum Inhalt hat, ist für zwei Personen ein äußerst umfassendes, kaum zu bewältigendes Unterfangen. Aus diesem Grund bedanken wir uns bei allen, die uns in der Recherche, während des Schreibens und in der Korrektur mit zahlreichen Verbesserungsvorschlägen unterstützt haben. Dabei gilt unser besonderer Dank den Kulturexpertinnen Susanna Brökelmann, Anna Corbett, Dr. Suk-Geong Han, Sigrid Labrenz, Maria Nagy, Molly Ng, Gabriele Pfeffer, Agnieszka Pietlicka, Kateřina Šichova, Agnes Six, Uta Schulz und Juan Xu sowie den Kulturexperten Jens Beckmann, Amin Janzir und Heinrich Jöris. Für den unermüdlichen Einsatz in der Vorbereitung sowie für zahlreiche Hilfestellungen bedanken wir uns besonders bei Sabrina Füchsle. Bei Nina Weber aus der Redaktion Leben und Lernen des Gräfe und Unzer Verlags und bei unserer freundlichen, geduldigen und Mut zusprechenden Lektorin Dunja Reulein bedanken wir uns besonders für die hervorragende und konstruktive Zusammenarbeit.

Gerhard Hain und Sonja Engelbert

Über die Autoren

Gerhard Hain gründete mit Sonja Engelbert nach dem Studium Ende 2000 die Firma TI communication mit den Hauptsitzen in Regensburg und Verona. Diese führt interkulturelle Trainings als Vorbereitung auf eine berufliche Tätigkeit im Ausland sowie – mit weiteren Trainern – weltweit landeskundliche Vorbereitungen durch. Ein interkulturelles Training bei TI communication wurde bei STIFTUNG WARENTEST (*FINANZTest* 5/2004) als besonders gut und damit als eines der drei besten bewertet. Die Firma hat in vielen Ländern Partner-Büros sowie kooperierende Experten.
TI communication, Königsstr. 4, 93047 Regensburg,
Tel.: 0941 / 56 71 20 34.
Internet: www.ticommunication.net

Sonja Engelbert (Diplompädagogin und Sprecherzieherin) ist als Expertin und Dozentin zu den Themen Kommunikation und interkulturelle Kommunikation tätig. Sie unterrichtet an der Universität von Verona und ist Lehrbeauftragte der Universität Regensburg. Für Unternehmen und Behörden bietet sie Seminare, Beratungen und Projektbegleitungen an. Spezialgebiete sind die Vorbereitung auf Auslandsaufenthalte, Grundlagen interkultureller Kompetenz sowie landesspezifische Vorbereitungen auf Italien und Deutschland. Sie wurde 1973 in Landshut geboren und lebt seit 1997 in Italien. E-Mail: verona@teaminterculturale.net

Gerhard Hain (Diplompädagoge) ist als freier Dozent bundesweit bei Firmen und Trägern der Erwachsenenbildung tätig. Er leitet Seminare, hält Vorträge und berät Weiterbildner in verschiedenen Organisationen. Schwerpunkte sind Trainings, Beratungen und Projektbegleitungen für Auslandsvorhaben. Grundlagen interkultureller Kompetenz sowie landeskundliche Vorbereitungen zu Italien, Deutschland und Tschechien sind seine Spezialgebiete. Er wurde 1962 in Regensburg geboren, studierte in Regensburg und Rom und war Stipendiat der Friedrich-Ebert-Stiftung.
E-Mail: regensburg@teaminterculturale.net

Register

A

Abachen 169
Aberglaube 51 ff., **149**
Abolengo 223
Aborigines 23, **46 ff.**
Abrazo ▷ Umarmung
African Renaissance 37
Afro-Amerikaner 239
Afrobeat 29
AIDS ▷ HIV/AIDS
Albaner 113, 127, 169
Algerier **15 ff.,** 105
Alkohol 13, 51, 55, 58, 73, 95, 100, 134, 149, **155,** 171, 183, 193, 196 ff., 207, 222, 230, 243
Amigo 210
Animisten 36
Anpassung **32 ff.,** 109, 184
Araber **10 ff.,** 15, 23, 41, 62, 105, 169, 179, 181, 188, 191, 193, 198
Armenier 113, 148, 169, 184
Aseris 181
Assyrer 169
Atheisten, Atheismus 36, 51, 58, 98, 148, **189,** 192
Australier **46 ff.,** 77

B

Baschkiren 148
Basken 104, 160
Beduinen 11, 201
Belorussen 136
Berührung 12, **21,** 42, 59, 73, 91, 176, 185, 195, 206, 210, 240
Beschneidung 21, 187
Bestechung 203, 234, 242
Beja 11
Belutschen 181
Berber 15, 23, 41, 179
Birmanen 90
Blickkontakt 59, **107 ff.,** 110, 150, 161, 176, 204, 206, 210, 220, 241
Blumen
Blumenkunde, polnische 138
»Friedhofsblumen« 104, 163, 232
Bosnier 169
Bretonen 105
Buddhismus, Buddhisten 20, 51, 57 ff., 62, 66 ff., 72, 76, 80, 85, 90, 93, 148, **189**
Zen-Buddhismus 67
Bulgaren 113, 169
Buschleute 26 ff.
Buyi 51
BYO (Bring your own) 39, 50, 78

C

Caprivianer 26
Chinesen 51 ff., 62, 66, 73, 80, 93, 214, 217, 235
Christen, Christentum 10, 20, 26, 29, 36, 47, 51, 57, 62, 66, 72, 76, 85, 126, 145, 169, 178 ff., 184, **187,** 191, 192, 194, 198
Altkatholiken 136
Anglikaner 47, 116, 187, 219
Baptisten 99, 239
Calvinistisch-reformatorische 173
Charismatiker 187
Evangelische 98, 164
Evangelisch-augsburgerische 136
Evangelisch-lutherische 99, 133, 153, 173
Griechisch-katholische 145, 164

Griechisch-orthodoxe 11, 47, 98, 102, **113 ff.**
Katholiken 11, 15, 26, 47, 80, 99, 105, 113, 117, 126, 130, 133, 136, 148, 153, 180, 205, 206, 213, 226, 230
Kopten 11, 29
Lutheraner 102, 239
Maori-Christen 77
Methodisten 239
Orthodoxe 148, 153, 164, 187
Pfingstkirche, Pfingstler 187, 209
Polnisch-orthodoxe 136
Presbyterianer 239
Protestanten 11, 15, 26, 76, 80, 105, 113, 117, 126, 136, 139, 148, 160, 205, 209, 213, 226
Rumänisch-orthodoxe 145
Tschechisch-hussitische 164
Ungarisch-orthodoxe 173
United Church of Australia 47
Zeugen Jehovas 99, 136
Common sense 117

D

Damara 26
Daoismus 51, 85, 93
Deutsch-Südwest-Afrika 27
Doppelnamen **161,** 204
Drusen 184

E

Elsässer 105
Entführung 228
Eskimos ▷ Inuit
EU 97, **134,** 136

F

Farbe, Farbensymbolik 52, 54, **55,** 69, 92
Farbige 26, 37
Färöer 99
Fastenmonat **12,** 17, 23, 43, 46, 63, 73, 149, 171, 172, 180, 188
Feiertage, jüdische 184
FKK 23, 40, 120, 129, 163
Franzosen 105 ff., 214, 219
Frauen
Arbeiten im Ausland 106
Badeverbot für 197
Begrüßung von 170
Fahrverbot für 106, 195
Frauenwahlrecht 169
im Ausland 106
Kleidung 75
▷ auch Kleidung, freizügige
Reisen im Ausland 108
Rolle der 10, **67, 80,** 94, 200
Freizügigkeit des Reisens 109
Fremdsprache 6, 88
Fulani 29
Füße 46, 58, 65, 193

G

Galanterie 233
Galizier 160
Geburtenrate 126, 127
Gefährliche Stadtteile 40, **229**
Gefälligkeit 67, 203, **234**
Genitalverstümmelung 21, 109
Georgier 169
Gesicht wahren, das 52, **53,** 74, 94
Gesten 32, 36, **59,** 63, 67, 74, 87, 108, 114, 127, 162, 168, 170, **182,** 195
Okay-Zeichen 182, 210
Gleichberechtigung 106, 184

H

Hammam 43
Hand, linke 46, 60, 64, 65, **74,** 149, 193, 242
Hand, rechte 46, 63, 64, 68, 73, **74,** 149, 180, 193

Handeln **24,** 234
Hausa 29
Herero 26
Hierarchie, Hierarchien
58, 89, **110,** 128, 152, 162, 189
Hinduismus, Hinduisten, Hindus
20, 36, 51, 57, 58, 62, 72 ff., 76, 91, 93, 117, **188,** 191, 194, 198
HIV/AIDS 10, 20, 27, **38,** 176
Hochzeit 173
Homosexuelle, Homosexualität
169, 177, 197
How do you do? 118
Hui 51
Humor 134, 174, 210

I

Ibo 29
Identität, Identitäten
7, 32, 37, 98, 109, 205, 213, 220
I-Kuan-Taoismus 85
Inder
37, **57 ff.,** 62, 90, 117, 191, 198
Indianer 223, 231, 135
Indigena-Gruppen 205
Indigene 57
Indios 232, 234
Individualismus 203, 240
Indoarier 57
Inuit 222
Islam ▷ siehe Moslems

J

Javaner 62
Juden, Judentum
11, 36, 76, 99, 113, 117, 121, 130, 136, 139, 146, 148, 153, 164, 169, 173, 179, 184, **186,** 191, 205
Orthodoxe 184 ff., 187, 190
Traditionalistische 184
Ultra-orthodoxe 184

K

Kamba 20
Kanuri 29
Kaschkai 181
Kasten 57, 58
Kastilier 160
Katalanen 160
Kavango 26
Khmer 90, 93
Kikuyu 20
Kisii 20
Kleidung
freizügige 14, 17, 25, 31, 75, 115, 171, 190, 197, 201, 233
Kopftuch 169, 195, 201
Konfessionslose
76, 102, 126, 148, 164, 173, 226
Konfuzianismus
45, 51, **52,** 62, 66, 80, 85, 93
Koreaner 51, 66, **79 ff.**
Körperkontakt
58, 73, 108, 182, 195, 224, 227
Korruption ▷ Gefälligkeit
Korsen 105
Koscher 190
Kriminalität 228 ff.
Krisengebiete 228 ff.
Kritik 53, 59, 68, 82, 86, 91, 111, 118, 122, 131, 154, 161, 165, 166, 183, 206, 224, 227
Kurden 169, 181
Kutsowalachen 113
Kyrillisch 148

L

Lachen, Lächeln, lächeln
12, 64, 67, 68, 70, 73, 74, 82, 85, **86,** 97, 107, 177, 241
Laizistisches Land 127, 169
Lappland 102
Lasen 169

Leitungswasser
95, 211, 225, 233, 238
Luhya 20
Luren 181

M

Machismo 107, 206, **227**
Maduresen 62
Mafia 127
Makedonier 113
Malaien, Malaysier 62, **72 ff.,** 91
Mañana 161, 206, **232**
Mandäer 181
Mandschu 51
Maori 76 ff.
Marabutismus 15
Marokkaner **23 ff.,** 105
Massai 20
Melanesier 62
Mestizen
203, 213, 223, 231, 234, 235
Miao 51
Mittagsruhe 114
Mondkalender 46
Mongolen 51, 57
Moralismus 240
Moslems, Muslime
11, 14, 15, 20, 25, 29, 36, 57, 62, 72 ff., 76, 90, 105, 113, 117, 121, 130, 133, 136, 139, 145, 148, 153, 169, 173, 179, 184, **188,** 194, 198
Aleviten, Alleviten 169, 188
Ismailiten 20, 191
Schafiitische Sunniten 191
Schiiten 181, **188,** 191, 194
Sufiten 188
Sunniten
15, 23, 41, 169, 181, **188**
Wahhabiten 188, 194
Zaiditische Schiiten 191
Mulatten 203, 223, 227
Mutawas 195

N

Nama 26
Namasté **58,** 73, 91, 156
Nase putzen 57, 72, 84, 211, 222
Naturreligionen 20, 234
Nepali 90
Nepotismus 205
Nguni 37
Niederländische Antillen 130

O

Oben-ohne 14, 23, 43, 50, 75, 92, 116, 120, 129, 163, 171, 201, 222, 230, 233, 243
Ovambo 26

P

Palästina 12, 179, 185, 191
Parsen 57, 181
Patriotismus 215, 240, 241
Perser 179, 181
Polynesier 77
Prüderie 240
Pub 50, **120,** 126
Pünktlich, Pünktlichkeit
7, 15, 49, 54, 60, 64, 72, 84, 100, 111, 119, 138, 185, 204, 211, 215, 218, 220, 224, 241

R

Ramadan ▷ Fastenmonat
Rassentrennung 37
Rauchen 17, 58, 66, 73, 76, 84, 126, 129, 172
Reden halten 82, **146**
Rehobother Baster 26
Roma 113, 145, 146, 165
Rücksichtnahme
104, 109, 132, 190

S

Saamen 102
Santería 226
Schamanismus 80, 208
Schnäuzen ▷ Nase Putzen
Schuhe ▷ Straßenschuhe
Schwarz-Afrikaner 226
Schwarze 37
Schweigen **103,** 118
Sexualität 176, 241
Shangaan-Tsonga 37
Shintoismus 66
Siesta 160, 234
Sikhs 57, 62, 117
Sinti 146
Slowaken 165
Somalis 20, 191
Sotho 37
Spiritismus 209
Sprache, Sprachen 7
- Afrikaans 26, 36
- Aimara, Aymará 213, 234
- Albanisch 126
- Armenisch 144
- Bahasa Malaysia ▷ Malaiisch
- Bantu, Bantusprachen 26, 29
- Baskisch 105, 160
- Belutschisch 181
- Bengali 57
- Berbersprachen 41
- Bretonisch 105
- Bulgarisch 144
- Chibcha 223
- Cornisch 116
- Farsi 181
- Finnugrisch 173
- Franko-Provenzalisch 126
- Friesisch 130
- Fukienesisch 51
- Furlanisch 126
- Gälisch 116, 120, 122
- Galizisch 161
- Georgisch 169
- Gujarati 57
- Hakka, Hakka-Dialekt 51, 85
- Hausa 29
- Hebräisch 184
- Hindi 57
- Hmong 93
- Holländisch ▷ Niederländisch
- Ibo 29
- Indonesisch 62, 64
- Inukitut 219
- Irisch ▷ Gälisch
- Jiddisch 144, 184
- Kantonesisch 51
- Katalanisch 126
- Keltisch 122
- Khmer 93
- Khoikhoi 26
- Kikuyu 20
- Kisuaheli 20
- Koreanisch 80
- Korsisch 105
- Kroatisch 126
- Kurdisch 181
- Ladinisch 126
- Luo 20
- Maa 20
- Malaiisch, Malaysisch 72, 90
- Mandarin 51, 85
- Maori 76
- Mapuche 213
- Mapudungu 213
- Marathi 57
- Mehri 191
- Mongolisch 51
- Ndebele 36
- Niederländisch 62, 105, 131
- Okzitanisch 126
- Pedi 36
- Persisch ▷ Farsi

Punjabi 57
Quechua 213, 223, 234
Rapa Nui 213
Saamisch, Samisch 102, 133, 152
Sanskrit 57
Sardisch 126
Serbisch 144
Slowakisch 164
Slowenisch 126
Sokotri 191
Sotho 36
Sudansprachen 29
Swazi 36
Taiwanesisch 85
Tamazight 15
Tamil 57, 72
Telegu 57
Thai 90
Tibetisch 51
Tsonga 36
Tswana 36
Turksprachen 181
Ukrainisch 136, 144
Urdu 57
Venda 36
Vietnamesisch 93
Walisisch 116
Xhosa 36
Xiamenhua 51
Yoruba 29
Zulu 36
Status 27, 81, 118, 131, 132, 240, 243
Stereotype, Stereotypen 216, 217
Straßenschuhe 65
Sudanesen 11

T

Taoismus ▷ I-Kuan-Taoismus
Tataren 145, 148, 169
Thai 90, 93
Tibeter 51
Titel 52, 81, 100, 110, 118, 137, 140, 149, 153, 162, 165, 185, 220, 224, 235, 240
Todesstrafe 170, 241
Traumzeit 48
Trinkspruch 151, 155
Trinkwasser 61
Tscherkessen 169
Tschetschenen 169
Tschuwaschen 148
Tswana 26
Turkmenen 181

U

Uiguren 51, 169
Ukrainer 136, 145, 148, 165
Umarmung 77, 137, 162, 165, 204, 220, 224

V

Venda 37
Vielvölkerstaat 147, 181
Vietnamesen 90, 93
Visitenkarte 52, **68,** 74, 81, 86, 91, 110, 153, 162
Vorurteile 119, 214 ff., 217

W

Wangenkuss 162, 204, 220
Weiße 26, 36, 37, 226, 231
Wiege der Menschheit 20
Wodkatrinken 149, **150,** 152

Y

Yi 51
Yoruba 29, 30

Z

Zahlensymbolik 52, 54, **55**
Zarathustrer 181
Zhuang 51
Zweisprachigkeit 219, **220**
Zypern 114

Hinweis

Die Beiträge in diesem Buch sind sorgfältig recherchiert und entsprechen dem aktuellen Stand. Abweichungen, beispielsweise durch seit Drucklegung geänderte Preise, Gebühren, Anlageentwicklungen, WWW-Adressen etc., sind nicht auszuschließen. Weder die Autoren noch der Verlag können für eventuelle Nachteile oder Schäden, die aus den im Buch gegebenen praktischen Hinweisen resultieren, eine Haftung übernehmen.

GRÄFE UND UNZER

Ein Unternehmen der
GANSKE VERLAGSGRUPPE

GRÄFE UND UNZER VERLAG, Redaktion Leben&Lernen
Grillparzerstr. 12
81675 München

Programmleitung:
Steffen Haselbach

Leitende Redaktion:
Anita Zellner

Redaktion: Nina Weber

Lektorat: Dunja Reulein

Umschlag:
independent Medien-Design

Innenlayout: Martin Knipping

Titelillustration:
Isabelle Follath / if illustration

Herstellung: Gloria Pall

Satz: Knipping Werbung GmbH, Berg/Starnberg

Repro: Penta Repro, München

Druck und Bindung:
Druckerei L. Auer, Donauwörth

Umwelthinweis
Dieses Buch wurde auf chlorfrei gebleichtem Papier gedruckt. Um Rohstoffe zu sparen, haben wir auf Folienverpackung verzichtet.

ISBN (10) 3-7742-7718-4
ISBN (13) 978-3-7742-7718-2

Auflage:

5.	4.	3.	2.	1.
2010	2009	2008	2007	2006